C·H·Beck

PAPERBACK

Palästina ist eine Region der Superlative: Kein Gebiet auf der Erde ist politisch so zerstückelt wie das Westufer des Jordan, die sogenannte «Westbank», und der Gazastreifen. Nirgendwo sonst ist eine mehrere Jahrtausende währende Geschichte nicht nur in archäologischen Zeugnissen, sondern auch im politischen und religiösen Alltag so präsent. Dieses Buch bietet einen fundierten und umfassenden Überblick über Geschichte, Politik und Kultur Palästinas. Im Mittelpunkt stehen der Konflikt der Palästinenser mit dem Staat Israel und die palästinensische Politik unter Yassir Arafat und Mahmud Abbas. Der zuerst 2001 erschienene Band wurde für die fünfte Auflage zum großen Teil neu verfaßt und durchgehend aktualisiert.

Dietmar Herz, geb. 1958, ist Professor für Vergleichende Regierungslehre an der Universität Erfurt und war Staatssekretär im Thüringer Justizministerium. Bei C.H.Beck erschien von ihm außerdem «Die Europäische Union» (mit C. Jetzlsperger, 2. Auflage 2008).

Dietmar Herz

Palästina

Gaza und Westbank
Geschichte, Politik, Kultur

C.H.Beck

Mit 9 Abbildungen und 13 Karten

1. und 2. Auflage 2001
3. und 4. Auflage 2002
5., völlig überarbeitete und aktualisierte Auflage. 2003

Unveränderte Auflage
6. Auflage in C.H.Beck Paperback. 2017

Originalausgabe

Satz: Druckerei C.H.Beck, Nördlingen
Druck u. Bindung: Beltz Bad Langensalza GmbH, Bad Langensalza
Umschlagabbildung: Palästinenser in der Altstadt von Jerusalem
Foto: Sharon Abbady, Jerusalem
Umschlagentwurf: malsyteufel, Willich
Printed in Germany
ISBN 978 3 406 71550 1

www.chbeck.de

Inhalt

Verzeichnis der Karten

Vorwort

Die Idee zu diesem Buch entstand bei einem Besuch in Gaza-Stadt im Januar 1999. Eine Exkursion nach Palästina und Israel – die auch nach Gaza führte – war Teil eines Hauptseminars zum «palästinensischen Staatswerdungsprozeß», das ich im Wintersemester 1998/99 an der Rheinischen Friedrich-Wilhelms-Universität Bonn abhielt. An diesem Abend in Gaza – die Exkursion war bereits zur Hälfte vorbei und die Teilnehmer hatten eine Vielzahl von Informationen zu verarbeiten – beklagten einige der Studenten die nur schwer zu durchdringende Komplexität des israelisch-palästinensischen Konfliktes und vor allem das Fehlen eines Überblicks über die Geschichte und Politik Palästinas für eine größere Leserschaft – zumal in deutscher Sprache. Das vorliegende Buch versucht, diese Lücke zu schließen.

Aber dies ist kein einfaches Unterfangen. Da sich die Lage in Palästina und Israel nahezu täglich ändert, war schon kurz nach Erscheinen der ersten Auflage einiges im Buch veraltet. Allerdings behielten die historischen und politischen Rahmenbedingungen ihre Gültigkeit. Mit Ausnahme der Verbesserung einiger kleinerer Fehler und Ungenauigkeiten blieb das Buch daher in den folgenden Auflagen unverändert. Vor allem die in den Jahren 2001 und 2002 eskalierende Gewalt in Israel und den besetzten Gebieten, die Anschläge vom 11. September 2001 in New York und Washington, die schleichende Entmachtung Arafats, der Irak-Krieg und die neu einsetzenden Friedensgespräche im Juni 2003 ließen aber nunmehr – nach mehr als zwei Jahren – eine grundsätzliche Überarbeitung des Textes notwendig erscheinen.

Nicht nur die Aktualität des Themas erwies sich als ein Problem: Wie Faust schon beim ersten Satz seiner Übersetzung des Johannes-Evangeliums ins Stocken gerät, so machte schon der Titel des Buches Schwierigkeiten. «Palästina» ist ein historischer, seit langer Zeit gebrauchter Begriff. Er hatte in der Geschichte unterschiedliche Bedeutungen: Ein Küstenstreifen in der Levante, benannt nach einem antiken Seevolk; eine römische, später byzantinische

Provinz; ein unter britischer Verwaltung stehendes Mandat des Völkerbundes; heute ein in Entstehung begriffener Staat der Palästinenser, dessen Grenzen und rechtlicher Status umstritten sind.

Die längste Zeit war «Palästina» eine geographische Bezeichnung für das Gebiet, das den Staat Israel, einige wenige Gebiete östlich des Jordans im Königreich Jordanien und die seit 1967 von Israel besetzten und verwalteten Gebiete (das sogenannte Westjordanland und den Gazastreifen) umfaßt. Zum Teil sind die besetzten Gebiete heute Bestandteil des von der Palästinensischen Autonomiebehörde regierten Territoriums. Jerusalem, das ein Großteil der Völkergemeinschaft als *corpus separatum* betrachtet, wurde von Israel nach der Eroberung im Juni 1967 annektiert und wird von der israelischen Regierung als unteilbare Hauptstadt des Landes betrachtet. Zumindest Ostjerusalem und die Altstadt werden gleichermaßen von den Palästinensern beansprucht.

Diese schwierige Sachlage bestimmt die Gestalt des Buches: Ausgehend von einer umfassenden geographischen Beschreibung des gesamten Raumes, widmet sich die Darstellung den Gebieten, die heute die politische Einheit Palästina konstituieren, also dem Gazastreifen und den als «Westjordanland» oder «Westbank» bezeichneten Gebieten westlich des Jordans und südlich von Jerusalem (Bethlehem und Hebron). Jerusalem, obwohl von großer politischer und religiöser Bedeutung, wird nur am Rande erörtert – soweit dies für das Verständnis der israelisch-palästinensischen Friedensverhandlungen nötig ist. Die Komplexität der Jerusalem-Frage bedarf einer eigenen Darstellung, und mit Bernard Wassersteins umfassendem Werk über die seit dem Ende der Mandatszeit bis 1967 geteilte und seit jeher politisch umkämpfte und religiös und ethnisch zerstrittene Stadt liegt im gleichen Verlag eine hervorragende Studie vor.

«Palästina» als politischer Begriff ist, an den Maßstäben der Region gemessen, jüngeren Datums. Zunächst soll daher versucht werden, die Geschichte des Landes und mit zunehmender Annäherung an die Gegenwart die Geschichte der Palästinenser als Volk zu erzählen. Der nach Themen geordnete Gang durch die Geschichte endet mit einer politischen Zustandsbeschreibung des Gebietes, das sich zum Staat Palästina entwickeln soll.

Der Gang durch die Geschichte zeigt auch, daß die Entwicklung einer politischen Eigenständigkeit der Palästinenser unumkehrbar ist: Palästina ist in den Jahren seit 1967 nach und nach zu einer distinkten politischen Einheit geworden, es kann sich zu einem Staat und einer Nation weiterentwickeln. Dies kann, wie die Historie zeigt und die Betrachtung der gegenwärtigen politischen Situation verdeutlicht, nur mit, nicht gegen Israel geschehen. Auch wenn die Eskalation der Gewalt 2001 und 2002, die den Friedensprozeß zum Erliegen brachte, wenig Anlaß zu der Hoffnung gibt, es würde sich schon bald eine Lösung für den israelisch-palästinensischen Konflikt finden lassen, so gibt es doch zu einer friedlichen Koexistenz der Völker der Region keine Alternative. Keines ist stark genug, das jeweils andere auf Dauer zu unterdrücken oder gar in seiner Existenz zu bedrohen. Zumindest in dieser Frage besteht ein Konsens, den weder die palästinensische Führung noch die derzeitige israelische Regierung unter Ariel Scharon in Frage stellt. Die Konturen einer Friedenslösung sind sichtbar, ihre Verwirklichung liegt aber noch in weiter Ferne.

Das Buch ist Produkt vieler Reisen in die Region, von Gesprächen mit Freunden und Kollegen in Israel und Palästina. Sie alle zu nennen, würde das Vorwort in unzulässiger Weise verlängern. Daher sei hier auf einen solchen Dank im einzelnen verzichtet. In besonderer Weise bin ich selbstverständlich der Mitautorin der ersten Auflage, Julia Steets, verpflichtet, die leider aufgrund anderweitiger beruflicher Verpflichtungen für diese Überarbeitung nicht mehr zur Verfügung stehen konnte; ihre Hand ist noch in vielen Passagen des Buches spürbar. Besonderer Dank gebührt ferner Janusz Musial, der die Karten zu diesem Band erstellt hat. Außerdem möchte ich mich an dieser Stelle bei den Mitarbeitern in Erfurt, Christoph Heumann und Veronika Weinberger, bedanken, die das Manuskript gelesen und durch inhaltliche und stilistische Hinweise den Text erheblich verbessert haben. Natürlich verbleiben Ungenauigkeiten, politische Zweideutigkeiten und Fehler. Diese hat der Autor allein zu verantworten.

Erfurt, im Juni 2003 *Dietmar Herz*

I. Das Land

«Landschaft ist ein Werk der Gedanken. Ihre Gestalt ist aus Schichten von Erinnerung ebenso geformt wie aus Gesteinsschichten.»

Simon Schama (Landscape and Memory)

«Geographie ist Schicksal» lautet eine vielzitierte politische Platitüde. Nirgends sind aber das Land und seine Landschaften tatsächlich von so großer Bedeutung für das Schicksal der dort lebenden Menschen wie in der Region, der die römische Militärverwaltung den Namen *Palaestina* gab. Bezeichnete dieses Wort, dem aramäischen Ausdruck für «Philister» entlehnt, ursprünglich nur den von phönizischen Seevölkern bewohnten Küstenstreifen zwischen Gaza im Süden und dem Karmelgebirge im Norden, so umfaßte es seit der Zeit der direkten römischen Verwaltung nach der Niederschlagung des Zweiten Jüdischen Aufstandes auch die westlich des Jordans gelegene römische Provinz *Iudaea*. Später wurde die Bezeichnung auch für einige kleinere Gebiete am östlichen Ufer des Jordans verwendet. Unter der römischen und byzantinischen Militärverwaltung blieb Palästina eine Einheit; unter arabischer, fränkisch-christlicher und später osmanischer Herrschaft wurde das Gebiet verschiedene Male geteilt und unterschiedlichen Provinzen des jeweiligen Herrschaftsgebietes zugeordnet.

Die folgende Darstellung des gesamten Landes Palästina beschreibt – geographischer Gegebenheiten wegen – den Raum der ehemals römischen Provinz. Die vielfachen politischen Bedeutungen der historisch-geographischen Begriffe in Geschichte und Gegenwart bleiben dabei außer acht.

Palästina liegt am östlichen Rand des Mittelmeers. Geographisch gehört es zu Westasien, doch seine historische und kulturelle Vielfalt resultiert nicht zuletzt aus seiner besonderen Lage zwischen Europa, Afrika und Asien.

Auf relativ kleiner Fläche – mit etwa 27000 km^2 ist der geographische Raum Palästina kleiner als Belgien – treffen hier sehr unterschiedliche Landstriche aufeinander. Karges Hügelland ist eingerahmt von den fruchtbaren Landschaften der Küste und jenen entlang des Jordan. Das Jordantal bildet einen eindrucksvollen Kontrast zur Wüste Negev und zum Toten Meer im Süden des Landes. Zwischen den einzelnen Regionen variiert das Klima stark – so kann es gut und gerne im Winter in Jerusalem schneien, während man nur wenige Kilometer weiter am Toten Meer noch 23 Grad mißt. Die Wüstenzonen und das Salzmeer ausgenommen herrscht jedoch im allgemeinen ein temperiertes mediterranes Klima mit trockenen, heißen Sommern und kühlen, feuchten Wintern.

1. Die Grenzen

Das geographische Palästina grenzt im Norden an den Libanon, im Nordosten an Syrien. Auf diesem Gebiet befinden sich im wesentlichen zwei politische Einheiten: der Staat Israel und die von Israel besetzten beziehungsweise von Palästinensern autonom verwalteten Gebiete. Die heutigen Grenzen Israels und der palästinensischen (besetzten und selbstverwalteten) Gebiete beruhen zum Großteil auf Abkommen zwischen den Kolonialmächten Großbritannien und Frankreich, die nach dem Ende des Ersten Weltkriegs das osmanische Großsyrien unter sich aufteilten. So fielen 1920 der Norden (Libanon und Syrien) unter französische, der Süden (Palästina und Transjordanien) unter britische Herrschaft. Die Grenze zwischen Palästina und Transjordanien (später in Jordanien umbenannt) wurde 1922 einseitig von der britischen Verwaltung festgelegt. Die südliche Grenze, die entlang des Sinai und des Golfs von Akaba verläuft, geht auf ein Abkommen zurück, das 1906 zwischen dem Osmanischen Reich und dem semiunabhängigen ägyptischen Khediven getroffen wurde.

Doch wie so oft im Falle künstlich gezogener Grenzen blieben die Entscheidungen der Kolonialmächte nicht lange unumstritten. Seitdem der Staat Israel im Jahre 1948 auf einem Teil des Gebiets des historischen Palästina gegründet wurde, sind die Grenzen zu den arabischen Nachbarstaaten umstritten. Viele Gebiete werden heute von mehreren Seiten beansprucht, in der Geschichte wurden ihre Grenzen häufig verändert. So stand der Gazastreifen zwi-

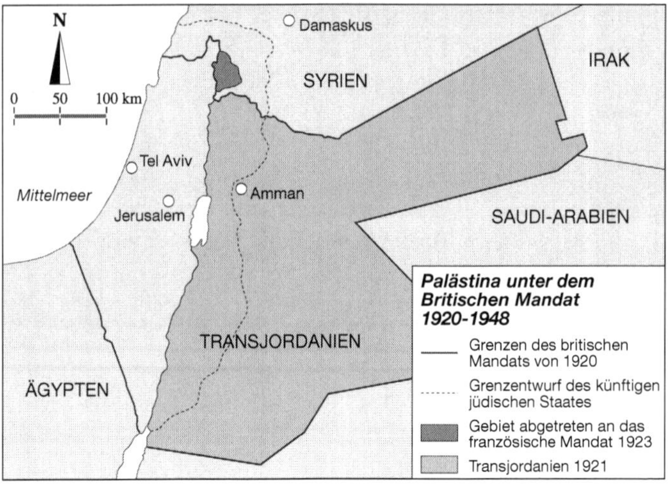

schen 1948 und 1967 unter ägyptischer Verwaltung. Das Westjordanland und Ostjerusalem wurden nach 1948 von Jordanien verwaltet und alsbald dem Königreich eingegliedert; erst 1988 gab der jordanische König Hussein seine Ansprüche auf diese seit 1967 von Israel besetzten Gebiete auf. 1967 eroberte Israel aber nicht nur diese beiden Landstriche, sondern auch den ägyptischen Sinai (einschließlich des Gazastreifens) und die zu Syrien gehörenden Golanhöhen im Norden des Landes.

Die Grenzstreitigkeiten mit Ägypten wurden 1979 durch das vom damaligen amerikanischen Präsidenten Jimmy Carter vermittelte Camp-David-Friedensabkommen beigelegt und der Sinai zurückgegeben; 1994 wurden die Streitpunkte mit Jordanien in einem Friedensvertrag geregelt. Offen bleiben dagegen Territorialkonflikte mit dem Libanon und Syrien. Die israelische Armee zog sich zwar im Frühjahr 2000 aus der seit 1982 besetzten sogenannten «Sicherheitszone» im Südlibanon zurück und beseitigte damit den wichtigsten Grenzkonflikt zwischen Israel und dem Libanon. Doch bestehen nach wie vor Uneinigkeiten über Details des Grenzverlaufs. Wichtigster Streitpunkt mit Syrien bleiben die Golanhöhen. Dieses Bergplateau im Nordosten des Sees Genezareth ist nicht nur landwirtschaftlich wertvoll – dort wird unter anderem hervorragender Wein angebaut –, sondern es ist wegen seiner Höhenlage und Unzugänglichkeit für beide Seiten von herausragender militärischer Bedeutung; zudem sichert eine Beherrschung der Golanhöhen den Zugang zu wichtigen Wasserquellen.

Es sind aber weniger die ungelösten Konflikte zwischen Israel und seinen arabischen Nachbarstaaten, die der geographischen Lage ihre Brisanz verleihen. Vielmehr ist es die Frage der inneren Aufteilung des historischen Palästina zwischen den palästinensischen Autonomiegebieten beziehungsweise einem zukünftigen palästinensischen Staat und dem Staat Israel, die heftige Reaktionen und Gewalt auslöst.

2. Die Küstenregion

Die Mittelmeerküste Israels und der palästinensischen Autonomiegebiete erstreckt sich über eine Länge von 230 Kilometern von Rafah im Süden des Gazastreifens bis Ras al-Naqua im Norden Israels. Die Küstenregion ist im Norden zwischen 8 und 16 Kilometer breit, verengt sich am Berg Karmel auf 180 Meter und weitet sich im Süden, wo sie direkt in die Wüste übergeht, wieder aus.

Haifa im Norden und Tel Aviv in der Mitte des Küstenstreifens sind die Großstädte, die das säkulare und moderne Gesicht Israels repräsentieren. Tel Aviv ist das geschäftliche und kulturelle Zentrum des Landes, dessen liberale Atmosphäre und kulturelle Vielfalt ein friedliches Zusammenleben der verschiedenen Bevölkerungsgruppen meist auch dann ermöglichen, wenn sich der Rest des Landes im «Ausnahmezustand» befindet.

Entlang der Küste finden sich auch zahlreiche moderne, meist israelische, Badeorte, die den (überwiegend israelischen) Besuchern Erholung bieten. Die Küstenorte sind aber nicht nur als Ferienorte attraktiv. Sie haben auch eine weit in die Vergangenheit zurückreichende Geschichte und sind Zentren historischen und archäologischen Interesses – besonders Aschkelon, Cäsarea, Jaffa und Akko, in denen das Neben- und Übereinander von Relikten der jüdischen und römischen Kultur, der Kreuzfahrer und der Muslime Zeugnis von der Geschichte des Landes ablegt.

Während der Norden der Küstenregion zu Israel gehört, befindet sich im Süden eines der beiden Gebiete, die unter palästinensischer Selbstverwaltung stehen: der Gazastreifen. Neben den kleineren städtischen Zentren Khan Yunis und Rafah ist die Stadt Gaza der Mittelpunkt des Gazastreifens. Gaza gehört zu den ältesten Städten des Nahen Ostens und ist Sitz wichtiger Institutionen der Palästinensischen Autonomiebehörde. Für den Gazastreifen, dessen wirtschaftliche Lage prekär ist, ist die Stadt Gaza ein wichtiges ökonomisches Zentrum. Die in diesem Gebiet angebauten Zitrusfrüchte ebenso wie die Fischereierzeugnisse werden in Gaza-Stadt vermarktet; dort werden auch Teppiche, Möbel und Keramik produziert. Der geplante Bau eines palästinensischen Hafens, von dem Industrie und Handel erheblich profitieren könnten, wurde aufgrund fehlender Zustimmung der israelischen Regierung nie realisiert. Im Süden des Gazastreifens befindet sich der von der Palästinensischen Autonomiebehörde verwaltete Flughafen, der jedoch nach dem Ausbruch der sogenannten *Al-Aqsa-Intifada* im September 2000 von der israelischen Armee weitgehend zerstört wurde.

3. Die Bergregion und das Jordantal

Östlich der Küstenregion werden Israel und die palästinensischen Autonomiegebiete von Nord nach Süd von einer breiten Berg- und Hügelkette durchzogen. Das Land erhebt sich, einige Kilometer von der Küste entfernt, erst zu Hügeln, dann zu kargen Bergen. Nach langsamem sanften Anstieg fallen die Berge schroff in den Großen Ostafrikanischen Grabenbruch ab, der sich von Kleinasien bis Zentralafrika hinzieht. In dieser geologischen Spalte befindet sich das Jordantal (*Al Ghor*), eine der fruchtbarsten Regionen des Landes.

Der Jordan entsteht im Norden aus mehreren Quellflüssen, die im Hermongebirge entspringen. Der Berg Hermon liegt am Dreiländereck zwischen dem Libanon, Syrien und Israel und ist – nicht zuletzt wegen der Bedeutung der Wasserquellen – Gegenstand territorialer Streitigkeiten. Am Fuße der Golanhöhen fließt dann der Jordan in den See Genezareth, der bereits 212 Meter unter dem Meeresspiegel liegt. Da für die Landwirtschaft viel Wasser aus dem See entnommen wird, führt der Jordan südlich des Sees weniger Wasser und hat einen höheren Salzgehalt. Trotz des Zuflusses des Yarmuk wird der Jordan durch intensive Nutzung und Verdunstung bis zu seiner Mündung in das Tote Meer immer kleiner und salziger.

In der Gegend um das Tote Meer nimmt die geologische Spalte ihre eindrucksvollsten Formen an. Das Tote Meer liegt knapp 400 Meter unter dem Meeresspiegel und ist damit der tiefste Punkt der Erde. Die besonderen klimatischen Bedingungen und der extrem hohe Salz- und Mineraliengehalt des Toten Meeres lassen fast keine Pflanzen wachsen oder Tiere überleben, bieten aber heilende Wirkungen für viele Krankheiten. Das Tote Meer und seine Umgebung sind seit langem schweren ökologischen Bedrohungen ausgesetzt: Der Wasserzufluß aus dem Jordan ist durch dessen Nutzung so stark verringert, daß der Wasserstand des Toten Meeres ständig sinkt. Etwa ein Viertel des Meeres ist bereits ausgetrocknet, und die einzigen Lebensformen im Toten Meer, Mikroorganismen und einige Algen, sind aufgrund des veränderten Salzgehaltes verschwunden.

Die Bergregion und das Jordantal sind der Teil Israels und der palästinensischen Autonomiegebiete, in dem die meisten Menschen leben. In dem an den Libanon grenzenden israelischen Nordteil – in der Bibel als Galiläa bezeichnet – befinden sich vor allem in der Umgebung des Sees Genezareth eine Vielzahl von Dörfern und Städten mit historischer und religiöser Bedeutung. In Nazareth verbrachte Jesus dem Neuen Testament zufolge seine Kindheit. Das gleichfalls in den Evangelien oft erwähnte Capernaum, die Heimatstadt des Apostels Petrus, und Tabgha, der Ort der wunderbaren Brotvermehrung, liegen ebenfalls in dieser Gegend. Tiberias, die größte Stadt am Ufer des Sees Genezareth, gilt dem Judentum als heilige Stadt, und Safed, ein Ort in den Bergen, spielt im jüdischen Mystizismus der Kabbalah eine wichtige Rolle.

Etwas unterhalb des Sees Genezareth beginnt das Westjordanland – ein Begriff, der heute nicht nur das Westufer des Jordan bezeichnet, sondern auch einen großen Teil der mittleren und südlichen Bergregion bis hinab zum Toten Meer. Wie der Gazastreifen steht das Westjordanland seit dem Osloer Friedensabkommen von 1994 unter (begrenzter) palästinensischer Selbstverwaltung. Die in den 1990er Jahren zwischen Palästina und Israel getroffenen Autonomievereinbarungen schufen allerdings kein territorial einheitliches Verwaltungsgebiet. So stehen die meisten palästinensischen Bevölkerungszentren unter palästinensischer Kontrolle, einige Gebiete werden gemeinsam von Israel und der Palästinensischen Autonomiebehörde verwaltet, und israelische Siedlungen und Militärstützpunkte fallen unter die ausschließliche Souveränität Israels.

Im Norden des Westjordanlandes ist die bedeutendste Stadt – neben den kleineren Städten Jenin und Tulkarm – Nablus, das im Jahr 72 v. Chr. von den Römern gegründet wurde. Nablus ist ein wichtiges Wirtschaftszentrum der Palästinenser – es ist bekannt für die Produktion von aus Olivenöl hergestellter Seife. Südlich von Nablus, auf 900 Meter Höhe, liegt Ramallah, eine Kreuzfahrergründung. Ramallah ist die modernste und weltoffenste der palästinensischen Städte. Das ausgeprägte Nachtleben sowie die vielfältige palästinensische Kunstszene mit Galerien, Theatern und Museen haben jedoch erheblich unter den gewalttätigen Auseinandersetzungen im Gefolge der *Al-Aqsa-Intifada* und unter der Besetzung der Stadt durch die israelische Armee gelitten.

Einige Kilometer südlich von Ramallah liegt Jerusalem, der historische, kulturelle, religiöse und politische Mittelpunkt Israels und Palästinas. Der Status Jerusalems ist umstritten, die Diskussion darüber eines der Haupthindernisse für einen permanenten palästinensisch-israelischen Frieden. Die Stadt gilt Judentum, Christentum und Islam als heiliger Ort. Palästinenser und Israelis beanspruchen sie als Hauptstadt. Kunstschätze, historische Bauten und vor allem religiöse Stätten aus allen Jahrhunderten, das Nebeneinander verschiedener Religionen und ihrer Organisationen sowie die Spannungen zwischen den verschiedenen Bevölkerungsgruppen machen Jerusalem zu einem für die Identität aller Religionen und Volksgruppen der Region zentralen Ort.

Etwa zehn Kilometer südlich von Jerusalem liegt Bethlehem, nach der biblischen Überlieferung die Geburtsstadt Jesu. Die Palästinensische Autonomiebehörde bemühte sich seit Mitte der 1990er Jahre, das Städtchen einer größeren Zahl von Touristen zugänglich zu machen und so die lokale Industrie zu unterstützen, die sich auf Holzschnitzereien, Stickereien und Kunstgegenstände aus Perlmutt spezialisiert. Auch diese Bemühungen erlitten durch die *Al-Aqsa-Intifada* einen empfindlichen Rückschlag. Östlich von Jerusalem und Bethlehem, nördlich des Toten Meeres, liegt Jericho. In der palästinensischen Stadt befinden sich wichtige archäologische Ausgrabungen. Nicht weit von Jericho entfernt sind die Qumranhöhlen, in denen die ältesten biblischen Manuskripte gefunden wurden, und Massada, die Bergfestung, die als Symbol für den jüdischen Widerstand gegen die römische Herrschaft steht. Im südlichen Teil des Westjordanlandes liegt Hebron (*al-Khalil*), der Überlieferung zufolge die Stadt, in der Abraham für sich und seine Familie ein Erbgrab erwarb. Die Grabstätte Abrahams und der ihm nachfolgenden Patriarchen gilt Juden, Christen und Muslimen als heilig. Diese gemeinsame religiöse Bedeutung trägt zur explosiven politischen Stimmung in der Stadt bei, in der es häufig zu gewaltsamen Zusammenstößen zwischen einigen hundert dort verbliebenen israelischen Siedlern und der palästinensischen Bevölkerungsmehrheit kommt.

4. Beerscheba und die Wüste

Das dreiecksförmige Wüstengebiet im Süden Israels und der palästinensischen Autonomiegebiete nimmt fast die Hälfte der Gesamtfläche des historischen Palästina ein. Es erstreckt sich vom südlichsten Punkt der israelisch-palästinensischen Mittelmeerküste entlang der Grenze zu Ägypten bis zur jordanischen Grenze zwischen dem Toten und dem Roten Meer.

In der Wüste Negev («trockenes Land») wechseln sich Hügelketten mit steinigen Tälern und Sandverwehungen ab. Oasen und spärliches Pflanzenwachstum ermöglichten es über Jahrhunderte einigen Beduinenstämmen, in der Wüste zu überleben. Seit 1948, als das Gebiet zu einem Teil des Staates Israel wurde, leben deutlich mehr Menschen im Wüstengebiet. Am Rand der Wüste wurden einige neue Siedlungen gegründet und existierende Dörfer erheblich ausgeweitet. So wurde aus dem kleinen Beduinennest Beerscheba, der Hauptstadt des Negev und laut Überlieferung erste Heimatstätte Abrahams im Heiligen Land, eine Stadt mit fast 200 000 Einwohnern. Beerscheba ist damit die viertgrößte israelische Stadt. Sie beherbergt eine Universität, ist Ausgangspunkt für touristische Ausflüge in die Wüste und bleibt ein wichtiger Marktplatz für Beduinen.

Im Südosten läuft das Wüstendreieck auf einen Punkt am Roten Meer zu: die Ferienstadt Eilat. Eilat ist aber nicht nur ein Badeort, sondern gleichzeitig ein wichtiger kommerzieller Hafen für Israel.

Die wenigen Kilometer Küste, die zu Israel gehören, werden von Ägypten auf der einen und Jordanien auf der anderen Seite eingerahmt; auch die Grenze zu Saudi-Arabien ist nur einige Kilometer entfernt. Da der Hafen für Israel militärisch wichtig ist, war Eilat häufig Auslöser für Konflikte zwischen Israel und seinen arabischen Nachbarn. Seit den Friedensschlüssen mit Ägypten und Jordanien bemühen sich die Staaten um Kooperation, nicht zuletzt, weil die Region noch touristisch erschlossen werden kann.

II. Geschichte und Politik

«Die Tradition aller toten Geschlechter lastet wie ein Alp auf dem Gehirne der Lebenden. Und wenn sie eben damit beschäftigt scheinen, sich und die Dinge umzuwälzen, noch nicht Dagewesenes zu schaffen, gerade in solchen Epochen revolutionärer Krise beschwören sie ängstlich die Geister der Vergangenheit zu ihrem Dienste herauf, entlehnen ihnen Namen, Schlachtparole, Kostüm, um in dieser altehrwürdigen Verkleidung und mit dieser erborgten Sprache die neue Weltgeschichtsszene aufzuführen.»

Karl Marx (Der 18. Brumaire des Louis Bonaparte)

Geschichte formt das Selbstverständnis einer Gesellschaft. Nirgends gilt dies so sehr wie im Falle Palästinas und Israels. Im Konflikt zwischen Palästinensern und Israelis werden seit jeher historische Argumente gebraucht, die den Anspruch beider Volksgruppen auf das Land zwischen Mittelmeer und Jordan rechtfertigen sollen.

Der Zionismus, die im 19. Jahrhundert entstandene jüdische Nationalbewegung, die sich die Rückkehr des jüdischen Volkes nach «Zion» zum Ziel gesetzt hatte, begründet den Anspruch auf ein Existenzrecht der Juden in Palästina nicht in erster Linie religiös – Israel als das den Juden von Gott versprochene Land –, sondern historisch: Palästina ist das geschichtliche Ursprungsland des jüdischen Volkes, das seit Urzeiten dort siedelte und auch nach der Vertreibung durch die Römer immer durch eine kleine Gemeinschaft vertreten war. Damit, so das Argument, sei ein Anspruch der Nachkommen auf eine Rückkehr in das heilige Land gegeben.

Ebenso begründen die Palästinenser ihr Siedlungsrecht mit der Geschichte. Sie haben ihre Wurzeln in der autochthonen Bevölkerung des Gebiets, die erst christlich, dann islamisch, aber auch jüdisch geprägt war und sich mit den verschiedenen Herrschern des Gebiets, vor allem den Arabern, vermischte. Aus diesem Grund beanspruchen die Palästinenser für sich ein Bleiberecht sowie das Recht auf nationale Selbstbestimmung und Unabhängigkeit.

Diese Geschichte und ihre Verwerfungen sind im täglichen Leben stets präsent. So tauchen die konkurrierenden Ansprüche im Alltag zum Beispiel in der Verwendung von Namen und Ortsbezeichnungen auf. Der Nahe Osten wird für den unabhängigen Betrachter zum semantischen Minenfeld. Die Verwendung des einen oder anderen Begriffs oder Namens impliziert immer eine Unterstützung des einen oder des anderen Geschichtsverständnisses und damit letztlich eines Besitzanspruches. Schon die bloße Verwendung der Namen bedeutet oft, Partei zu ergreifen.

Das beginnt bei der Benennung des Landes: «Israel» als Bezeichnung für das historische Palästina, also auch die 1967 besetzten Gebiete, unterstützt die zionistisch-israelische Interpretation. «Palästina» als politische und geographische Bezeichnung für das ganze Land zwischen Mittelmeer und Jordan stützt den palästinensischen Standpunkt. Es war sogar lange Zeit umstritten, ob man von «Palästinensern» sprechen kann, denn dieser Begriff impliziert die (politische) Existenz eines palästinensischen Volkes, die lange Zeit verneint wurde. Ein ähnliches Problem ist mit dem von beiden Parteien als Hauptstadt reklamierten Ort verbunden: Die Verwendung von «Jerusalem» (vom dem hebräischen *Jeru'shalaim*, Stadt des Friedens) oder des arabischen Namens «*al-Quds Ash-Sharif*» (Heilige Stadt) wird oft als Unterstützung des einen oder anderen Anspruchs gedeutet. Noch deutlicher wird der Konflikt bei der Benennung des westlichen Jordanlandes – israelische Nationalisten verwenden die biblischen Begriffe «Judäa und Samaria», Palästinenser und im allgemeinen auch die internationale Gemeinschaft sprechen vom «Westjordanland» bzw. der «Westbank». Es ließen sich weitere Beispiele finden.

Doch historische Argumente werden nicht nur benutzt, um grundsätzliche Ansprüche zu legitimieren, auch in der Tagespolitik spielt das unterschiedliche Verständnis der Geschichte eine wichtige Rolle. So nimmt die Debatte um die palästinensischen Flüchtlinge und ihre Rechte – einer der Hauptstreitpunkte im Friedensprozeß – vielfach auf die Geschichte Bezug. Verschiedene Historiker stellen und beantworten die Frage nach den Gründen der Flucht vieler Palästinenser im Laufe des israelisch-arabischen Kriegs von 1948 unterschiedlich: Flohen die arabischen Bewohner des Landes, weil sie von israelischen Einheiten vertrieben wurden oder weil sie von arabischen Führern dazu aufgefordert wurden? Die Beantwortung dieser Frage hat Auswirkungen auf die Frage nach der Verantwortung für die Flucht und damit auch für die Bejahung oder Verneinung eines Rückkehrrechts oder eventueller Kompensationsansprüche und anderer Rechte der Flüchtlinge. Diese historiographische Debatte war in den letzten Jahren eines der heftig diskutierten Themen der israelischen Innenpolitik.

Geschichte ist in Israel und Palästina, mehr noch als in vielen anderen Ländern, eine politisch brisante und umstrittene Angelegenheit, und ihre Kenntnis ist unabdingbar für das Verständnis der gegenwärtigen politischen Konflikte.

1. Die frühe Geschichte Palästinas

Die Geschichte Palästinas ist alt. Der Nahe und Mittlere Osten gelten als die zivilisatorische «Wiege der Menschheit», da sich dort die frühesten uns bekannten Kulturen entwickelten. Durch die religiösen Traditionen und die Lehren von Judentum, Christentum und Islam sind Grundzüge der frühen Geschichte dieser Region kaum jemandem gänzlich unbekannt.

Über die Geschichte Israels in vorstaatlicher Zeit gibt es keine gesicherten Erkenntnisse. Die früheste Erwähnung «Israels» findet sich in einer Inschrift des Pharaos Merenptah (1224–1204 v. Chr.). Zwischen 1200 und 1000 v. Chr. entstanden jedenfalls in Palästina die Königreiche Israel und Juda. Die vorübergehende Einheit beider Reiche unter den Königen David und Salomon seit etwa 1000 v. Chr. zerfiel Ende des 10. Jahrhunderts wieder. Das Nordreich Israel wurde in den Jahren 727–722 von Assyrien erobert und ging damit endgültig unter. Rund 150 Jahre später wurde auch das Königreich Juda mit der Eroberung Jerusalems und der Zerstörung des Tempels durch den babylonischen Großkönig Nebukadnezar im Jahre 586 v. Chr. ausgelöscht. Der Achämenide Kyros I., Zerstörer des babylonischen und Gründer des persischen Reiches, ermöglichte Ende des 6. Jahrhunderts den Wiederaufbau des Tempels – freilich unter persischer Herrschaft.

Die Herrschaft der persischen Achämeniden-Dynastie endete mit der Niederlage des letzten Großkönigs gegen Alexander den Großen (356–323 v.Chr.). Dessen Herrschaft war allerdings nur von kurzer Dauer. Der Zerfall des Alexanderreiches führte zur Bildung von Nachfolgestaaten, in denen sich die griechisch-mazedonische Kultur mit orientalischen Einflüssen verband (Hellenismus). Der Hellenismus wurde durch die Herrschaft der Ptolemäer im 3. und der Seleukiden im 2. Jahrhundert v.Chr. in dem nun als «Syrien und Phönizien» bezeichneten Gebiet vorherrschend und für alle dort siedelnden Volksgruppen zum bestimmenden kulturellen Einfluß. Nach dem Zerfall des Seleukidenreichs und einer kurzen Wiederbelebung des jüdischen Königtums etablierten die Römer im 1. Jahrhundert v.Chr. ihre Herrschaft über das Gebiet. Im Jahre 66 n.Chr. brach der große Aufstand der Juden gegen die römische Herrschaft aus, der im Jahre 70 mit einem Sieg der Römer unter Kaiser Vespasian und der Zerstörung des zweiten jüdischen Tempels endete. Die Reste der Tempel-Westmauer erinnern noch heute als «Klagemauer» an die Zerstörung. Nach einem weiteren jüdischen Aufstand unter Bar Kochba (132–135 n.Chr.) bestrafte Kaiser Hadrian die Juden unter anderem damit, daß er Jerusalem in «Aelia Capitolina» und «Iudaea» in «Palaestina» umbenannte. Von diesem Zeitpunkt an wird der Begriff «Palästina» für die gesamte Region gebraucht.

War das Christentum zu Beginn der römischen Herrschaft in der Provinz Palästina eine Minderheit, wurde es mit der neuen Religionspolitik des Kaisers Konstantin (311–337 n.Chr.) Schritt für Schritt zur Staatsreligion. Der Niedergang des Römischen Reiches beendete die klaren Herrschaftsverhältnisse. Die Provinz war oft umkämpft. In den ersten Jahrhunderten unserer Zeitrechnung bestimmte der Konflikt zwischen dem römischen Imperium (nach der Teilung 395 n.Chr. dem oströmischen oder byzantinischen Reich) und dem Reich der Parther, später zwischen dem byzantinischen Reich und dem Reich der persischen Sassaniden um die Vorherrschaft in Syrien und Palästina die Geschicke der Region und der dort siedelnden Völker.

Als es dem byzantinischen Kaiser Herakleios (610–641 n.Chr.) gelang, die Perser endgültig zu besiegen und seine Herrschaft in Syrien und Palästina zu befestigen, entstand der byzantinischen Herrschaft eine neue große Gefahr: der Islam. Der Prophet und

Religionsgründer Mohammed wurde gemäß der Überlieferung im Jahr 571 in Mekka geboren; 622 flohen er und seine Anhänger nach Yathrib (später al-Madina, d.h. «die Stadt», genannt). Mit dieser Flucht, der sogenannten *Hijra*, beginnt der islamische Kalender. Mohammed erlangte nicht nur religiöse Autorität, sondern auch politische Macht und eroberte acht Jahre nach seiner Flucht Mekka. Nach dem Tod des Propheten 632 übernahm Abu Bakr, ein enger Vertrauter Mohammeds, die Regierung. Er führte erstmals den Titel Stellvertreter – *Khalifa*; auf ihn geht die Institution des Kalifats zurück, die religiöse und politische Macht in sich vereint. Während des ersten Jahrhunderts ihrer Existenz dehnte die arabisch-muslimische Herrschaft sich mit atemberaubender Geschwindigkeit aus; sie erstreckte sich Ende des 7. Jahrhunderts von den Grenzen Indiens und Chinas über die gesamte südliche Mittelmeerküste bis ins Afrika der südlichen Sahara und an die Grenzen Europas. Der große Eroberer Kalif Omar, der 638 auch Jerusalem und Palästina unter arabische Herrschaft brachte, erließ Bestimmungen, die das Verhältnis zwischen muslimischen Herrschern und andersgläubigen Untertanen für Jahrhunderte regeln sollten: Sogenannte «Schriftbesitzer» – Juden, Christen und Zoroastrier –, die sich dem Kalifen unterwarfen, mußten eine besondere Kopf- und Grundsteuer bezahlen, bekamen dafür aber den Status eines «beschützten Volks» (*ahl al-dhimma*) und wurden nicht gezwungen zu konvertieren. Die christliche und jüdische Bevölkerung Palästinas wurde von arabischen Kriegern beherrscht. Viele der Bewohner traten zum Islam über; langsam vermischten sich Eroberer und Eroberte. Arabisch trat als Verkehrssprache neben Griechisch und die anderen Sprachen der Region und begann diese alsbald zu ersetzen.

Die Frage der legitimen Nachfolge des Kalifen spaltete bereits kurz nach dem Tod des Propheten die *Umma* (Gemeinschaft der Muslime); eine Spaltung, die sich bis zum heutigen Tag fortsetzt. Auf der einen Seite stehen die *Sunniten*, die Mehrheit der Muslime. Sie halten die Herrschaft der ersten vier Kalifen, die aus dem engsten Kreis um den Propheten stammten und gewählt wurden, für rechtmäßig; nachfolgende Kalifen sollen Nachfahren des Propheten sein und v. a. die Gemeinschaft nach Recht und Gerechtigkeit führen. Ihnen gegenüber stehen die *Schiiten* (von *shi'atu Ali*, die Anhänger Alis), die für das Kalifat eine erbliche Nachfolge verteidigen, die auf Ali, den Vetter und Schwiegersohn Mohammeds, zurückgeht. Die Mehrheit der palästinensischen Bevölkerung bekannte sich zur *Sunna*. Religiöse und politische Uneinigkeit trug dazu bei, daß das Kalifat nach dem Höhepunkt seiner Macht im 8. und frühen 9. Jahrhundert an realem Einfluß verlor und oftmals nur als nominale Autorität überlebte. So übernahmen im Laufe des 11. Jahrhunderts eingewanderte Turkvölker aus den vorderasiatischen Steppen, die Seldschuken, als Sultane die Regierung im Irak, in Syrien und Palästina, erkannten aber nach wie vor die religiöse Autorität der Kalifen an.

Die innere Zersplitterung schwächte das Reich des Kalifen und machte es anfällig für äußere Bedrohung. Diese tauchte zunächst in Form der europäischen Kreuzfahrer auf, die 1099, vier Jahre nach dem Aufruf Papst Urbans II., Jerusalem erreichten und dort ein ungeheures Blutbad unter muslimischen wie jüdischen Einwohnern anrichteten. Salah al-Din (Saladin), dem Herrscher Ägyptens, gelang es 1187, Jerusalem zurückzuerobern und die Kreuzfahrer in die Defensive zu zwingen.

Im 13. Jahrhundert eroberten die Mongolen weite Teile des islamischen Reiches. Erst die Mamelucken – in Ägypten zur Herrschaft gekommene Kriegssklaven – beendeten die Angriffe. Palästina und Syrien wurden in der Folge 1260 in das ägyptische Sultanat integriert und blieben trotz mongolischer Angriffe unter der Herrschaft Ägyptens. Palästina wurde von diesem Zeitpunkt an meist als Teil (Groß-)Syriens begriffen. 1291 eroberte der mameluckische Sultan von Ägypten die Küstenfestung Akko, die letzte Zuflucht der Kreuzfahrer in Palästina. Die Invasion aus dem Westen hinterließ in der arabischen kollektiven Erinnerung ein bleibendes Trauma, das mit der Kolonialisierung des Nahen Ostens durch europäische Mächte im 19. und 20. Jahrhundert und – obwohl die Juden mindestens ebenso unter den Christen gelitten hatten – der jüdischen Einwanderung wieder auflebte.

Der Autorität der mameluckischen Herrscher in Großsyrien und Ägypten stand im 15. Jahrhundert das sich ausdehnende und zunehmend mächtige Osmanische Reich gegenüber, das nach langen Auseinandersetzungen 1517 dauerhaft die Herrschaft über Syrien und Ägypten erlangte.

2. Palästina im Osmanischen Reich

Bis zum Ersten Weltkrieg gehörte Palästina als Teil Großsyriens zum Osmanischen Reich und war in verschiedene Verwaltungseinheiten aufgeteilt: Der südliche Teil des Landes gehörte zum *Vilayet* (Verwaltungsbezirk) Jerusalem, der nördliche war dem *Vilayet* Beirut unterstellt, und das transjordanische Gebiet war Teil des Verwaltungsgebiets Syrien.

Die osmanischen Herrscher vereinten weltliche und religiöse Autorität in ihrem Amt. In ihrem Reich regierten sie in einer alles in allem toleranten Art und Weise. Obwohl der Islam die dominante Religion war, wurden andere Religionsgruppen (griechisch-orthodoxe Christen, Armenier und Juden) als Minderheiten anerkannt und genossen, wenn nicht Gleichstellung, so zumindest bestimmte Rechte. Lokale soziale und politische Strukturen wurden zum Großteil beibehalten, und die osmanischen Herrscher unternahmen keine Versuche, regionalen Kulturen spezifisch osmanische Sitten aufzudrängen.

Im letzten Jahrhundert der osmanischen Herrschaft über den Nahen Osten kam es zu einer fundamentalen Veränderung der Gesellschaftsstruktur, der Wirtschaft und der Gebräuche der Bevölkerung. Ursache dieses Wandlungsprozesses war der wachsende Einfluß der Europäer auf die Region. In seinen Anfängen lehnte das Osmanische Reich in klassisch islamischer Denkweise Einflüsse aus dem Westen, dem *Dar al-Harb* (Haus des Krieges), ab, da dieses dem *Dar al-Islam* unterlegen war. Die zunehmende Schwäche des Reiches erlaubte es den europäischen Mächten jedoch, immer mehr Einfluß zu gewinnen.

Die militärische Überlegenheit des Osmanischen Reiches gegenüber den europäischen Mächten endete schon 1683, als das Reich die erste große und eindeutige Niederlage hinnehmen und die zweite Belagerung Wiens aufgeben mußte. Endgültig in die Defensive ging das Reich des Sultans gut hundert Jahre später, als die europäischen Staaten nicht nur die osmanische Herrschaft auf europäischem Boden zu beenden suchten, sondern Napoleon mit seiner Landung in Ägypten 1798 versuchte, eine direkte Kontrolle über den Nahen Osten auszuüben. Diese erste französische Besatzung endete zwar bereits drei Jahre später, und das Sultanat überlebte noch mehr als ein weiteres Jahrhundert, doch der Aufstieg Europas war unumkehrbar und das Osmanische Reich daher gezwungen, schrittweise europäischen Techniken, Gedanken und Gebräuchen Tür und Tor zu öffnen. Nicht zuletzt der Anspruch der europäischen Großmächte, bestimmte religiöse Minderheiten und heilige Stätten zu schützen, und die Einrichtung religiöser Schulen, Missionen und Sozialeinrichtungen eröffneten den Europäern die Möglichkeit, direkt auf die Bevölkerung des Nahen Ostens einzuwirken. So waren in Jerusalem Konsuln der europäischen Mächte tätig, die die Europäer und die von ihnen in Schutz genommenen christlichen Teile der Bevölkerung vertraten. Der Einfluß dieser Konsuln wuchs beständig – auch wenn sie häufig untereinander zerstritten waren.

Handel und diplomatisch-politische Kontakte führten zu einer Rezeption europäischer politischer Ideen, darunter auch des Nationalismus. Im Osmanischen Reich waren es zunächst vor allem die christlichen Völker in Griechenland und auf dem Balkan, die diese Ideologie aufgriffen; Ende des 19. Jahrhunderts hielt sie dann auch Einzug in das Denken der arabischen Bevölkerung. Das Aufkeimen des Nationalismus beschleunigte die Fragmentierung des Reiches und trug letzten Endes zum Untergang des Vielvölkerstaates bei.

Der Einfluß der Europäer war auch für die Transformation des Staats- und Gesellschaftssystems von zentraler Bedeutung. Konfrontiert mit eigener Schwäche und Zerfallserscheinungen sowie mit dem unaufhaltbaren Machtstreben der europäischen Staaten, sah sich die Regierung in Istanbul zu Reformen gezwungen. Was mit einer Militärreform nach europäischem Muster begann, weitete sich schnell zum *Tanzimat*, einer generellen Reform der administrativen Strukturen, des Erziehungswesens und des Rechtssystems, aus. Zentralisierung der Bürokratie und Modernisierung der Armee und der Verwaltung waren das Ergebnis. Naturgemäß hatten diese Reformen weitreichende Konsequenzen für das Alltagsleben, die Werte, Normen und Gewohnheiten der Bevölkerung.

Folgenreich für die Zukunft Palästinas sollte eine in diesem Zusammenhang durchgeführte Landreform sein: Ein 1858 eingeführtes Gesetz verlangte die Registrierung von – zuvor meist als Gemeinschaftsland bebautem – Grundbesitz als Privateigentum. Dies führte wegen der Verarmung der Bauern zur Konzentration großer Landflächen in den Händen einiger, meist in Städten residierender Großgrundbesitzer. Zunächst bewirkte dieser formelle Besitzwechsel kaum Veränderungen für die *Fellachen* (Bauern). Folgenreich wurde er erst gegen Ende des 19. und Anfang des 20. Jahrhunderts, da er die Veräußerung weiter Landstriche an zionistische Organisationen ermöglichte.

Diese Reformen und die Rivalitäten der europäischen Großmächte und Rußlands führten zunächst zu einer kurzen Erholung des Osmanischen Reiches, das die Europäer mitleidig-spöttisch den «kranken Mann am Bosporus» nannten. Doch blieb nicht genügend Zeit bis zur Genesung; der Erste Weltkrieg brachte den endgültigen Untergang des Osmanischen Reiches und beendete so vierhundert Jahre nahezu ununterbrochener Herrschaft über Palästina.

3. Weltkrieg, Mandat und jüdische Einwanderung

Bei Ausbruch des Ersten Weltkriegs waren der panarabische Nationalismus und das Streben der Araber nach Unabhängigkeit bereits so weit entwickelt, daß sie nicht mehr auf seiten des Osmanischen Reiches in den Krieg eintraten. Im Gegenteil: Sherif Hussein Ibn Ali, ein Führer der panarabischen Bewegung, fand sich bereit, auf der Seite Großbritanniens gegen die Türken zu kämpfen – als Gegenleistung für die Zusicherung des britischen Hochkomissars McMahon, einen unabhängigen arabischen Staat in Syrien und auf der arabischen Halbinsel zu schaffen.

Großbritannien verfolgte aber nie wirklich die Absicht, dieses Versprechen einzulösen: 1916, im selben Jahr, in dem das McMahon-Hussein-Abkommen geschlossen wurde, traf Großbritannien im sogenannten Sykes-Picot-Abkommen eine geheime Vereinbarung mit Frankreich, in der sich die beiden Mächte auf eine Aufteilung des Nahen Ostens einigten. Und bereits ein Jahr später gingen die Briten eine dritte Verpflichtung für die Zukunft Palästinas ein, diesmal in aller Öffentlichkeit: Am 2. November 1917 erklärte Außenminister Balfour gegenüber Lord Rothschild, einem Repräsentanten – wenn auch ohne formelles Amt – der englischen Juden, in einem Brief, daß sich Großbritannien für die Einrichtung einer «nationalen Heimstätte» für Juden in Palästina einsetzen werde. Die Reaktionen der Araber auf diese Erklärung waren gemischt. Während viele die Idee ablehnten, setzte Emir Faisal, der Sohn von Sherif Hussein, auf ein Bündnis mit den zionistischen Verbänden, um das Ziel der Unabhängigkeit zu erreichen (Faisal-Weizmann-Abkommen).

Nach Ende des Weltkriegs stellte sich heraus, daß die europäischen Mächte ihre Eigeninteressen über ihre Versprechen stellten: Auf der Konferenz von San Remo im Jahr 1920 wurde der Nahe Osten in britische und französische Mandatsgebiete aufgeteilt. So kam Syrien unter französische und Palästina unter britische Verwaltung. Palästina war nunmehr ein von Großbritannien verwaltetes Mandatsgebiet des Völkerbundes. Für solche Mandate bestand die Verpflichtung des Mandatsträgers, das ihm überantwortete Gebiet zu einem Staat zu entwickeln, der in die Unabhängigkeit entlassen werden sollte.

Zu Beginn der Mandatszeit stellten die arabischen Palästinenser etwa 91 % der Bevölkerung. Die jüdische Bevölkerung bestand einerseits aus dem ursprünglichen, immer im Lande lebenden *Jischuv*, der religiösen jüdischen Gemeinde in Palästina, die mit der arabischen Bevölkerung weitgehend im Einklang lebte und vor der ersten größeren Einwanderung etwa 24 000 Mitglieder zählte. Dazu kamen jüdisch-zionistische Einwanderer, die mit einer der ersten drei *Alijahs* ins Land gekommen waren. Das hebräische Wort *Alijah* bedeutet eigentlich «Aufstieg» und bezeichnete ursprünglich Pilgerfahrten zu den heiligen Stätten in Jerusalem. Mit der Entstehung des Zionismus wurden mit diesem Wort die verschiedenen Einwanderungswellen nach Palästina bezeichnet. Diese ersten Wellen (1882–1903, 1904–1914, 1919–1923) brachten insgesamt ca. 95 000 Menschen nach Palästina, viele von ihnen auf der Flucht vor Pogromen in Osteuropa und Rußland. Durch Landkäufe begannen die Einwanderer, sich eine Existenz zu sichern; ab 1897 wurden sie darin vom Zionistischen Weltkongreß unterstützt.

Begrenzten Protest hatte es schon gegen die ersten Einwanderer gegeben, die im Gegensatz zur ursprünglich ansässigen Glaubensgemeinschaft der *Jischuv* einen jüdischen Staat anstrebten. So begannen arabisch-palästinensische Intellektuelle noch am Hof des Sultans mit Lobbyarbeit gegen den Zionismus, und es kam mehrmals zu gewalttätigen Konflikten mit Fellachen, die nach dem Verkauf ihres Ackerlandes durch Großgrundbesitzer ihre

Lebensgrundlage verloren. Zu ihrem Schutz gründeten die Siedler 1909 die *Ha-Schomer*, eine erste inoffizielle paramilitärische Einrichtung, die als Vorläuferin der *Haganah* und damit der israelischen Armee gilt.

Mit der Übertragung des Mandats, die auch die Schaffung einer «jüdischen Heimstätte» zum Ziel hatte, nahmen Einwanderung und zionistische Landkäufe neue Dimensionen an. Großbritannien unterstützte anfangs das zionistische Projekt, wohl nicht zuletzt aus der strategischen Überlegung heraus, sich so einen verläßlichen Partner im Nahen Osten zu schaffen. So kamen mit der vierten *Alijah* (1924–1931) etwa 82000 jüdische Einwanderer ins Land; zwischen 1932 und 1938 waren es ca. 200000. Bei Beendigung des Mandats 1948 machten Juden etwa 31 % der Bevölkerung Palästinas aus und besaßen etwa 7 % des Landes.

Beide Bevölkerungsgruppen entwickelten während der Mandatszeit politische Strukturen. Auf der arabischen Seite war das vor allem die Arabische Exekutive Palästinas (*Palestine Arab Executive*, PAE), die 1920 aus dem palästinensisch-arabischen Kongreß hervorging. Wegen der Rivalität zwischen verschiedenen Clans versank diese Institution bald in Bedeutungslosigkeit und wurde 1936 in ihrer Funktion vom Arabischen Hochkomitee abgelöst. Da die Araber eine Gleichstellung mit dem jüdischen Gegenstück, der *Jewish Agency*, ablehnten, erreichte nur letztere offizielle Anerkennung durch die Mandatsmacht und damit gewisse Mitspracherechte in der Regierung.

Den Engländern gelang es nicht, während der Mandatszeit funktionierende Selbstverwaltungsstrukturen zu errichten. Solange sie eine Minderheit waren, wollten die Zionisten nicht in Gremien mitarbeiten, die aller Voraussicht nach die jüdische Einwanderung sofort stoppen würden. Auch die Araber lehnten Vorschläge der Briten ab, einen «Legislativrat» zu schaffen. Sie erkannten das Mandat grundsätzlich nicht an. Der wichtigste Gegenspieler der Briten, der Mufti von Jerusalem und Vorsitzende des Großen Muslimischen Rates, Hajj Amin al-Husseini, wurde daraufhin von den Briten abgesetzt.

Während der Mandatszeit kam es immer wieder zu öffentlichen Protesten und gewaltsamen Konflikten zwischen Arabern, Juden und der Mandatsregierung. Die britische Regierung reagierte auf Unruhen meist mit der Einsetzung von Untersuchungskommissionen. Doch die Umsetzung der Berichte und Empfehlungen war meist aus politischen Gründen nicht möglich. So schlug die 1921 eingesetzte Haycraft-Kommission die Unterbindung der jüdischen Immigration vor, der Einwanderungsstopp wurde aber nach zwei Monaten wieder aufgehoben. Eine ähnliche Empfehlung des sogenannten «Passfield White Paper» 1929 wurde nicht umgesetzt. Erst als die Lage zwischen 1936 und 1939 eskalierte, beschloß Großbritannien in einem weiteren Weißbuch, die Einwanderung auf 75 000 Personen während der folgenden fünf Jahre zu begrenzen. In der sogenannten «Biltmore-Resolution» von 1942 protestierte die Zionistische Exekutive gegen diese Entscheidung. Die Verfolgung und Ermordung der europäischen Juden durch die Nationalsozialisten machten die Schaffung eines Zufluchtsortes immer dringender. In Palästina selbst gab es unterdessen immer häufiger Verletzte und Todesopfer bei Zusammenstößen verschiedener zionistischer Organisationen wie der terroristischen *Stern-Bande* und bewaffneten Einheiten politischer Organisationen wie *Haganah* und *Irgun* auf der einen und britischen sowie arabischen Kräften auf der anderen Seite.

4. *Al-Nakbah*

Die Unruhen erreichten einen neuen Höhepunkt, als zionistische Terroristen am 22. Juni 1946 einen Anschlag auf das King David Hotel in Jerusalem verübten, den Sitz der britischen Administration. Großbritannien, selbst geschwächt von den Folgen des Weltkriegs, sah sich außerstande, die Lage in Palästina selbst unter Kontrolle zu bringen, und übertrug die Lösung der schwierigen Frage an die neu gegründeten Vereinten Nationen (UNO). Vor dem Hintergrund der Shoa, deren schreckliches Ausmaß allmählich bekannt wurde und die Weltöffentlichkeit schockierte, schien die Gründung eines jüdischen Staates nur allzu legitim. Daher verabschiedete die Generalversammlung der Weltorganisation am 29. November 1947 eine Resolution, die die Aufhebung des britischen Mandats, die Teilung des Landes in einen jüdischen und einen palästinensischen Staat und die Übertragung der Regierungsgewalt über Jerusalem an die internationale Gemeinschaft vorsah. Resolution 181 (II), die sogenannte Teilungsresolution, bestimmte etwa 43 % des Territoriums des Mandatsgebiets für den arabischen und 56 % für den jüdischen Staat.

Wegen der Ablehnung durch die Araber trug der Lösungsvorschlag der Vereinten Nationen nicht zu einer Entspannung der Lage in Palästina bei. Im Gegenteil eskalierte die Gewalt zwischen Arabern und Juden, und ab Ende 1947 kam es zur militärischen Konfrontation. Angesichts der bürgerkriegsähnlichen Zustände zog die britische Regierung ihre Truppen früher als vorgesehen bereits im Mai 1948 aus Palästina ab. Daraufhin beschloß die jüdische Seite, die Teilungsresolution auch einseitig umzusetzen und rief am 14. Mai 1948 den Staat Israel aus.

Für die arabischen Nachbarstaaten war diese Proklamation der *casus belli*. In der Nacht vom 14. zum 15. Mai griffen Truppen aus Ägypten, Transjordanien, Syrien, dem Irak und dem Libanon jüdische Stellungen an. Trotz der scheinbaren Übermacht der arabischen Koalition gingen die Israelis eindeutig als Sieger aus dieser Konfrontation hervor. Die israelische Verteidigung war gut auf die Angriffe vorbereitet. Sie verfügte über motivierte und disziplinierte Truppen. Die arabischen Verbände hingegen waren untereinander kaum koordiniert und verfolgten unterschiedliche Ziele. Die Palästinenser selbst verfügten über keine nennenswerten militärischen Verbände.

Vermittlungsversuche der Vereinten Nationen fruchteten zunächst nicht. Zu einer endgültigen Waffenruhe kam es erst im März 1949, als die arabischen Staaten sukzessive Waffenstillstandsabkommen (jedoch keine Friedensverträge) mit Israel schlossen. Als Ergebnis des Kriegs hatte Israel sein Gebiet um gut ein Drittel vergrößert und kontrollierte nun 76 % des Territoriums anstelle der im Teilungsplan vorgesehenen 56 %. Die in diesem Plan vorgesehene Gründung eines palästinensischen Staates wurde dagegen nicht umgesetzt, statt dessen wurde das übrige Territorium geteilt: Ägypten besetzte den Gazastreifen und Transjordanien das Westjordanland. Der jordanische König verfolgte eine Eingliederungspolitik. Die eroberten Gebiete, einschließlich Ostjerusalems, wurden Stück für Stück in den jordanischen Staat integriert. Der Status Jerusalems als *corpus separatum* wurde in der Völkergemeinschaft als Anspruch und Ziel aufrechterhalten, *de facto* aber wurde der Westteil der Stadt Israel eingegliedert, der Osten einschließlich der Altstadt Jordanien.

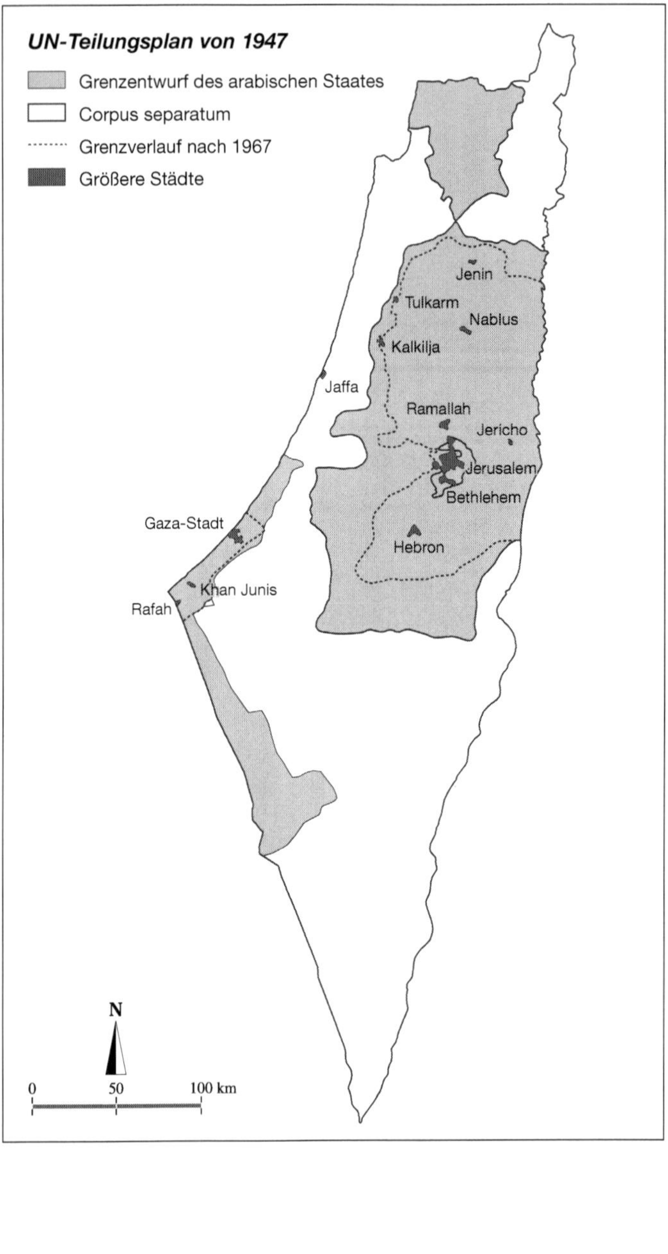
UN-Teilungsplan von 1947
Grenzentwurf des arabischen Staates
Corpus separatum
Grenzverlauf nach 1967
Größere Städte
Jenin
Tulkarm
Nablus
Kalkilja
Jaffa
Ramallah
Jericho
Jerusalem
Bethlehem
Gaza-Stadt
Hebron
Khan Junis
Rafah
N
0
50
100 km

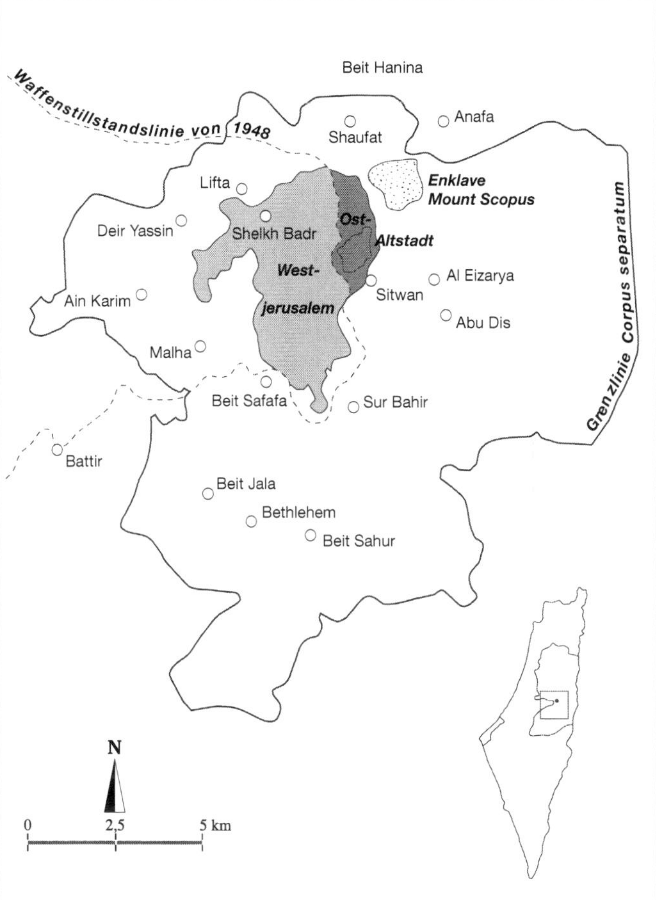

Jerusalem 1949 – Corpus separatum

Grenzlinie des Corpus separatum

Ostjerusalem 1949-1967 unter arabischer Verwaltung

Westjerusalem seit 1948 unter israelischer Verwaltung

Waffenstillstandslinie von 1948

Umliegende Orte

Für die arabische Seite war der Krieg eine deutliche militärische Niederlage. Trotzdem profitierten Ägypten und vor allem Transjordanien letztlich vom Ergebnis des Kriegs. Die Palästinenser hingegen bezeichneten die Niederlage als *al-Nakbah*, die Katastrophe. *Al-Nakbah* bedeutet für die Palästinenser zunächst die territoriale Zersplitterung des Landes, den Verlust eines Großteils des Territoriums an den neu gegründeten Staat Israel und die Zerstörung des Traums von einem unabhängigen palästinensischen Staat. Verheerend waren die gesellschaftlichen und sozialen Auswirkungen der «Katastrophe». Flucht und Vertreibung während des Krieges rissen Familien auseinander, zerstörten soziale Institutionen und machten viele Palästinenser besitz- und rechtlos. Schätzungen über die genaue Anzahl der Flüchtlinge variieren stark, Angaben zu ihrer Gesamtzahl schwanken zwischen 700 000 und über einer Million. Diese verteilten sich auf das von Jordanien kontrollierte Westjordanland und den Gazastreifen sowie die arabischen Nachbarstaaten (vor allem Transjordanien, Syrien und den Libanon). Von ursprünglich über einer Million arabischer Einwohner blieben nur zwischen 100 000 und 180 000 auf israelischem Territorium und wurden zu israelischen Staatsbürgern.

5. Der israelisch-arabische Konflikt und die Palästinenser, 1949–1967

Das Schicksal der Palästinenser in den ersten zwei Jahrzehnten nach der «Katastrophe» ist von der Politik der arabischen Staaten nicht zu trennen. Die Palästinenser waren durch den Krieg zerstreut, es existierte keine Form der politischen Organisation, keine militärische Macht und kein eigenständiges palästinensisches Gebiet. Die arabischen Staaten hielten den Schlüssel zur politischen Zukunft der Palästinenser in ihren Händen.

a) Vom Panarabismus zum palästinensischen Nationalismus

Die arabischen Staaten hatten – als das Ende der britischen Herrschaft absehbar war – sehr früh Palästina zu ihrem Anliegen erklärt, und auch die Palästinenser fühlten sich der arabischen Welt zugehörig. Um die (angestrebte) arabische Einheit zu unterstreichen, war im Mai 1945 die Liga Arabischer Staaten gegründet worden. Wie die arabischen Staaten schrieb sich die Liga die Befreiung Palästinas durch gemeinsames arabisches Handeln auf ihre Fahnen.

Bereits in der ersten Auseinandersetzung mit Israel 1948/49 war jedoch klar geworden, daß der Schein der ungetrübten Einigkeit und Hingabe für die palästinensische Sache trog. Vielmehr stellten sich Eigeninteresse und innerarabische Machtkämpfe als eigentliche Beweggründe der arabischen Politik heraus. So hielten sich zwar die arabischen Staaten an ihre Abmachung, Israel im Falle der Staatsausrufung gemeinsam anzugreifen, dann aber scheiterte die Koordination der militärischen Aktionen, und es zeigte sich schnell, daß keiner der Staaten bereit gewesen war, ausreichende Ressourcen in den Konflikt zu investieren. Gleichzeitig wollten weder Ägypten noch Jordanien eine unabhängige palästinensische Machtbasis entstehen lassen. So verhinderte die Liga den Ausbau einer palästinensischen Armee des Heiligen Kriegs (*Jaysh al-Jihad al-Muqaddas*). Auch vereitelte man Versuche, palästinensische politische Institutionen zu schaffen. Die von Hajj Amin al-Husseini, dem Großmufti von Jerusalem, 1948 in Gaza ausgerufene «Regierung von ganz Palästina» fand keine Unterstützung bei den arabischen Staaten. Ausschlaggebend für diese Haltung dürfte nicht zuletzt das Interesse Ägyptens und vor allem (Trans-)Jordaniens an der direkten Verwaltung und Kontrolle der palästinensischen Gebiete gewesen sein.

Trotz der offensichtlichen Diskrepanz zwischen arabischer Rhetorik und tatsächlicher Politik setzten die Palästinenser nach 1949 angesichts ihrer eigenen Schwäche auf die panarabische Solidarität zur Durchsetzung ihrer Ziele. Arabische Einheit war der Weg zur Befreiung Palästinas. Auch die wenigen eigenen politischen Strukturen, die die Palästinenser in dieser Zeit bildeten, unterstützten den panarabischen Nationalismus. Wichtigstes Beispiel hierfür ist die 1951 inoffiziell gegründete Bewegung Arabischer Nationalisten (*Arab Nationalists Movement,* ANM), die an der Amerikanischen Universität in Beirut um die Studentenführer George Habash und Hani al-Hindi entstand und zu einem wichtigen Faktor in der palästinensischen Politik werden sollte.

Die Palästinenser wurden in ihren politischen Zielen von der öffentlichen Meinung der arabischen Länder durchaus unterstützt. Vor allem nationalistische und panarabische Intellektuelle sprachen sich vehement für die Sache der Palästinenser aus. Wie stark diese Kräfte waren, zeigten die Regierungswechsel in Syrien und Ägypten zwischen 1952 und 1954, bei denen linksorientierte, arabisch-nationalistische Kräfte die traditionellen Monarchien ersetzten. Sie räumten auch dem israelisch-palästinensischen Konflikt höhere Priorität ein. Für diese Gruppe war der Kampf für die Palästinenser der Weg zur Schaffung der arabischen Einheit.

Ägypten wurde zur stärksten Kraft innerhalb der arabischen Welt. Trotz innerarabischer Rivalitäten um diese Führungsposition wurde Gamal Abdel Nasser (seit 1954 Vorsitzender des Revolutionären Führungsrats, ab 1956 Präsident Ägyptens) zur Symbolfigur arabischer Einheit. Seine Rolle als wichtigster arabischer Staatsmann ließ ihn geradezu automatisch zum Herold palästinensischer Rechte werden, schließlich galt die Hingabe an die palästinensische Sache als wichtiger Gradmesser für den arabischen Patriotismus.

Gefordert wurde jetzt immer wieder der Zusammenschluß arabischer Staaten und die dadurch mögliche Befreiung Palästinas. Einen Höhepunkt erreichte die panarabische Bewegung, als Syrien 1956 erst seine Armee unter ägyptisches Kommando stellte und sich 1958 formell mit Ägypten zur Vereinigten Arabischen Republik vereinigte. Doch der Traum von der – auch staatlichen – arabischen Einheit war schnell vorüber; nach einem Putsch löste sich Syrien 1961 aus der Vereinigung.

Auch wenn der panarabische Nationalismus bis zum Krieg 1967 eine einflußreiche Kraft bleiben sollte, mehrten sich bereits in den späten 1950er und frühen 1960er Jahren die Stimmen, die eine eigenständige palästinensische Strategie forderten. Grund dafür war zunächst die fehlende Bereitschaft und Fähigkeit der arabischen Staaten, den bewaffneten Kampf für die Befreiung Palästinas aufzunehmen. Tatsächlich war vor allem Ägypten nach der zweiten militärischen Niederlage gegen Israel während der Suezkrise von 1956 geschwächt und wollte ein erneutes Ausbrechen von Kampfhandlungen verhindern. Aus diesem Grund tolerierte Ägypten auch nicht die Entstehung militanter palästinensischer Organisationen, die eine militärische Konfrontation mit Israel provozieren könnten.

Radikale Palästinenser gründeten daher Untergrundorganisationen, deren Hauptprogramm in dem Slogan «Palästina zuerst» prägnant zusammengefaßt ist: Man verwarf die Idee, daß die arabische Einheit Vorbedingung für die Befreiung Palästinas sei, und postulierte statt dessen, daß am Anfang der Kampf für die Befreiung stehen müsse, die arabische Einheit würde als Folge entstehen. Eine dieser Untergrundorganisationen wurde 1957 von einigen palästinensischen Studenten in Kuwait gegründet: Gemeinsam mit fünf Kommilitonen beschloß Muhammad 'Abdal-Ra'uf al-Qidwa al-Husseini, heute besser als Yassir Arafat bekannt, die Gründung der *Harakat al-Tahrir al-Watani al-Filastin*, der Bewegung zur nationalen Befreiung Palästinas, die mit der Umkehrung ihrer Abkürzung meist als *Fatah* bezeichnet wird.

Die Gruppe, die den bewaffneten Kampf gegen Israel propagierte, erhielt erheblichen Aufschwung, als Präsident Nasser 1959 angesichts steigender Spannungen mit Israel öffentlich bekanntgab, er habe keine Pläne zur Befreiung Palästinas. Die Palästinenser fühlten sich infolge dieses Eingeständnisses zunehmend auf sich selbst gestellt. Auch wenn die Mitgliedschaft in Gruppen wie der *Fatah* zahlenmäßig gering blieb, war die wachsende Popularität der Forderung nach mehr palästinensischer Eigeninitiative und weniger Einmischung der arabischen Staaten offensichtlich. Verschiedene arabische Regierungen unterstützen diesen Stimmungswandel, um ihren Führungsanspruch in der arabischen Welt zu demonstrieren. So erhöhte vor allem der Irak den Handlungsdruck auf Ägypten durch Aufrufe zur Gründung palästinensischer politischer und militärischer Organisationen.

Pläne Israels, den Oberlauf des Jordan umzuleiten, waren schließlich der Auslöser für gemeinsames arabisches Handeln. Ein Gipfeltreffen der Arabischen Liga Anfang 1964 beschloß zum einen die Einrichtung des *Unified Arab Command* (UAC), eines militärischen Koordinationsgremiums unter ägyptischer Führung. Zum anderen wurde in einem zaghaften Schritt Ahmad al-Shuqayri damit beauftragt, Pläne für die politische Organisation der Palästinenser und die Befreiung des Landes auszuarbeiten. Shuqayri rief daraufhin in klarer Überschreitung seines Mandats eine palästinensische Versammlung, den Palästinensischen Nationalkongreß (*Palestinian National Congress*), in Ostjerusalem ein, der wiederum im Mai 1964 die Gründung der Palästinensischen Befreiungsorganisation (*Palestine Liberation Organisation,* PLO) beschloß.

Die PLO-Charta definierte die Befreiung ganz Palästinas in den Grenzen des britischen Mandatsgebiets als Ziel der neuen Organisation. Dieses Ziel sollte ohne Umwege und durch bewaffneten Kampf erreicht werden. Damit unterschied sich die PLO von anderen Organisationen, die entweder zuerst die arabische Einheit herstellen (die arabischen Nationalisten) oder mit einer Veränderung der Gesellschaftsstrukturen beginnen wollten (der politische Islam und marxistisch-kommunistische Gruppen).

Die PLO beschloß unter dem Vorsitz von Shuqayri kurz nach ihrer Gründung die Einführung der Wehrpflicht für Palästinenser und die Ausrüstung einer Armee, der *Palestine Liberation Army* (PLA). Obwohl diese Entwicklung von den arabischen Staaten so nicht geplant war, erkannten sie sowohl PLO als auch PLA an. Als Zeichen der Ernsthaftigkeit seiner Unterstützung palästinensischer Initiativen übertrug Nasser der PLA zudem die Führung der seit Ende 1952 gebildeten Truppen des palästinensischen Grenzschutzes, die bislang unter dem Kommando ägyptischer Offiziere gestanden hatten. Die arabischen Staaten versprachen die Ausbildung und Ausrüstung weiterer Einheiten.

Doch bereits kurz nach diesem aus palästinensischer Sicht positiven Start wurde deutlich, daß Zusagen nur bedingt Taten folgten. Jordanien verwehrte von vornherein jede Stationierung palästinensischer Truppen auf seinem Territorium; in Ägypten und Syrien brach ein Streit über die Befehlsgewalt aus, und sowohl Ausrüstung als auch Truppenstärke blieben weit hinter den palästinensischen Erwartungen zurück. Als der arabisch-israelische Krieg 1967 ausbrach, bestand die PLA im Gazastreifen lediglich aus 5000 Mann, dazu kamen etwa 4000 leicht bewaffnete Ordnungskräfte und Milizen.

Im Gegensatz zur PLA erfreute sich die PLO zwar der Anerkennung und Unterstützung der arabischen Staaten, büßte aber gleichzeitig an Popularität in der palästinensischen Gesellschaft ein. Auf Druck der arabischen Staaten, die sich für einen Krieg mit Israel nicht gerüstet sahen, verzichtete die PLO zunächst auf bewaffnete Angriffe gegen Israel. Nicht so *Fatah*, die zu diesem Zeitpunkt noch nicht zur PLO gehörte. Unterstützt von arabischen Intellektuellen und Politikern, die zunehmend die bewaffnete Auseinandersetzung mit Israel forderten, begann *Fatah* Anfang 1965 mit Anschlägen auf israelische Einrichtungen. Anzahl und Stärke der palästinensischen Anschläge sowie die Härte der israelischen Vergeltungsmaßnahmen nahmen während der nächsten zwei Jahre deutlich zu und trugen so zu den Spannungen bei, die sich im Juni 1967 in einem weiteren arabisch-israelischen Krieg entluden. Die erneute Niederlage der arabischen Staaten gab den entscheidenden Anstoß zur endgültigen Ersetzung des panarabischen durch den palästinensischen Nationalismus.

b) Der Gazastreifen und die Politik Ägyptens

Während die Entstehung des palästinensischen Nationalismus sowohl im Gazastreifen als auch im Westjordanland zu spüren war, unterschieden sich die Lebensumstände der Palästinenser in den beiden Gebieten erheblich.

Der Gazastreifen ist nur etwa 40 Kilometer lang, zwischen sechs und zwölf Kilometer breit und sehr dicht besiedelt; vor 1967 lebten dort knapp 300 000, heute über 1,2 Millionen Menschen. Das Gebiet war zwischen 1948 und 1967 weitgehend isoliert: im Norden und Osten von israelischem Staatsgebiet umgeben, stellte die Grenze zu Ägypten im Süden die einzige Verbindung zur arabischen Welt dar. Doch da der Sinai den Gazastreifen von den ägyptischen Bevölkerungszentren trennt, war auch diese Verbindung nur von eingeschränktem Wert.

Ägypten nutzte den Gazastreifen im ersten Krieg gegen den neu ausgerufenen Staat Israel 1948/49 als Einfallstor und Aufmarschgebiet. Letztlich blieb dieser schmale Landstreifen das einzige Gebiet, das die ägyptischen Streitkräfte dauerhaft halten konnten. Im 1949 mit Israel geschlossenen Waffenstillstandsvertrag bekam Ägypten schließlich offiziell die Verwaltung dieses Gebiets zugesprochen – eine Entscheidung, die auch von der Bevölkerung positiv aufgenommen wurde.

Die ägyptische Militärverwaltung war mit einer äußerst schwierigen sozialen und politischen Lage konfrontiert: Etwa 70 % der Bevölkerung des Gazastreifens, das heißt zu diesem Zeitpunkt ca. 200 000 Menschen, waren Flüchtlinge. Das kleine Stück Land war mit dieser Menschenmasse völlig überfordert. Es fehlte an allem – an Nahrung, Wohnungen und Ausbildungsmöglichkeiten bis zu

Arbeitsplätzen. Nicht zuletzt deswegen kam es zu Spannungen zwischen der einheimischen und der Flüchtlingsbevölkerung, die sich bis heute nicht ganz gelegt haben.

Ägypten annektierte den Gazastreifen nicht, sondern stellte ihn zunächst unter militärische, ab 1954 unter zivile Verwaltung. Das bedeutete für die Palästinenser auch, daß sie keine Staatszugehörigkeit besaßen; statt dessen wurden sie von Ägypten mit Reisedokumenten ausgestattet. Die Mitspracherechte der Palästinenser im Verwaltungssystem des Territoriums waren gering. In der Verwaltung besetzten ägyptische Beamte und Offiziere alle einflußreichen Posten. Palästinensern standen lediglich einige Posten in den Verwaltungsräten offen, und nur etwa 6000 fanden eine Anstellung im öffentlichen Dienst. Wahlen, wie sie unter osmanischer und britischer Herrschaft üblich gewesen waren, fanden unter ägyptischer Kontrolle nicht statt.

Die wirtschaftliche Lage war desolat. Die landwirtschaftliche Nutzfläche des Gazastreifens reichte gerade aus, um die ursprüngliche Bevölkerung von etwa 88 000 Menschen zu versorgen. Der Flut von Flüchtlingen, welche die Bevölkerungszahl mehr als verdreifachte, waren die lokalen Strukturen auf keinen Fall gewachsen. Während die UNRWA (*United Nations Relief and Works Agency for Palestine Refugees in the Near East*), das von den Vereinten Nationen speziell für die palästinensischen Flüchtlinge im Dezember 1949 geschaffene Flüchtlingshilfswerk (durch Resolution der Generalversammlung 302 (IV), zuletzt bis zum 30. Juni 2005 verlängert), eine notdürftige Grundversorgung der Menschen sicherstellen konnte, fehlte es dem Gazastreifen an Ressourcen, Investitionen und dem Zugang zu anderen Märkten, um sich wirtschaftlich zu entwickeln. Die Lage verbesserte sich etwas, als Nasser 1954 die ägyptischen Universitäten für Studenten aus Gaza öffnete und die arabischen Ölländer palästinensische Arbeiter aufnahmen. Dennoch waren auch in den 1960er Jahren noch etwa 80 % der Flüchtlinge und 35 % der ursprünglichen Bevölkerung arbeitslos.

Die Politik der ägyptischen Regierung gegenüber den Palästinensern war zwiespältig. Wegen ihres Führungsanspruchs innerhalb der arabischen Welt unterstützte Kairo in öffentlichen Verlautbarungen die Palästinenser und das Ziel der «Befreiung Palästinas» ausdrücklich. Gleichzeitig war Nasser jedoch darauf bedacht, seine Kontrolle über die palästinensische Politik zu wahren. Vor allem wollte seine Regierung den Grad der Spannungen mit Israel selbst regulieren und sich nicht durch Aktionen der Palästinenser verfrüht in eine militärische Auseinandersetzung drängen lassen.

Wie schwierig der Spagat zwischen Rhetorik und Interessen sein konnte, zeigte die Frage der Bewaffnung der Palästinenser. Nach dem Krieg von 1948/49 entwaffnete Ägypten zunächst die wenigen verbliebenen palästinensischen Einheiten im Gazastreifen. Doch drängten die Palästinenser darauf, selbst zur Befreiung ihres Heimatlandes beizutragen, und forderten die Ausbildung palästinensischer Truppen. Die Ägypter gestatteten daraufhin die Bildung der palästinensischen Grenzpatrouille. Heftige Demonstrationen palästinensischer Aktivisten im Gazastreifen 1954 erreichten lediglich eine Verstärkung und etwas schwerere Bewaffnung dieser Grenztruppen. Hinzu kamen verdeckte Maßnahmen: Der ägyptische Militärgeheimdienst bildete seit 1949 eine palästinensische Sondereinheit für Sabotageakte und Anschläge in Israel aus, die *Fida'iyyun* (die Opferbereiten) genannt wurde.

Gegen den Willen vieler militanter Palästinenser verfolgte Ägypten bis Anfang 1955 eine Politik der Deeskalation gegenüber Israel. Aufgabe des palästinensischen Grenzschutzes war es zu dieser Zeit, Zwischenfälle an der Grenze zu vermeiden und palästinensische Infiltrationen auf israelisches Gebiet zu verhindern. Dies änderte sich jedoch mit dem Beginn französischer Militärhilfe für Israel. Ägypten bemühte sich nun seinerseits verstärkt um militärische Unterstützung, was nach dem Scheitern der Verhandlungen mit den USA 1955 zu einer Zusammenarbeit und einem regen Waffenhandel mit der Tschechoslowakei führte. Gleichzeitig kooperierte Ägypten enger mit Syrien und ließ mehr Anschläge auf Israel zu: Die palästinensischen Grenztruppen und die *Fida'iyyun* wurden von Kairo im Herbst 1955 nach schweren israelischen Vergeltungsaktionen gegen ägyptische Aktivisten verstärkt für Grenzübergriffe eingesetzt. Zwischen Dezember 1955 und März 1956 wurden etwa 180 Angriffe auf israelisches Gebiet gezählt.

Die Lage eskalierte weiter, als Ägypten im Juli 1956 entgegen den Vereinbarungen mit Großbritannien den Suezkanal verstaatlichte und ihn im September für die Durchfahrt israelischer Schiffe sperrte. In geheimer Absprache mit Großbritannien und Frankreich griff Israel daraufhin am 29. Oktober Ägypten an. Israel konnte innerhalb einer Woche den Gazastreifen und den Sinai unter seine Kontrolle bringen. Die Kanalzone wurde von britischen und französischen Truppen unter dem Vorwand besetzt, den Kanal zu schützen und die Kombattanten zu trennen. Durch eine gemeinsame diplomatische Intervention der USA und der Sowjetunion wurden die Angreifer jedoch bald zum Rückzug gezwungen, und im März 1957 übernahm Ägypten wieder die Verwaltung des Gazastreifens. Auch der Kanal blieb in ägyptischer Hand.

Nach dieser erneuten militärischen Konfrontation zeigte sich Ägypten wieder deutlich vorsichtiger und konzilianter. Die palästinensischen Einheiten wurden entwaffnet und aus dem Gazastreifen abgezogen. Gleichzeitig wurde eine UN-Friedenstruppe entlang der Waffenstillstandslinie positioniert, die erneute Übergriffe meist erfolgreich verhindern konnte. Die so geschaffene Stabilität führte zu Fortschritten in der Wirtschaft, dem Sozialsystem, der Bildung, der Kultur und der medizinischen Versorgung in der palästinensischen Gesellschaft.

Den Forderungen der Palästinenser nach mehr Mitspracherechten begegnete Nasser nun mit der Gründung palästinensischer politischer Institutionen. So wurde 1957 ein palästinensischer Legislativrat gegründet, dessen Mitglieder von Ägypten ernannt wurden. Den Vorsitz übernahm 1962 ein Palästinenser, Haidar Abd al-Shafi. Im selben Jahr erließ Nasser per Gesetz außerdem eine «Verfassung» und Rechtsordnung für den Gazastreifen und ließ die Hälfte der Mitglieder des Legislativrats durch die palästinensische Nationalunion wählen.

Bereits 1965/66 wurde die offizielle Rhetorik in Kairo wieder deutlich aggressiver. Verschiedene Handlungen Ägyptens schürten in Israel die Furcht vor einem unmittelbar drohenden Angriff und trugen damit zum Präventivschlag vom Juni 1967 bei.

c) Das Westjordanland als Teil des haschemitischen Königreichs Jordanien

Das Westjordanland war erst kurz nach dem Ersten Weltkrieg durch die britische Verwaltung von Transjordanien getrennt worden. Zahlreiche kulturelle, religiöse und familiäre Verbindungen zwischen den beiden Gebieten bestanden jedoch fort, und die Haschemiten betrachteten das Westjordanland als natürlichen Teil des jordanischen Territoriums.

Während des Krieges 1948 besetzte König Abdullahs Arabische Legion das Westjordanland und Ostjerusalem und bekam diese Gebiete auch im Zuge der Waffenstillstandsverhandlungen zur Verwaltung zugesprochen. Schon bald berief der König zwei Versammlungen aus sorgfältig ausgewählten Mitgliedern der traditionellen Oberschicht des Westjordanlandes ein, die erwartungsgemäß das haschemitische Königreich dazu aufforderten, ihre Region in das transjordanische Staatsgebiet einzugliedern. Im März 1949 wurde die Militärverwaltung von einer zivilen Verwaltung abgelöst, den Palästinensern wurde die transjordanische Staatsbürgerschaft angeboten und damit ein Wahlrecht für die Parlamentswahlen von 1950 eingeräumt. Das so gewählte Parlament stimmte unmittelbar nach seiner Konstituierung einem Gesetz über den Zusammenschluß des Westjordanlandes mit Transjordanien zu.

Damit hatte Transjordanien, das sich nun Jordanien nannte, seine Bevölkerung vervielfacht. Zu der ursprünglichen Bevölkerung von etwa 340000 Einwohnern kamen 30000 Palästinenser, die bereits vor dem Krieg in Transjordanien ansässig waren, etwa 460000 bis 500000 Flüchtlinge und 425000 Bewohner des Westjordanlandes. Bis 1954 hatten so gut wie alle Palästinenser im haschemitischen Königreich die jordanische Staatsbürgerschaft angenommen und waren somit die einzige palästinensische Gruppe, der zumindest prinzipiell politische Mitspracherechte und die gleichen Rechte wie der eingesessenen Bevölkerung eingeräumt wurden. König Hussein, der bald nach der Ermordung seines Großvaters Abdullah den Thron bestiegen hatte, versuchte zudem, die traditionelle palästinensische Führungsschicht des Westjordanlandes für sich einzunehmen, indem er den Notabeln Posten in der Lokalverwaltung anbot. Die meisten Städte und Dörfer des Westjordanlandes wurden daher von palästinensischen Bürgermeistern aus der Notabelnschicht regiert.

Dennoch waren auch in Jordanien, das gute Rahmenbedingungen für die politische und wirtschaftliche Entwicklung der palästinensischen Gesellschaft bot, die Mitwirkungsrechte eingeschränkt. So wurde die Gründung spezifisch palästinensischer politischer Institutionen meist nicht geduldet. Außerdem schloß das jordanische Wahlrecht nicht nur Frauen aus; auch Männern erlaubte es den Gang zur Urne nur dann, wenn sie Land besaßen oder auf andere Weise steuerpflichtig waren. Trotz der *de iure* Gleichbehandlung von Jordaniern und Palästinensern traf diese Regelung *de facto* vor allem die Flüchtlinge. Die Chancen für die Artikulation palästinensischer Interessen wurden weiter drastisch eingeschränkt, als König Hussein 1956/57 nach einem Putschversuch sämtliche politische Parteien sowie Gewerkschaften und andere politische Einrichtungen verbot.

Ähnlich die jordanische Wirtschaftspolitik: Zwar wurden Palästinenser nicht offiziell diskriminiert, die Investitionen der Regierung flossen jedoch fast ausschließlich in das transjordanische Gebiet. Die schlechten wirtschaftlichen Möglichkeiten im Westjordanland veranlaßten in den Jahren der jordanischen Herrschaft ca. 120000 Palästinenser dazu, vom Westjordanland auf die östliche Seite des Jordan zu ziehen. Rund 170000 versuchten ihr Glück in den ölreichen Golfstaaten.

Für die jordanischen Palästinenser war, ähnlich wie für ihre Landsleute im Gazastreifen, die Frage der Bewaffnung und des militärischen Kampfes gegen Israel von zentraler Bedeutung. Ebenso wie Ägypten löste Jordanien die palästinensischen Truppen nach dem Krieg von 1948/49 rasch auf. Und auch hier begrenzte die Regierung palästinensische Übergriffe auf israelisches Territorium, um keine neuen Kampfhandlungen zu provozieren und die Kontrolle über das neugewonnene Staatsgebiet nicht zu riskieren. Jordanien ging allerdings in seinen Bemühungen einen Schritt weiter als Ägypten: Es übertrug sogar ein zusätzliches Stück Land entlang der Waffenstillstandslinie an Israel, damit die Israelis die Grenze besser kontrollieren konnten. Anfang der 1950er Jahre stieg die Zahl der Übergriffe und Vergeltungsaktionen dennoch an, und Jordanien konnte nur durch verstärkte Sicherheitsmaßnahmen eine Eskalation der Auseinandersetzung verhindern.

Was die Einrichtung gesamtpalästinensischer Strukturen anging, zeigte sich Jordanien erwartungsgemäß sehr zurückhaltend, schließlich kollidierte das Ziel dieser Organisationen – die Errichtung eines palästinensischen Staates – direkt mit dem jordanischen Souveränitätsanspruch über das Westjordanland. Allerdings konnte sich die jordanische Regierung angesichts der Instabilität im eigenen Land und des wachsenden Einflusses der Palästinenser den Forderungen nicht ganz verschließen. Gelang es der jordanischen Regierung immerhin, das Gipfeltreffen der arabischen Staaten 1964 von der Gründung gesamtpalästinensischer Institutionen abzuhalten, konnte Jordanien die Gründung der PLO und der dazugehörigen Armee PLA durch den palästinensischen Nationalkongreß nicht verhindern. Allerdings untersagte die jordanische Regierung die Stationierung von PLA-Kontingenten auf ihrem Territorium und beteiligte sich nicht an Ausrüstung, Finanzierung und Training der Truppe.

Doch obwohl es der Regierung in Amman glückte, den Einfluß der offiziellen palästinensischen Institutionen zu begrenzen, waren die Möglichkeiten, auf die Untergrundorganisationen einzuwirken, naturgemäß weitaus begrenzter. *Fatah*, aber auch die ANM bzw. deren Nachfolgegruppe, die *Popular Front for the Liberation of Palestine* (PFLP), erfreuten sich zunehmenden Zuspruchs unter den jordanischen Palästinensern. Die Regierung konnte zwar eine beträchtliche Zahl von radikalen Aktivisten inhaftieren, aber die Versuche, Übergriffe auf Israel mit Hilfe der Armee zu verhindern, waren nur bedingt erfolgreich, da viele palästinensische Armeeangehörige den Befehlen zum Trotz Untergrundkämpfer unterstützten.

Die Politik der jordanischen Regierung gegenüber den Palästinensern unter ihrer Hoheit war eindeutig darauf ausgelegt, den Status quo zu bewahren und keine neue militärische Konfrontation mit Israel herauszufordern. Da Jordanien, anders als Ägypten, keinen Führungsanspruch innerhalb der arabischen Welt geltend machen wollte, konnte es diese Position nach außen vertreten. Anfangs erleichterten auch die vergleichsweise günstigen wirtschaftlichen und politischen Lebensbedingungen die Kontrolle über die palästinensische Bevölkerungsmehrheit. Jedoch konnte auch König Husseins vorsichtige Politik den Ausbruch des Kriegs 1967 und den Verlust des Westjordanlandes an Israel nicht verhindern. Später erklärte der König, er habe die Niederlage vorhergesehen, aber eine Neutralität Jordaniens hätte zu einer Revolution gegen die Herrschaft der Haschemiten geführt: Das Unglück war nicht mehr aufzuhalten.

6. Palästina und die palästinensische Diaspora, 1967–1987

a) Der Sechstagekrieg und seine Folgen

Im Frühjahr 1967 deuteten die Zeichen im Nahen Osten immer deutlicher auf Krieg. Sowohl Israel als auch Ägypten rüsteten erkennbar auf, und die arabischen Terroranschläge und israelischen Vergeltungsschläge mehrten sich. Eine erneute Annäherung zwischen Syrien und Ägypten barg für Israel zudem die Gefahr eines Zweifrontenkriegs und verstärkte deshalb das Gefühl der Bedrohung. Als schließlich Mitte Mai Ägypten den Abzug der UNO-Friedenstruppen aus dem Sinai forderte und erneut die Straße von Tiran für die Durchfahrt israelischer Schiffe sperrte, ordnete die israelische Regierung die Generalmobilmachung an und kam der befürchteten arabischen Offensive durch einen Überraschungsangriff auf Ägypten am Morgen des 5. Juni 1967 zuvor.

Der Krieg war bereits nach sechs Tagen entschieden. Innerhalb dieser Frist hatte die israelische Armee die Streitkräfte Ägyptens, Syriens und Jordaniens (ganz zu schweigen von den Fragmenten palästinensischer Truppen) gänzlich kampfunfähig gemacht. Ägypten hatte 11 500, Jordanien 6000, Syrien 1000 und Israel 679 Tote zu beklagen. Israel besetzte nicht nur den Gazastreifen und das Westjordanland, sondern auch den ägyptischen Sinai und die zu Syrien gehörenden Golanhöhen. Von den ca. 1,3 Millionen Palästinensern, die noch im Gazastreifen und im Westjordanland gelebt hatten, flohen während des Kriegs etwa 500 000 in die arabischen Nachbarstaaten, nur etwa ein Zehntel von ihnen kehrte nach Kriegsende wieder zurück.

Trotz seiner Kürze war die Bedeutung dieses Kriegs für die politische und langfristige Entwicklung der Situation in der Region immens: Der Sechstagekrieg zog wichtige Entscheidungen der internationalen Gemeinschaft nach sich, und er veränderte das Verhältnis der arabischen Staaten zu Israel sowie die Beziehungen zwischen Palästinensern und den arabischen Staaten. Die israelische Besetzung des Westjordanlandes und des Gazastreifens führte zudem zur Verlagerung des palästinensischen politischen Zentrums ins Exil.

Während des Sechstagekrieges flohen etwa 500 000 Palästinenser in die arabischen Nachbarstaaten. Wie schon nach dem israelisch-arabischen Krieg 1947/48 mußten viele davon in Flüchtlingslagern Zuflucht suchen. Foto: SV-Bilderdienst, 1969

Der Sicherheitsrat der Vereinten Nationen verabschiedete am 22. November 1967 die Resolution 242, die den Rückzug der israelischen Truppen aus den besetzten Gebieten im Gegenzug für eine arabische Anerkennung des Existenzrechts Israels fordert. Dieses Prinzip «Land für Frieden» bildet bis heute die Grundlage für die Friedensverhandlungen im Nahen Osten. Der UN-Text ist allerdings als Verhandlungsbasis problematisch, da sich die Resolution in den verschiedenen Amtssprachen der UN unterschiedlich interpretieren läßt (der französische Text spricht von «les territoires occupés», was einen Abzug aus allen Gebieten impliziert, der englische Text dagegen nur von «occupied territories», wobei das Fehlen des bestimmten Artikels andeutet, daß auch ein teilweiser Rückzug die Resolution erfüllen könnte).

Den Palästinensern gab die Resolution wenig Grund zur Hoffnung: Ihre Rechte waren zu umstritten. So wurde diese doch in erster Linie betroffene Bevölkerungsgruppe in der Resolution 242 lediglich im Zusammenhang mit dem Flüchtlingsproblem erwähnt

– und auch hier konnte sich die Staatengemeinschaft nicht auf mehr einigen, als daß eine «gerechte Lösung» gefunden werden müsse. Eine Beteiligung der Palästinenser an etwaigen Friedensverhandlungen wurde gar nicht erst in Betracht gezogen.

1967 wurde der Lösungsvorschlag der Vereinten Nationen daher sowohl von den Palästinensern als auch von den meisten arabischen Staaten abgelehnt. Zwei der wichtigsten Regierungen, die Ägyptens und die Jordaniens, akzeptierten den Text zwar als Verhandlungsgrundlage, Friedensgespräche kamen indes nicht zustande. Die arabische Seite lehnte direkte Verhandlungen mit Israel ab (dies hätte bereits eine Anerkennung impliziert, die doch erst im Tausch gegen den Rückzug der israelischen Armee zugestanden werden sollte). Israel weigerte sich, eine Vermittlung durch Dritte zuzulassen. Der Waffenstillstand blieb brüchig, und die Scharmützel vor allem entlang der ägyptisch-israelischen Waffenstillstandslinie, das heißt entlang des Suezkanals, dauerten an. Ägypten forcierte ab 1968 diese Zusammenstöße – der Abnutzungskrieg sollte Kairos Verhandlungsposition gegenüber der israelischen Regierung stärken.

Die prinzipielle Bereitschaft Ägyptens und Jordaniens, mit Israel auf der Grundlage des Prinzips «Land für Frieden» zu verhandeln, zeigt, daß die arabischen Staaten aus der Niederlage im Sechstagekrieg eine wichtige Schlußfolgerung gezogen hatten: Es war nun klar, daß sie der israelischen Armee auf absehbare Zeit militärisch nicht gewachsen waren und ihren Interessen – panarabischer Solidarität zum Trotz – besser gedient war, wenn sie einen *modus vivendi* mit Israel finden konnten. So wurde das Ziel der friedlichen Koexistenz mit Israel wichtiger als die Erfüllung der palästinensischen Forderungen.

Für die Palästinenser zeichnete sich ein ernüchterndes Bild der Lage: Sie waren besiegt, ihr Land besetzt und ihre Organisation auf sich selbst gestellt. Die internationale Gemeinschaft nahm sich ihrer Sache nicht an; nicht einmal die Existenz eines palästinensischen Volkes schien als Tatsache anerkannt zu werden. Die arabischen Staaten wiederum, auf deren Hilfe die Palästinenser bislang gesetzt hatten, waren anscheinend entweder nicht willens oder nicht in der Lage, die Befreiung Palästinas mit Gewalt durchzusetzen.

b) *Flucht und Exil*

Die hoffnungslose Lage der Palästinenser barg aber Chancen für die Entwicklung einer eigenständigen palästinensischen Politik. Der Sechstagekrieg hatte die Hoffnung vieler Palästinenser auf panarabische Solidarität und Hilfe von außen zerstört. Das Bewußtsein, auf sich selbst gestellt zu sein, verlieh dem nationalen Zusammengehörigkeitsgefühl einen großen Aufschwung. Nach 1967 wurde die Idee der Nation zur dominanten politischen und gesellschaftlichen Kraft der Palästinenser.

Die Möglichkeit zur Umsetzung der nationalen Idee in die politische Wirklichkeit schien zunächst verhältnismäßig gut. Denn 1967 erwarteten die Palästinenser einen schnellen Rückzug der israelischen Armee, ähnlich wie dies 1956 nach der Besetzung des Gazastreifens der Fall gewesen war. In diesem Fall wäre Israel durch seinen Sieg den Palästinensern unwillentlich zu Hilfe gekommen: Deren Hoffnung war, ein Machtvakuum in den geräumten Gebieten mit einem palästinensischen Staatsgebilde füllen zu können und gleichzeitig die arabische Vormundschaft zu beenden. Die palästinensische Untergrundbewegung, gestärkt durch einen Zustrom neuer Mitglieder, versuchte, durch inszenierte Unruhen in den besetzten Gebieten den Abzug der Israelis zu beschleunigen.

Doch entgegen den palästinensischen Hoffnungen und unter Mißachtung der Beschlüsse der internationalen Gemeinschaft war Israel entschlossen, diesmal nicht zum *status quo ante* zurückzukehren. Jerusalem, so die Meinung in Israel, sollte keinesfalls wieder geteilt werden. Ob es eine Rückgabe der besetzten Gebiete geben sollte, war in der israelischen Politik umstritten. Deutlich wurde jedoch schnell, daß es einen baldigen Rückzug nicht geben würde.

Im Gazastreifen gelang es der israelischen Armee zunächst kaum, die Bevölkerung unter ihre Kontrolle zu bekommen. Unter der ärmeren Bevölkerung hatte die Guerillabewegung großen Rückhalt, und die Zustände ähnelten oft einem Volksaufstand. Erst etwa drei Jahre nach der Besetzung trat relative Ruhe im Gazastreifen ein. Im Westjordanland war Israel von Anfang an erfolgreicher in der Bekämpfung der palästinensischen Widerstandsgruppen. Einerseits gingen die Aktivisten der schlecht organisierten und miteinander konkurrierenden Guerillaorganisationen ein großes Risiko ein, entdeckt und hart bestraft zu werden. Andererseits bot der israelische Staat Palästinensern, die nicht gegen die Besetzung kämpften, vergleichsweise gute Lebensbedingungen. Bis zum Frühjahr 1968 gelang es den israelischen Sicherheitsdiensten, den Widerstand im Westjordanland fast vollständig zu brechen.

Die erfolgreiche israelische Politik zwang die palästinensische Untergrundbewegung zu einer neuen Strategie und zu einer Veränderung ihrer Zielvorstellungen. Die Guerillagruppen zogen sich weitgehend aus den besetzten Gebieten zurück, um sich zunächst eine sichere Ausgangsbasis in den arabischen Nachbarländern zu schaffen. *Fatah*, ANM bzw. PFLP, *Ba'th*, die Kommunisten, verschiedene kleinere Organisationen und schließlich die PLO und PLA konzentrierten sich ab Ende 1967 darauf, sich vor allem in Jordanien, Syrien und dem Libanon ein Rückzugs- und Aufmarschgebiet zu schaffen, um von dort aus den Kampf gegen Israel zu organisieren. Diese als vorübergehend gedachte Verlagerung der palästinensischen Organisationen auf die arabischen Nachbarstaaten sollte bis zum Ausbruch der *Intifada* 1987 anhalten.

Gleichzeitig trat an die Stelle des exklusiv palästinensischen Anspruchs auf das gesamte Territorium ein älteres Konzept, das bereits in den 1920er und 1930er Jahren im arabischen Denken eine wichtige Rolle gespielt hatte: die Schaffung eines demokratischen, säkularen Staats in ganz Palästina mit gleichen Rechten für alle Religionsgruppen. Gedanklich bedeutete dies eine wichtige Entwicklung: Hatten die PLO und andere Widerstandsorganisationen in ihrer Frühphase Juden und Zionisten gleichgesetzt und beide Gruppen als Feind definiert, war man nun zur Differenzierung bereit. Juden als Religionsgruppe könnten durchaus auf palästinensischem Territorium geduldet werden, lediglich die Zionisten mit ihrem Anspruch auf einen jüdischen Staat, dessen Errichtung mit palästinensischen Ansprüchen auf das Territorium kollidierte, wurden nun als Gegner gesehen. 1969 wurde die Akzeptanz der neuen Zielsetzung offiziell bestätigt; die PLO-Charta wurde geändert, um den Grundsatz eines einheitlichen, säkularen Staats für alle Religionsgruppen in ganz Palästina aufzunehmen.

c) *Der palästinensische «Staat im Staate» in Jordanien*

Ein natürlicher Rückzugsort für die palästinensischen Guerillagruppen war Jordanien. Das haschemitische Königreich grenzt direkt an das Westjordanland an und eignete sich daher besonders als Ausgangsbasis für Angriffe auf israelische Einrichtungen. Zudem konnte man mit materieller und personeller Unterstützung durch die palästinensische Bevölkerungsmehrheit in Jordanien rechnen. Die meisten, zahlenmäßig noch kleinen palästinensischen Organisationen wählten deshalb Jordanien als Quartier und Ausgangsbasis.

Schon bald nach dem Sechstagekrieg gelang es der Guerillabewegung, ihre Popularität in Jordanien deutlich zu steigern. Katalysator der Veränderung war ein einzelner Vorfall: Im März 1968 zeichnete sich ein bevorstehender Großangriff der israelischen Armee auf einen wichtigen Guerillastützpunkt im Dorf Karameh ab. Entgegen der sonst üblichen *Hit-and-run*-Taktik, mit der Guerillagruppen üblicherweise den offenen Kampf meiden, entschieden sich *Fatah*- und PFLP-Kämpfer diesmal dazu, dem Angriff Widerstand entgegenzusetzen. Mit großer Übermacht griff die israelische Armee am 21. März an. Es gelang ihr auch, das Dorf zu erobern, doch mußte sie bis zu ihrem (geplanten) Rückzug am Abend ungewöhnlich schwere Verluste hinnehmen (28 Todesopfer, 90 Verwundete sowie die Zerstörung von vier Panzern und einem Flugzeug). Die Verluste auf arabischer Seite waren zwar weitaus höher, und die Palästinenser hätten ohne die auf den umliegenden Hügeln stationierte jordanische Armee keinen effizienten Widerstand leisten können. Dennoch hielten die Guerillagruppen, allen voran *Fatah*, überschwengliche Siegesparaden mit den zerstörten israelischen Fahrzeugen ab. So entstand die Legende von Karameh, derzufolge die Guerillakämpfer die angeblich unbesiegbare israelische Armee bezwungen hätten. Diese Legende begründete zugleich den Widerstandsmythos des palästinensischen Volkes neu, der die Tradition und Kontinuität der Aufstände betonte. So wurde der bewaffnete Kampf zum identitätsstiftenden Element der Palästinenser.

Neben dieser ideologischen Bedeutung hatte die «Schlacht um Karameh» zwei wichtige praktische Folgen: Zum einen wurde der Erfolg der Schlacht vor allem *Fatah* angerechnet, die ab April

1968 offiziell unter der Führung Yassir Arafats stand, des Kopfes der Operation. *Fatah* hatte so einen erheblichen Vorsprung im Rennen um die Führungsposition innerhalb der palästinensischen Bewegung gewonnen. Die Wahl Arafats zum Vorsitzenden des PNC und der PLO im Februar 1969 zeigte eine neue, wenn auch noch wacklige Hierarchie in der Nationalbewegung. Zum anderen erfuhr die Guerillabewegung als solche durch die «Schlacht um Karameh» eine deutliche Aufwertung. Die Zahl der Mitglieder und Sympathisanten der Widerstandsgruppen stieg sprunghaft an, und die kleinen Gruppierungen entwickelten sich zu Massenbewegungen. Der neue Ruhm brachte auch finanzielle Unterstützung, Waffenlieferungen und Trainingsangebote durch andere arabische Staaten ein. Die PLO bzw. die Guerillabewegung als Ganze entwickelte sich somit rasch zu einem ernstzunehmenden Machtfaktor in Jordanien und innerhalb der arabischen Region.

Doch der Triumph der palästinensischen Widerstandsbewegung war nicht von langer Dauer: Schon bald zeichnete sich ein Konflikt mit dem jordanischen Gastgeberstaat ab. Denn die Guerillaanschläge provozierten Vergeltungsaktionen der israelischen Armee auf jordanischem Territorium, unter denen besonders die Zivilbevölkerung zu leiden hatte; so verursachten israelische Angriffe 1968 etwa den Exodus von etwa 100 000 Zivilisten aus dem Jordantal. Eine noch größere Bedrohung bedeutete für die jordanische Regierung hingegen die wachsende militärische Macht der Guerillabewegung, die immer öfter und immer unverhüllter die Autorität ihrer Gesetze und Regierungsinstitutionen in Frage stellte.

Bereits 1968 kam es somit zu offenen Auseinandersetzungen zwischen der Regierung und den Guerillatruppen. Trotz wiederholter Versuche, gegenseitige Rechte und Pflichten zu definieren, entwickelte sich die Guerillabewegung zunehmend zum palästinensischen «Staat im Staate», und besonders die links-orientierten Gruppen riefen wiederholt zum Sturz der haschemitischen Monarchie auf. Unter dem Eindruck des Vietnamkrieges glaubten die radikalen Palästinenser, daß Amman zum «Hanoi der palästinensischen Revolution» werden könnte: eine wichtige Etappe auf dem Weg zur Eroberung Jerusalems. Im Herbst 1970 war der *show-down* schließlich nicht länger zu vermeiden. Im September brach ein offener Bürgerkrieg aus.

Diese in die palästinensische Geschichtsschreibung als «schwarzer September» eingegangene Auseinandersetzung endete mit einem Sieg der jordanischen Regierung. Die Palästinenser hatten nicht nur ihre eigene Schlagkraft überschätzt und Koordination und Planung vernachlässigt; König Hussein war zudem erfolgreich darin, einflußreiche Beduinenstämme auf seine Seite zu ziehen und die Einheit und Loyalität der Armee zu wahren (viele hatten mit einem Überlaufen der Streitkräfte zu den Palästinensern gerechnet). Außerdem hatten die Guerillagruppen mit einem Eingreifen der irakischen Streitkräfte auf ihrer Seite gerechnet. Diese Intervention blieb jedoch aus, und die eher überraschende Hilfe durch Syrien konnte aus Sicht der Palästinenser nur noch das Schlimmste verhindern. Syrien war an einer Eskalation und an einer damit verbundenen Konfrontation mit Israel nicht gelegen.

Für die Guerillabewegung hatte der «schwarze September» verheerende Folgen. Viele Tote waren zu beklagen (man spricht von 3000 bis 5000 Todesopfern), bis zu 20000 Palästinenser waren inhaftiert, die palästinensische Machtbasis war zerstört, und der Guerillamythos hatte nachhaltig an Glaubwürdigkeit verloren. Anstelle der mutigen Nationalhelden, die zielstrebig auf die Befreiung Palästinas hinarbeiteten, sah man nun eine Reihe zerstrittener Grüppchen, denen es in erster Linie auf ihre eigene Stellung ankam und die zudem schlecht ausgerüstet, schlecht ausgebildet und vor allem schlecht organisiert waren. Der Anmaßung staatsähnlicher Macht in Jordanien folgte der Absturz – materiell wie ideell. Weder die Bevölkerung noch die arabischen Regierungen sollten der Befreiungsbewegung je wieder so viel Unterstützung wie in den Jahren zwischen 1967 und 1970 zukommen lassen.

Nach einem vorläufigen Ende des jordanischen Bürgerkriegs im Oktober 1970 durch das sogenannte «Abkommen von Amman» rüstete König Hussein zu einem letzten entscheidenden Schlag gegen die palästinensischen Guerillas. Die Lage war günstig: Zum einen konnte er sich der militärischen Unterstützung der USA sicher sein. Zum anderen mußte er keine Intervention der neuen Machthaber Ägyptens und Syriens zugunsten der Palästinenser fürchten – sowohl Anwar al-Sadat, der nach dem Tod Nassers ägyptischer Präsident wurde, als auch Hafiz al-Assad, der im

November 1970 die Macht in Damaskus übernahm, waren der palästinensischen Sache weitaus weniger verbunden als ihre Vorgänger. Im Juli 1971 zerstörte die jordanische Armee in der Schlacht von 'Ajlun endgültig die palästinensischen Guerillastützpunkte in Jordanien.

d) Der palästinensische «Exilstaat» im Libanon

Mit der Schlacht von 'Ajlun waren die palästinensischen Guerillaorganisationen an einem Tiefpunkt angelangt. Wohin sie sich auch wendeten, sie wurden kaum geduldet, geschweige denn in ihren Zielen unterstützt. Nach der Zerstörung ihrer Machtbasis in Jordanien wandte sich auch Ägypten von den Rebellen ab, und Syrien schränkte ihre Handlungsfreiheit erheblich ein. Erfolgreiche israelische Maßnahmen innerhalb der besetzten Gebiete machten den eigenständigen Kampf gegen Israel unmöglich, und zudem fand die «jordanische Option» vor allem unter Palästinensern der traditionellen Führungsschicht immer mehr Anhänger: Da mit Jordanien bereits ein palästinensischer Staat existiere, könne die dortige Regierung am besten die palästinensischen Interessen vertreten. Kurz, der PLO drohte auf verschiedenen Ebenen die Marginalisierung und der Ausschluß von wichtigen Entscheidungsprozessen.

Unter diesen Umständen ergriff die PLO radikale Maßnahmen. Anschläge auf zivile Ziele in Israel und im Ausland wurden eingesetzt, um die Aufmerksamkeit der Weltöffentlichkeit auf sich zu ziehen und zugleich Israel unter Druck zu setzen. Bereits im Sommer 1968 hatten kleinere Guerillagruppen mit Flugzeugentführungen und Anschlägen auf israelische Einrichtungen begonnen; ab Anfang der 1970er Jahre unterstützte *Fatah* und damit die offizielle PLO-Führung die Terroranschläge.

Gleichzeitig nutzten die Guerillagruppen die Schwäche der Zentralregierung im Libanon und begannen, das dortige Machtvakuum zu füllen. Dem Exodus aus Jordanien folgte daher eine Einwanderungswelle in den Libanon. Die meisten palästinensischen Widerstandsgruppen errichteten ihre neuen Hauptquartiere in Beirut – insgesamt schätzt man den Zufluß von Palästinensern in den Libanon zwischen 1971 und 1972 auf 15 000 bis 30 000 Personen.

Im Zuge dieser Neuorientierung konsolidierten sich die Machtstrukturen innerhalb der palästinensischen Guerillabewegung. Es gelang Arafat, seine eigene Position innerhalb von *Fatah* zu festigen, *Fatahs* Dominanz innerhalb der PLO sicherzustellen und die verschiedenen palästinensischen Splitterorganisationen unter das Dach der PLO zu integrieren. Interne Machtkämpfe sollten zwar weiterhin ein ständiger Bestandteil palästinensischer Politik bleiben, doch Arafats Rolle als Palästinenserführer wurde seitdem nicht mehr ernsthaft in Frage gestellt. Auf dieser Grundlage begann Arafat, sich um die internationale Anerkennung der PLO als Vertreterin des palästinensischen Volkes zu bemühen. Dazu war vor allem die Abkehr vom Terrorismus nötig.

Die palästinensische Terrorkampagne hatte am 5. September 1972 ihren Höhepunkt gefunden, als bei einem Anschlag auf das israelische Team während der Olympischen Spiele in München elf Israelis, fünf Palästinenser und ein deutscher Polizist ums Leben kamen. Diese Tat löste eine Welle internationaler Entrüstung aus und veranlaßte die PLO, sich zunehmend vom Terrorismus zu distanzieren. Offiziell erteilte die PLO dem Terrorismus 1973 eine Absage; einige kleine, radikale palästinensische Organisationen wie die berüchtigte Organisation *Schwarzer September* verübten allerdings weiter Terroranschläge.

Die Gelegenheit für die PLO, sich international zu profilieren, kam mit dem Oktoberkrieg, der in der israelischen Geschichtsschreibung als «Yom-Kippur-Krieg» bezeichnet wird, da der Angriff auf Israel am Versöhnungsfest Yom Kippur, dem höchsten jüdischen Feiertag, stattfand. Am 6. Oktober 1973 begannen Ägypten und Syrien gleichzeitig Offensiven entlang des Suezkanals und auf den Golanhöhen. Palästinensische Einheiten unterstützten dabei nicht nur die arabischen Kräfte an den beiden Fronten, sondern errichteten im Südlibanon selbst eine «dritte Front». Der Krieg war für beide Seiten verlustreich (Israel hatte etwa 2800, die arabische Koalition ca. 8500 Todesopfer zu beklagen), bewirkte aber im wesentlichen keine territorialen Veränderungen. Dennoch wurde er von der arabischen Seite zumindest als Teilerfolg gefeiert, da er ein Aufleben der arabischen Solidarität bewirkte. Sogar die konservativen Golfländer zeigten ihre Unterstützung durch eine Reduzierung der Ölförderung und ein Ölembargo gegen einige westliche Industrieländer. Die PLO wurde für ihren Beitrag mit Anerkennung in der arabischen Welt belohnt.

Der erste Erfolg zeigte sich beim arabischen Gipfeltreffen im November 1973, bei dem die PLO als rechtmäßige Vertreterin des palästinensischen Volks akzeptiert wurde – lediglich Jordanien protestierte gegen diesen Entschluß, da König Hussein für sich selbst in Anspruch nahm, die Palästinenser in Jordanien und im Westjordanland zu repräsentieren. 1974 kam es zur Anerkennung durch die Bewegung der Blockfreien Staaten, kurz darauf folgte der weltweite Durchbruch: Die Generalversammlung der Vereinten Nationen lud Arafat im November 1974 zu einer Rede ein und gewährte der PLO in der Resolution 3236 (1974) einen Beobachterstatus bei den Vereinten Nationen. Damit hatte sich die palästinensische Position im internationalen Kontext entscheidend verbessert. Erstmals wurden den Palästinensern als Gruppe gewisse Rechte zugestanden. War bislang in internationalen Resolutionen von den Palästinensern höchstens als «Flüchtlingen» die Rede gewesen, findet man nun Hinweise auf die «Rechte des palästinensischen Volks», vor allem auf das Recht der Selbstbestimmung.

Nach der internen Konsolidierung und der externen Anerkennung begann die PLO, ihre Stellung im Libanon auszubauen. Die Palästinenser nutzten das fragile Machtgleichgewicht zwischen den Religionsgruppen im Libanon, um einen «palästinensischen Exilstaat» und eine «alternative Heimat» (*al-watan al-badil*) zu errichten. Mit Ausbruch des Bürgerkriegs 1975 zwischen muslimischen und christlichen Milizen brach die staatliche Zentralmacht im Libanon *de facto* zusammen; das entstandene Machtvakuum konnte von den Palästinensern für den Aufbau eigener Strukturen genutzt werden. Dabei gerierte sich die PLO meist als unabhängige Vermittlungsinstanz und als Garant der Machtbalance. In Wirklichkeit standen viele Palästinenser der libanesischen Oppositionsbewegung nahe und nahmen aktiv an bewaffneten Auseinandersetzungen teil; dabei kämpften sie hauptsächlich gegen maronitische Milizen und syrisches Militär.

Mit der Zeit konnte die PLO ihre Position entscheidend ausbauen und übernahm in einigen Teilen des Libanon – vor allem im Süden und in den palästinensischen Flüchtlingslagern – faktisch die Regierungsgewalt. Die neue Rolle der PLO als Quasi-Regierung brachte neue Aufgaben mit sich und machte strukturelle Anpassungen der Organisation nötig. Die Institutionen der palästinensischen Nationalbewegung umfaßten jetzt den Palästinensischen Nationalrat (PNC), eine Art ernanntes Parlament, das vom Nationalrat gewählte Exekutivkomitee, das die Funktionen eines Kabinetts wahrnahm, und verschiedene Abteilungen für politische, militärische und soziale Fragen. Daneben bestand die Palästinensische Befreiungsarmee (PLA), die Einheiten in Syrien, Ägypten und dem Irak unterhielt, weiter. Finanziert wurden die Aktivitäten der palästinensischen «Regierung» einerseits durch steuerähnliche Abgaben der Palästinenser, andererseits durch internationale Hilfsprogramme und Spenden arabischer Staaten.

Aus dieser gefestigten Position heraus bemühte sich Arafat – gegen den Widerstand vieler arabischer Länder und anderer palästinensischer Gruppen – darum, in einen direkten Dialog mit den USA zu treten – mit dem Ziel, sich einen Platz bei den erwarteten arabisch-israelischen Friedensverhandlungen zu erkämpfen. Diese Bemühungen führten 1977 beinahe zum Erfolg. Die PLO hatte implizit bereits die Zweistaatenlösung und damit das Existenzrecht Israels anerkannt und war nahe daran, die UN-Resolution 242 auch formell als Verhandlungsgrundlage zu akzeptieren. Damit wäre die Vorbedingung der USA für die Aufnahme eines Dialogs erfüllt gewesen, weshalb das amerikanische Außenministerium auch bereits auf die Teilnahme der PLO an den geplanten Friedensverhandlungen in Genf drängte.

Die palästinensischen Hoffnungen zerschlugen sich jedoch am 19. November 1977, als der ägyptische Präsident Anwar al-Sadat Israel, die Palästinenser und die Welt mit einer Rede vor der israelischen Knesset überraschte. Dieser symbolische Schritt machte deutlich, daß Kairo bereit war, ein gesondertes Friedensabkommen mit Israel zu schließen. Die Einbeziehung der Palästinenser war keine Bedingung mehr für einen ägyptisch-israelischen Friedensvertrag, und die direkte Beteiligung der PLO an den Gesprächen verlor an Bedeutung.

Die Rahmenbedingungen für einen ägyptisch-israelischen Frieden wurden schließlich im März 1979 im Abkommen von Camp David festgelegt. Dieser Vertrag enthielt auch das Ziel einer begrenzten Autonomie der Palästinenser in Teilen der besetzten Gebiete, doch war dies weder für die PLO noch für die anderen arabischen Staaten ein akzeptables Ergebnis. In der Folge dieses «Verrats an der arabischen Sache» wurde Ägypten aus der Arabischen Liga ausgeschlossen und der Sitz dieser Organisation von Kairo nach Tunis verlegt. Sadat selbst bezahlte für seine mutige Initiative zwei Jahre später mit seinem Leben; er wurde am 6. Oktober 1981 von einem islamischen Fanatiker erschossen.

Währenddessen hatte die PLO ihre Strukturen und Institutionen im Libanon weiter ausgebaut. Vom arabischen Gipfeltreffen im November 1978 reichlich mit finanziellen Mitteln ausgestattet (mit deren Hilfe Arafat auch seine eigene Position in der palästinensischen Bewegung absichern konnte), rüstete die PLO zwischen 1978 und 1982 militärisch auf und erweiterte ihre sozialen und politischen Einrichtungen im Libanon und in den besetzten Gebieten. Die Machtfülle und der Grad der Institutionalisierung der palästinensischen Bewegung ging so weit, daß Ende der 1970er Jahre oft von der «Republik Fakhani» die Rede war – Fakhani ist das Viertel Beiruts, in dem die PLO ihr Hauptquartier hatte.

e) Der Tiefpunkt

Doch wieder sollte die Macht der palästinensischen Organisation nicht von langer Dauer sein. Spannungen traten auf verschiedenen Ebenen auf. Zum einen verstärkte sich der Konflikt mit den maronitischen Gruppen und der schiitischen Bewegung *Amal* im Libanon; parallel hierzu verlor die palästinensische Bewegung teilweise die Unterstützung der libanesischen Bevölkerung. Dies lag – ähnlich wie zuvor in Jordanien – unter anderem daran, daß sich die PLO ständig Scharmützel mit der israelischen Armee und deren libanesischen Verbündeten, der christlich dominierten *South Lebanon Army* (SLA), lieferte und die Zivilbevölkerung stark unter den israelischen Vergeltungsschlägen litt.

Problematischer für die PLO-Führung waren allerdings Streitigkeiten innerhalb der palästinensischen Bewegung und mit dem früheren Hauptverbündeten Syrien. Ursache hierfür waren die erfolglosen diplomatischen Avancen Arafats an die USA und die westeuropäischen Mächte. Die oppositionellen Kräfte innerhalb der PLO, allen voran die PFLP, DFLP (die *Democratic Front for the Liberation of Palestine*) und *Sa'iqa*, kritisierten Arafats Bereitschaft zu Zugeständnissen und zogen ein politisches Bündnis mit der Sowjetunion der Annäherung an die USA vor. Syrien wehrte sich vor allem gegen eine eigenständige diplomatische Strategie der Palästinenser.

Außerdem sah sich die PLO zunehmend scharfen Angriffen seitens Israels ausgesetzt. Seit einer israelischen Invasion im Libanon vom März 1978 war die Lage an der israelischen Grenze nicht zur Ruhe gekommen, und Israel sah die Ausweitung der militärischen und politischen Strukturen der PLO als Bedrohung seiner nationalen Sicherheit an. Bereits im Sommer 1981 versuchte das israelische Militär durch eine Reihe heftiger Luftangriffe im gesamten Libanon, den weiteren Ausbau palästinensischer Institutionen zu verlangsamen und für die Zukunft zu erschweren. Die Situation eskalierte so weit, daß der Sicherheitsrat der Vereinten Nationen die Parteien am 14. Juli zur sofortigen Beendigung der Angriffe aufrief. Dennoch bombardierte die israelische Luftwaffe drei Tage später den Sitz der PLO in Beirut. Auch wenn sich die Lage zunächst wieder beruhigte, waren die Palästinenser ab Herbst 1981 auf erneute israelische Angriffe eingestellt und bereiteten sich durch verstärkte Rüstung und militärische Schulung der Bevölkerung darauf vor.

Der große israelische Angriff kam im Gefolge eines Attentats, das am 3. Juni 1982 auf den israelischen Botschafter in London verübt wurde. Die Attentäter waren vermutlich Mitglieder der *Abu-Nidal*-Gruppe, also keiner PLO-Organisation. Dennoch brachte dieser Tropfen das Faß zum Überlaufen, und die israelische Armee begann am Tag nach dem Anschlag mit intensiven Luftangriffen. Die palästinensische Führung ging davon aus, daß Israel mit dem Angriff das Ziel verfolgte, vor allem den Südlibanon unter seine Kontrolle zu bringen – eine Annahme, die durch israelische Regierungserklärungen bekräftigt wurde. Doch schon bald zeigte sich, daß nicht nur die Einrichtung einer «Sicherheitszone» im Südlibanon, sondern die Zerschlagung der gesamten palästinensischen Führungsstruktur beabsichtigt war. Dem israelischen Vormarsch auf Beirut konnten die palästinensischen Einheiten wenig Widerstand entgegensetzen; der Druck auf die PLO, der israelischen Forderung nachzugeben und sich aus dem Libanon zurückzuziehen, wuchs unaufhörlich. Nach Vermittlung durch die USA sicherten die palästinensischen Gruppen zu, sich aus Beirut zurückzuziehen, sofern im Gegenzug eine internationale Friedenstruppe zum Schutz der verbleibenden Palästinenser und der Zivilbevölkerung stationiert würde. Nach Eintreffen dieser Truppen Ende August verließen knapp 15 000 PLO-Funktionäre und -Kämpfer das Land.

Unvorhergesehen schnell zogen allerdings kurz darauf die internationalen Friedenstruppen wieder ab und überließen der israelischen Armee und ihren libanesischen Verbündeten das Feld. Die Libanesen übernahmen die Kontrolle über Beirut und verschiedene Flüchtlingslager, die zuvor unter Aufsicht der PLO gestanden hatten. Nur zwei Tage nach dem Abzug der letzten internationalen Einheiten, am 16. September 1982, ereignete sich eine der schlimmsten Greueltaten dieses Kriegs: Unter den Augen der israelischen Armee verübten maronitische Milizen in den Flüchtlingslagern Sabra und Shatila ein Massaker, dem fast alle Bewohner der Lager zum Opfer fielen; eine unabhängige internationale Kommission schätzte die Zahl der Opfer später auf 2750. Das israelische Militär versäumte es nicht nur, dieses Massaker zu verhindern, es unterstützte zum Teil die Milizen, indem es mögliche Fluchtrouten für die Palästinenser sperrte. In Israel kam es zu Demonstrationen gegen die Libanonpolitik der Regierung. Ein Untersuchungsausschuß wurde eingesetzt, und der für den Feldzug verantwortliche Politiker, Verteidigungsminister Ariel Scharon, mußte zurücktreten.

Nach der israelischen Invasion von 1982 stand die palästinensische Bewegung wieder einmal vor einem Scherbenhaufen. Die «Republik Fakhani» mit all ihren militärischen, administrativen und sozialen Strukturen war zerstört, die Funktionäre und Kämpfer der PLO zerstreut. Für das Hauptquartier der Dachorganisation wurde zwar bald ein neuer Standort gefunden – man ließ sich am Sitz der Arabischen Liga in Tunis nieder –, doch der physischen Entfernung vom Schauplatz des Geschehens folgte die politische Marginalisierung.

Hoffnungen auf den Erfolg einer unabhängigen diplomatischen Strategie mußte Arafat in dieser Situation schnell aufgeben. Auch die arabische Politik dieser Jahre gab den Palästinensern keinen Anlaß zum Jubel: Das Thema Palästina wurde fast gänzlich durch den iranisch-irakischen Krieg von der arabischen politischen

Agenda verdrängt. Zudem waren Anfang der 1980er Jahre die Ölpreise merklich gefallen, was zu einem Rückgang direkter finanzieller Zuwendungen an die PLO führte und die Arbeitsmöglichkeiten für Palästinenser in den Öllländern reduzierte. Die diplomatischen Rahmenbedingungen waren ebenfalls wenig erfolgversprechend, da die Sowjetunion ihre Beziehungen zur PLO einschränkte und die Reagan-Administration in den USA, vor allem Außenminister George Shultz, wenig Interesse für den Nahen Osten zeigte.

Unter diesen Bedingungen blieben der palästinensischen Führung wenig Alternativen. Neben Bemühungen, die eigene Präsenz in den besetzten Gebieten zu wahren, konnte die palästinensische Führung in Tunis nur darauf hoffen, einen stärkeren Partner für die Weiterführung der diplomatischen Strategie zu finden. In dieser Situation setzte Arafat auf ein Bündnis mit Jordanien: Bereits im Dezember 1982 einigte er sich mit seinem früheren Rivalen König Hussein auf die Zusammenstellung einer gemeinsamen jordanisch-palästinensischen Delegation für die Teilnahme an zukünftigen Verhandlungen.

Dieses Eingeständnis der Schwäche stieß erwartungsgemäß auf heftigen Widerstand Syriens und oppositioneller palästinensischer Gruppen; im Sommer 1983 kam es zu gewaltsamen Auseinandersetzungen der im Libanon verbliebenen kleinen Verbände. Erstmals bildete sich dabei auch innerhalb von Arafats bislang loyaler *Fatah* eine Gruppe von Dissidenten. Zum offenen Bruch zwischen der Führung und der Opposition führte im Februar 1985 die Unterzeichnung eines Abkommens in Amman, in dem sich Arafat und König Hussein auf die Prinzipien eines Friedensschlusses mit Israel verständigten. Als angestrebtes Verhandlungsziel legten sie den vollständigen israelischen Rückzug aus den besetzten Gebieten und die anschließende Bildung einer jordanisch-palästinensischen Föderation fest. Unter der Führung Syriens schlossen sich daraufhin die verschiedenen Oppositionsgruppen einschließlich der *Fatah*-Dissidenten zur *Palestinian National Salvation Front* (PNSF) zusammen und kehrten dem gemeinsamen Dach der PLO den Rücken.

In den Augen der PNSF hatte Arafat durch die implizite Anerkennung des Existenzrechts Israels bereits zu weitgehende Zugeständnisse gemacht. Seinen diplomatischen Bemühungen setzte die PNSF das Mittel des Terrorismus entgegen. Die Anschläge brachten zwar die Palästinenser dem Ziel der Befreiung Palästinas nicht näher, wohl aber schwächten sie die gemäßigten Fraktionen. Arafat sah sich nicht in der Lage, die terroristischen Angriffe zu verhindern; sein diplomatischer Einfluß schwand daher merklich. Zudem weigerte er sich trotz der bereits gegebenen inhaltlichen Zugeständnisse hartnäckig, die letzten formellen Bedingungen für den Beginn eines offiziellen Dialogs mit den USA zu erfüllen. Daran scheiterte letztlich auch die Zusammenarbeit zwischen Jordanien und den Palästinensern. König Hussein setzte seine Beziehungen zur PLO im Februar 1986 aus und bemühte sich statt dessen um eine Verbesserung seiner eigenen Position in den besetzten Gebieten.

Als im Herbst 1986 ein Streit mit der tunesischen Regierung die PLO dazu zwang, ihr Hauptquartier vorübergehend in den Irak zu verlegen, war die Lage der palästinensischen Führung vollkommen desolat. Nur die Schwäche der palästinensischen Opposition ermöglichte es Arafat, die Kontrolle über die Finanzen und damit einige Macht zu behalten. Dennoch waren die Führungsstrukturen in der Diaspora weitgehend isoliert. Erst der Ausbruch der *Intifada* in den besetzten Gebieten sollte der PLO wieder mehr Gewicht verleihen und die Aufmerksamkeit der Weltöffentlichkeit wieder auf den Nahen Osten lenken.

Von ihrer Gründung bis zum Ausbruch der *Intifada* hatte die PLO nicht nur geographisch, sondern auch geistig einen weiten Weg zurückgelegt. Während ihrer Odyssee durch die verschiedenen arabischen Länder hatte die gemäßigte palästinensische Führung ihren Anspruch auf das gesamte Territorium des historischen Palästina beschränkt auf die 1967 von Israel besetzten Gebiete; und sie war von der Errichtung eines unabhängigen palästinensischen Staates zur Akzeptanz einer jordanisch-palästinensischen Föderation übergegangen. Die Strategie des bewaffneten Kampfes war durch Diplomatie ersetzt worden, und an die Stelle einer unabhängigen diplomatischen Initiative trat die Vertretung der palästinensischen Interessen durch Jordanien. Durch die *Intifada* sollten sich die Perspektiven der palästinensischen Führung erneut dramatisch ändern.

7. Die besetzten Gebiete, 1967–1987

Im Gefolge des Sechstagekriegs von 1967 verlagerte sich das Zentrum der palästinensischen Politik aus den besetzten Gebieten in die Diaspora. Obwohl die PLO an dem Ziel festhielt, die besetzten Gebiete zu befreien, war der Einfluß der von arabischen Ländern aus operierenden Organisation auf die Lage und Entwicklung der palästinensischen Gesellschaft vor Ort eher gering. Erst mit der *Intifada* ab 1987 markierten Westjordanland und Gazastreifen wieder den Mittelpunkt des politischen Geschehens.

a) Widerstand

Nach dem arabisch-israelischen Krieg 1967 versuchten palästinensische Aktivisten zunächst, einen Volksaufstand in den besetzten Gebieten zu organisieren, um auf diese Weise die israelische Herrschaft so schnell wie möglich zu beenden. Es gelang den israelischen Sicherheitskräften jedoch, den bewaffneten Widerstand zu brechen. Die meisten Guerillaorganisationen verließen daraufhin das Westjordanland; die wenigen verbleibenden Gruppierungen organisierten zwischen 1967 und 1970 etwa 30 gewalttätige Übergriffe pro Jahr – das war, verglichen mit den arabischen Militäraktionen, nur ein Bruchteil der Angriffe, die Israel insgesamt hinnehmen mußte.

Erst nach dem arabisch-israelischen Krieg von 1973 konnten die Aktivisten im Westjordanland wieder auf direkte Unterstützung der PLO-Zentrale in der Diaspora rechnen. Die Befreiungsorganisation verfügte (im Libanon) wieder über eine gesicherte territoriale Basis und erhielt großzügige finanzielle Unterstützung aus den arabischen Ländern. Hinzu kam, daß sie zu Beginn der 1970er Jahre fürchten mußte, im Westjordanland ihren politischen Führungsanspruch zu verlieren: 1972 hatte der jordanische König Hussein die Errichtung eines Vereinigten Arabischen Königreichs (bestehend aus Ostjordanien und Westjordanland) vorgeschlagen; gleichzeitig bereitete Israel Kommunalwahlen im Westjordanland vor. Beide Maßnahmen zielten darauf ab, eine alternative palästinensische Führungsschicht aufzubauen. Es war also höchste Zeit für die Guerillagruppen der PLO, ihren Patriotismus erneut unter

Beweis zu stellen und ihre Präsenz in den besetzten Gebieten zu verstärken.

Vor allem *Fatah*, aber auch andere Guerillagruppen bemühten sich daher wieder verstärkt um den Aufbau von Untergrundeinheiten, die sich 1973 zur Palästinensischen Nationalfront (PNF) zusammenschlossen. In den Jahren 1973/74 kam es in den besetzten Gebieten folglich auch wieder vermehrt zu Übergriffen, Sabotageakten und Anschlägen auf zivile Ziele, wobei *Fatah* für bis zu 90% der militärischen Aktionen verantwortlich zeichnete. Der Fall des katholischen Erzbischofs von Jerusalem, der im Sommer 1974 wegen Waffenschmuggels für die *Fatah* festgenommen wurde, demonstriert, wie erfolgreich Arafat und Khalil al-Wazir, der für die besetzten Gebiete zuständige PLO-Funktionär, der unter dem «nom de guerre» Abu Jihad bekannt wurde, bei der Rekrutierung neuer Sympathisanten waren.

Allerdings stellte auch das israelische Sicherheitssystem einmal mehr seine Effizienz unter Beweis: Viele der PNF-Aktivisten wurden gefaßt und verurteilt; die Guerillabewegung flaute bald wieder ab. Weitere Versuche, den bewaffneten Widerstand im Westjordanland wiederzubeleben, wurden durch die israelischen Sicherheitskräfte meist schon im Keim erstickt. Zunehmend, vor allem ab Ende der 1970er Jahre, gingen die größeren Guerillaorganisationen deshalb dazu über, soziale und politische Organisationen zu gründen oder zu fördern, die nicht vom israelischen Staat verfolgt wurden und daher leichter Unterstützer rekrutieren konnten.

Ganz anders entwickelte sich die Situation im Gazastreifen: Nach dem Krieg 1967 war die Stimmung in der dort lebenden Bevölkerung weitaus explosiver. Im Unterschied zum Westjordanland gab es hier keinen arabischen Nachbarstaat, auf dessen Territorium die Widerstandskämpfer sich zurückziehen und von wo aus sie den bewaffneten Kampf gegen Israel fortsetzen konnten. Außerdem waren die sozialen und wirtschaftlichen Verhältnisse im Gazastreifen nicht zuletzt infolge des hohen Flüchtlingsanteils so desolat, daß die Menschen eher bereit waren, sich im Widerstand zu organisieren. Die palästinensischen Guerillagruppen schlossen sich zur Vereinigten Nationalfront zusammen – alles mit Unterstützung Ägyptens, das mit Hilfe palästinensischer Widerstandskämpfer im Sinai einen verdeckten Zermürbungskrieg gegen Israel führte. Unter diesen Umständen konnte die israelische Regierung die Lage trotz drastischer Gegenmaßnahmen nicht unter Kontrolle bringen. Die Situation im Gazastreifen glich in den ersten Jahren der israelischen Besatzung weitgehend einem Volksaufstand: Lag die Zahl gewaltsamer Aktionen 1968 noch bei 167, so führten die Guerillagruppen im Folgejahr bereits 471 Anschläge aus.

Dabei galten die Angriffe nicht nur der israelischen Besatzungsmacht, sondern auch palästinensischen «Kollaborateuren», die als Informanten für die israelischen Sicherheitsdienste fungierten. Oftmals waren aber auch Palästinenser bedroht, die nur einem ganz gewöhnlichen Beruf in Israel nachgehen wollten. Einschüchterungsmaßnahmen und Überfälle waren in dem vorherrschenden Klima der Gewalt schwer zu kontrollieren, und der Vorwurf der Kollaboration wurde alsbald benutzt, um Clanfehden und persönliche Streitigkeiten auszutragen. Allein im Jahr 1970 forderten Aktionen dieser Art 75 palästinensische Todesopfer.

Erst 1970/71 konnte Israel mit einer langfristigen Kampagne den Widerstand im Gazastreifen brechen. Ein konsequentes Vorgehen war möglich geworden, weil an zwei anderen Fronten gerade relative Ruhe eingekehrt war: Im Westen hatte der mit dem ägyptischen Präsidenten Nasser geschlossene Waffenstillstand den unterdrückten Krieg auf der Sinai-Halbinsel beendet und die palästinensischen Guerillagruppen von ihrer wichtigsten Unterstützungsquelle abgeschnitten; und auch an der Grenze zu Jordanien hatte sich die Lage einigermaßen stabilisiert, da der Konflikt zwischen Palästinensern und jordanischer Regierung, der 1971 im «schwarzen September» eskalierte, alle Kräfte der Kontrahenten beanspruchte. Die israelischen Sicherheitskräfte konnten sich daher ganz auf den Gazastreifen konzentrieren. Ihren Höhepunkt erreichte die Kampagne im Sommer 1971 (also etwa zeitgleich mit der Niederlage der PLO in Jordanien), als die Israelis begannen, den Gazastreifen grundlegend umzustrukturieren, um eine effizientere Kontrolle zu gewährleisten. Zu diesem Zweck wurden allein im Juli und August 1971 etwa 2500 palästinensische Häuser zerstört, ca. 38 000 Menschen umgesiedelt und zahlreiche Aktivisten inhaftiert.

Die Maßnahmen der israelischen Regierung waren so massiv, daß vom Gazastreifen am Ende des Jahres nahezu keine Angriffe mehr auf Israel ausgingen. Die Mehrheit der dort lebenden Palästinenser blieb zwar auch nach dem Erfolg der israelischen Sicherheitskräfte politisiert und gewaltbereit, doch die Umstrukturierung des Gebiets und die massenhafte Deportation der Aktivisten und ihrer Angehörigen erleichterten dem Militär die Kontrolle über die unruhige Region und ihre Bewohner. In der Folge etablierten sich daher auch im Gazastreifen andere, weniger gewaltbereite politische Organisationen, und in der Bevölkerung ersetzte die Parole des *sumud*, des «Durchhaltens», zumindest teilweise das Ziel des bewaffneten Widerstands (*al-kifah al-musallah*).

b) Palästinensische Institutionen

Die politischen und sozialen Strukturen des Westjordanlandes und des Gazastreifens unterschieden sich bereits zum Zeitpunkt der israelischen Besetzung 1967 erheblich. Während der Besatzung wurden die beiden Gebiete sodann von Israel entsprechend unterschiedlich behandelt, und auch das Engagement der palästinensischen Organisationen in der Diaspora war keineswegs einheitlich. In der Folge bildeten sich in beiden Regionen unterschiedliche politische Institutionen aus.

Das Westjordanland war während der jordanischen Herrschaft in die gesellschaftlichen Strukturen des Nachbarlandes eingebunden, die Bewohner hatten volle politische Partizipationsrechte genossen, und viele der traditionellen Führungsstrukturen waren erhalten geblieben. Dennoch war die politische Infrastruktur relativ schwach, da die jordanische Regierung bewußt die Entstehung einer unabhängigen politischen Führung im Westjordanland verhindert und deshalb alle zentralen Institutionen in Amman angesiedelt hatte. Nach 1967 wurde die institutionelle und gesellschaftliche Entwicklung im Westjordanland durch das komplexe Zusammenspiel der Politik Israels, Jordaniens und der palästinensischen Exilführung bestimmt.

Jordanien erhielt seinen Anspruch auf politische Führung im Westjordanland nach 1967 vor allem dadurch aufrecht, daß es die Politik der Kooperationsverweigerung mit Israel unterstützte: Verwaltungsangestellte, Lehrer, Rechtsanwälte und andere Mitglieder des öffentlichen Dienstes, die sich weigerten, unter israelischer Besatzung weiterzuarbeiten, bezogen ihr Gehalt weiterhin vom jordanischen Staat (zumindest in den Jahren 1967 bis 1970 und 1975 bis 1988). Auch die traditionelle palästinensische Elite wurde von Amman aus politisch unterstützt.

Daneben ließ die israelische Regierung auch die Entstehung einiger lokaler politischer Strukturen zu. Um die traditionelle Elite für sich zu gewinnen und gleichzeitig eine Alternative zur palästinensischen Führung in der Diaspora zu schaffen, stimmte Israel im Westjordanland der Abhaltung von Kommunalwahlen zu. Das israelische Kalkül schien aufzugehen: Die meisten Posten gingen an gemäßigte Mitglieder der traditionellen Führungsschicht, und die Möglichkeit der politischen Artikulation durch Wahlen verringerte den Zulauf zu militanten Organisationen.

So entstanden im Westjordanland wichtige, von der Führung in der Diaspora unabhängige Strukturen: soziale Einrichtungen etwa, wie zum Beispiel das Programm für Freiwilligenarbeit, das 1972 gegründet wurde und vor allem vielen jungen Palästinensern durch praktische Arbeit für die Gemeinschaft ein neues Zusammengehörigkeitsgefühl gab. Gleichzeitig konnten sich Gewerkschaften, Studenten- und Frauenorganisationen etablieren, die bei der politischen Mobilisierung der Gesellschaft für zivile Belange eine zentrale Rolle spielten. Der politische Prozeß wurde begleitet von einem Aufleben der palästinensischen Kultur: Neben der Gründung von Zeitungen, Literaturforen, Maler- und Gesangszirkeln kam es vor allem auch zur Wiederbelebung traditioneller Kunstformen – etwa von Stickarbeiten mit Motiven aus der palästinensischen Folklore.

Die Entstehung einer autonomen sozialen und politischen Führungsstruktur in den besetzten Gebieten, die entweder bereit war, mit dem israelischen Besatzungsregime zumindest teilweise zu kooperieren oder – was häufiger war – eine Union mit dem jordanischen Staat befürwortete, stellte für die Exilführung der Palästinenser eine Herausforderung dar. Ab 1973 begann daher der Palästinensische Nationalkongreß, das «Parlament» der PLO, in seinen Entschließungen Aktivitäten in den besetzten Gebieten wieder größere Bedeutung beizumessen. Da direkter bewaffneter Widerstand als Option wenig erfolgversprechend war, gingen die wichtigsten Guerillaorganisationen dazu über, zivile und soziale, also nicht-militante und damit offiziell geduldete Einrichtungen zu unterstützen. Bald gab es auf jedem Gebiet – in der Erziehung, der Gesundheit, den Studenten-, Frauen- und Berufsorganisationen und Gewerkschaften – mindestens jeweils eine Einrichtung der vier Hauptgruppen innerhalb der PLO, also der *Fatah*, der DFLP, der PFLP und der Kommunisten.

Der zunehmende Einfluß dieser neuen sozialen und politischen Organisationsformen in den 1970er und 1980er Jahren war teils Ausdruck, teils Ursache eines wichtigen gesellschaftlichen Wandlungsprozesses im Westjordanland: Stück für Stück wurde die traditionelle politische und gesellschaftliche Dominanz der Notabelnfamilien durch eine neue Elitegeneration ersetzt. Die Notabeln, aus pragmatischen Gründen meist von den verschiedenen Besatzungsmächten in Palästina unterstützt, waren konservativ und standen sozialem Wandel ablehnend gegenüber. Die Kommunalwahlen im Westjordanland zeigten ihren schwindenden Einfluß: Wurden 1972 noch fast ausschließlich traditionelle, projordanische Notabeln gewählt, waren 1976 bereits nationalistische palästinensische Kräfte dominant. Die gewählten Bürgermeister und Gemeinderäte gehörten der sozialen Herkunft nach zwar meist der Notabelnschicht an, politisch aber standen sie der Exilführung näher. Etwa 85 % aller vergebenen Sitze und etwa 80 % der Bürgermeisterposten gingen an Persönlichkeiten, die sich als palästinensische Nationalisten verstanden und der PLO nahestanden.

Unter israelischer Besatzung schwand die Machtbasis der Notabeln zusehends dahin: Ihre traditionell auf Landbesitz und Patronagenetzwerke gegründete Vormachtstellung wurde durch die Landenteignungen und die Beschäftigung von immer mehr palästinensischen Arbeitern in der israelischen Wirtschaft untergraben. Da der israelischen Regierung, die mittlerweile vom rechtsgerichteten Likud dominiert war, die 1976 gewählten Notabeln außerdem zu nationalistisch orientiert waren, wurden viele der Bürgermeister noch vor Ablauf ihrer Amtszeit entlassen und von ihren Einnahmequellen abgeschnitten.

Damit war der Weg frei für eine neue politische Führung. Die neuen Aktivisten, meist aus niedrigeren sozialen Schichten, kamen aus Dörfern und Flüchtlingslagern und hatten häufig eine Universitätsausbildung absolviert. Die junge Elite engagierte sich in sozialen und politischen Komitees, war stark nationalistisch orientiert und daher weniger zu einer Zusammenarbeit mit Israel geneigt. Ab Ende der 1970er und während der 1980er Jahre wurde diese politische Schicht verstärkt von der PLO unterstützt. Dies war möglich geworden, weil die arabischen Staaten aus Protest gegen den Abschluß des Camp-David-Abkommens zwischen Israel und Ägypten 1978 ihre finanziellen Zuwendungen an die Palästinenser deutlich erhöht hatten. Zwischen 100 und 150 Millionen US-Dollar pro Jahr flossen in das Westjordanland und den Gazastreifen.

Im Gegensatz zum Westjordanland konnten sich im Gazastreifen während der israelischen Besatzung kaum politische Strukturen ausbilden. Die Entwicklung war von Anfang an deutlich ungünstiger verlaufen: Während der ägyptischen Herrschaft waren im Gazastreifen keine Wahlen abgehalten worden, auch waren nur wenige Palästinenser in der lokalen Verwaltung beschäftigt. Und selbst die wenigen rudimentären Institutionen, die aus ägyptischer Zeit stammten, wie beispielsweise der palästinensische Legislativrat oder die palästinensische Nationalunion, wurden unter der israelischen Besatzung sogleich aufgelöst.

Ohne irgendeine Möglichkeit, sich politisch zu artikulieren, ohne etablierte politische Führung und ohne Unterstützung von außen konzentrierte die Bevölkerung des Gazastreifens ihre Energien nach 1967 hauptsächlich auf den bewaffneten Widerstand. Dabei beherrschten militante Organisationen auch weite Teile des Alltagslebens, und die Gewalttaten der selbsternannten Justiz gegen tatsächliche oder vermeintliche Kollaborateure schüchterten weite Teile der Bevölkerung ein. Erst nachdem diese Gruppierungen 1971 von den israelischen Sicherheitskräften zerschlagen worden und die meisten Anführer und militanten Anhänger inhaftiert bzw. deportiert waren, etablierten sich allmählich soziale und kulturelle Einrichtungen.

Jedoch blieben die Ausdehnung und der Einfluß solcher Einrichtungen im Gazastreifen, verglichen mit dem Westjordanland, gering. Politische Organisationen hatten es nicht zuletzt deshalb schwerer, weil die israelischen Machthaber keine lokalen Wahlen abhalten ließen. Flüchtlinge waren komplett vom politischen Prozeß ausgeschlossen, und nur in Ausnahmefällen konnten Mitglieder der traditionellen Elite Posten in der Verwaltung übernehmen, so z.B. Rashad Shawa, der mehrmals als Bürgermeister von Gaza-

Stadt eingesetzt wurde. Und auch in diesen Fällen waren die Amtsinhaber immer vom Wohlwollen der israelischen Regierung abhängig. Eine solchermaßen implizit vorausgesetzte pro-israelische Grundhaltung stieß jedoch auf wenig Gegenliebe in der palästinensischen Bevölkerung, und somit gelang es den wenigen Amtsträgern nicht, sich eine eigene Machtbasis aufzubauen.

Anders als im Westjordanland mußte die palästinensische Exilführung daher auch kaum befürchten, daß im Gazastreifen alternative Machtstrukturen entstehen könnten; ihr Engagement beim Aufbau neuer sozialer und politischer Einrichtungen fiel dementsprechend geringer aus. Die schwache Präsenz politischer Organisationsformen und das Fehlen einer gebildeten Mittelschicht, aus der sich die neue nationalistische Führung im Westjordanland rekrutiert hatte, verhinderte im Gazastreifen einen politischen Generationswechsel. So hielt sich der Einfluß des gemäßigten palästinensischen Nationalismus, wie er von *Fatah* vertreten wurde, in dieser hoch politisierten Gesellschaft in engen Grenzen.

Statt dessen setzten sich radikalere politische Gruppierungen wie der politische Islam, aber auch der Kommunismus durch. Beide Richtungen, vertreten durch die Moslembruderschaft (*Ikhwan al-Muslimun*) und den islamischen Jihad (*al-Jihad al-Islami*) auf der einen und die Palästinensische Kommunistische Partei (PKP) auf der anderen Seite, konnten als Untergrundorganisationen bereits unter ägyptischer Herrschaft eine starke Gefolgschaft aufbauen. Nach 1967 wurde vor allem den islamischen Gruppen von der israelischen Regierung mehr Freiraum eingeräumt als anderen palästinensischen Organisationen, und indirekt wurden so spätere Feinde des Friedensprozesses von Israel selbst unterstützt.

Neben der schwierigen sozialen und wirtschaftlichen Lage trug somit die Abwesenheit politischer Artikulationsmöglichkeiten im Gazastreifen entscheidend zur Gewaltbereitschaft der Bevölkerung bei.

c) Die israelische Besatzungspolitik

Die israelische Politik in den besetzten Gebieten war auf eine langfristige Besatzung angelegt. Das Westjordanland und der Gazastreifen sollten zwar nicht annektiert werden – denn dann wären die Palästinenser zu israelischen Staatsbürgern und zur Mehrheit im Staat geworden –, die israelische Kontrolle über das Land und seine Ressourcen sollte aber sichergestellt und zugleich die Entstehung eines palästinensischen Staats verhindert werden. Erstes Ziel der israelischen Militärverwaltung war daher die Herstellung von Sicherheit und Ordnung. Dieses Ziel wurde im Westjordanland Anfang 1968, im Gazastreifen erst 1971 (doch auch dann nicht vollständig) erreicht.

Zur Kontrolle der Bevölkerung wurden nicht nur die israelischen Sicherheitsdienste eingesetzt, der Militärverwaltung wurde drei Wochen nach Beginn der Besatzung, am 27. Juni 1967, auch die Gesetzgebungskompetenz für die besetzten Gebiete übertragen. So entstanden bald unzählige Militärverordnungen (über 1000 bis zum Ausbruch der *Intifada*) mit Gesetzeskraft für die palästinensische Bevölkerung, die nicht von israelischen Regierungsinstitutionen wie der *Knesset* oder dem obersten Gerichtshof überprüft werden konnten. Zur Durchsetzung dieser Regeln wurden israelische Militärgerichtshöfe eingesetzt.

Die Verwaltung entwickelte weitere Kontrollmechanismen. Bald nach Ende des Kriegs wurde beispielsweise ein neuer Personalausweis (die *hawiyya*) für Palästinenser eingeführt, der von den israelischen Behörden ausgestellt wurde. Nur wer im Besitz einer *hawiyya* war, durfte die besetzten Gebiete verlassen und eine Arbeitserlaubnis in Israel erwerben. Auch in den besetzten Gebieten wurden Arbeit und Gewerbe durch Lizenzen reglementiert, die die Militärverwaltung nur an solche Palästinenser vergab, die sich an die israelischen Regeln hielten.

Die Kontrolle über Personen war jedoch nur eine Seite der israelischen Besatzungspolitik. Um der Landgewinne von 1967 nicht wieder beraubt zu werden, zielte die israelische Politik auch auf eine dauerhafte Veränderung des territorialen *Status quo* ab. Hiervon war zunächst das zum Westjordanland gehörende Ostjerusalem betroffen, das seiner herausragenden religiösen und politischen Bedeutung wegen am 28. Juni 1967 von Israel annektiert wurde. Trotz der Proteste der internationalen Gemeinschaft – sowohl die Generalversammlung als auch der Sicherheitsrat der Vereinten Nationen verurteilten jede Veränderung hinsichtlich des Status von Jerusalem – ließ sich Israel nicht von der Annexion abhalten.

Doch auch im restlichen Gebiet des Westjordanlandes (das per Dekret ab Dezember 1967 Judäa und Samaria hieß) und im Gazastreifen nahm Israel territoriale Veränderungen vor: Yigal Allon hatte 1967 ein Siedlungskonzept entworfen, das die Einrichtung eines Siedlungsstreifens von 115 Kilometer Länge und 20 Kilometer Breite entlang des Westufers des Jordans und den Aufbau jüdischer Siedlungen an strategisch wichtigen Positionen vorsah. Die Siedlungspläne betrafen vor allem das Westjordanland. Der Gazastreifen war nicht nur klein und übervölkert, sondern durch seine relativ isolierte Lage auch strategisch weniger wichtig. Um das Land für die geplanten Siedlungen zu gewinnen, erklärte Israel zunächst allen vormaligen jordanischen Staatsbesitz zu israelischem Eigentum; mit den sogenannten Gesetzen über das Eigentum Abwesender hatte Israel sodann eine Handhabe, um den ehemaligen Flüchtlingsbesitz in israelischen Staatsbesitz überzuführen. Stand dieses Mittel nicht zur Verfügung, wurde das benötigte Land direkt enteignet. Im ersten Jahrzehnt der Besatzung gelangten so etwa 160 000 Hektar Land in israelischen Besitz, etwa ein Drittel der Gesamtfläche des Westjordanlandes. Darauf wurden 95 Siedlungen mit ca. 10 000 Bewohnern errichtet. Noch entschiedener sollte der Siedlungsplan ab 1977 unter der neuen Likudregierung umgesetzt werden.

d) Die Wirtschaft in den besetzten Gebieten

Eines der wichtigsten Mittel zur Kontrolle und Befriedung der besetzten Gebiete durch die israelische Regierung war die Wirtschaftspolitik. Generell verfolgte Israel hier zwei auf den ersten Blick widersprüchliche Ziele: Einerseits sollte die Entstehung oder Weiterentwicklung einer unabhängigen Wirtschaft in den besetzten Gebieten verhindert werden, um die Gründung eines souveränen Palästinenserstaats zu erschweren. Andererseits sollten im Sinne eines *economic appeasement* die Lebensbedingungen der Bevölkerung möglichst verbessert werden, um den Widerstand gegen die Besatzung zu reduzieren: Beide Ziele wären zu verwirklichen, wenn die ökonomische Entwicklung in den besetzten Gebieten selbst gehemmt, eine ökonomische Integration in die israelische Volkswirtschaft aber zugelassen würde.

Noch vor der Besetzung durch Israel 1967 war es um das Wirtschaftsleben im Westjordanland und im Gazastreifen denkbar schlecht bestellt. Dabei waren die Rahmenbedingungen im Westjordanland aber immer noch deutlich besser als die im Gazastreifen: Zwar war auch im Westjordanland während der jordanischen Herrschaft kaum in Industrie und Infrastruktur investiert worden, doch bestand die Bevölkerung mehrheitlich aus alteingesessenen Familien, die traditionell von der Landwirtschaft lebten. Die Existenzgrundlage eines Großteils der Bevölkerung war daher gesichert, auf dieser Basis konnten auch die Flüchtlinge relativ gut aufgenommen und versorgt werden. Im Gazastreifen hingegen, der unter ägyptischer Herrschaft ebenfalls auf Investitionen und Entwicklungsmaßnahmen verzichten mußte, büßte die Bevölkerung zusätzlich auch ihre traditionelle Lebens- und Wirtschaftsform ein. Bereits im Krieg von 1948 hatten viele Familien ihren Grundbesitz verloren, die Bevölkerung bestand mehrheitlich aus mittellosen Flüchtlingen, die ohne die Hilfe des UNRWA nicht hätten überleben können.

Die israelische Regierung hatte nun keineswegs Pläne für eine aktive Wirtschafts- und Strukturförderung in der Schublade, um die Situation in den besetzten Gebieten zu verbessern. Ganz im Gegenteil, sie leitete eine Reihe von Maßnahmen ein, die eine unabhängige Wirtschaftsentwicklung nach Möglichkeit behinderten.

Vor 1967 waren die arabischen Länder, besonders Ägypten und Jordanien, natürliche Abnehmer für palästinensische Produkte gewesen. Nun aber trennten internationale Grenzen, die von der israelischen Regierung kontrolliert wurden, die besetzten Gebiete von ihren vormalig wichtigsten Handelspartnern: Das Westjordanland wurde weitgehend aus dem jordanischen Markt ausgegliedert; der Gazastreifen war nach der Schließung seines Hafens vom mediterranen Wirtschaftsraum abgeschnitten.

Nachdem der Warenaustausch mit Drittstaaten immer durch Israel fließen mußte und die Regierung den Außenhandel weitgehend eingeschränkt hatte, blieb den Unternehmen und landwirtschaftlichen Produzenten in den besetzten Gebieten allein der Handel mit Israel. Doch bevorzugte Israel bei Handelsregulierungen einseitig israelische Produzenten. So wurden die besetzten Gebiete vor allem für den Import, aber auch für den Export einseitig von Israel abhängig: Bereits 1968 kamen 77 % der Importe aus und gingen 44 % der Exporte nach Israel; ein Jahrzehnt später waren es 91 % bzw. 61 %, wobei das palästinensische Handelsbilanzdefizit kontinuierlich zunahm.

Ein weiteres Problem für die Privatwirtschaft in den besetzten Gebieten waren die Veränderungen im Finanzierungswesen: Einer der ersten Schritte der israelischen Regierung nach der Besetzung war die Schließung sämtlicher palästinensischer und arabischer Finanzinstitute in den besetzten Gebieten gewesen. Finanzielle Transaktionen konnten jetzt nur noch über israelische Banken abgewickelt werden, die sich bei Kapitalaufnahmen und Kleinkrediten weitaus weniger entgegenkommend zeigten als ihre arabischen Vorgänger. Gerade kleine und mittlere Unternehmen, die von günstigen Krediten abhängig waren, konnten sich nicht mehr weiterentwickeln oder gingen sogar bankrott. Neugründungen von Unternehmen wurden durch die Finanzpolitik erschwert, durch die restriktive Handhabung der Lizenzvergabe oft völlig verhindert.

Massive Produktionsrückgänge im traditionellen Landwirtschaftssektor waren vor allem auf die Umverteilung von Land und Wasser durch die israelische Regierung zurückzuführen: Große Landstriche wurden im Zuge der israelischen Siedlungspolitik enteignet; Anfang der 1990er Jahre befand sich über die Hälfte des Territoriums des Westjordanlandes und knapp ein Drittel des Gazastreifens in israelischem Privatbesitz oder unter Kontrolle der öffentlichen Hand. Die knappen Wasserreserven wurden zudem zugunsten der israelischen Siedler umverteilt. Beschäftigungsmöglichkeiten in der Landwirtschaft gingen daher zurück, die heimische Arbeitslosigkeit stieg weiter an.

Die arbeitssuchenden Palästinenser wurden daraufhin vor allem von Jordanien und den Golfländern, aber auch von der israelischen Volkswirtschaft absorbiert. Auf diese Weise nahm der individuelle Wohlstand zu, während die gesamtwirtschaftliche Entwicklung in den besetzten Gebieten gleichzeitig stagnierte oder sogar zurückging. Wegen des ständigen Bedarfs an Arbeitskräften in der bis in die frühen 1980er Jahre expandierenden israelischen Wirtschaft war es für Palästinenser relativ leicht, eine Beschäftigung zu finden. 1970 waren etwa 13 % der arbeitenden Bevölkerung aus den besetzten Gebieten offiziell in Israel beschäftigt,

1988 war der Anteil auf 38 % gestiegen. Arbeit in Israel verbesserte zwar den Lebensstandard vieler Familien, brachte sie aber gleichzeitig in ein Abhängigkeitsverhältnis. Zudem waren die Palästinenser meist in weniger qualifizierten Berufen in der Bauindustrie und der Textilproduktion beschäftigt; darunter litt die Aus- und Weiterbildung der Palästinenser. Auch in dieser Hinsicht wurden keine Grundlagen für eine spätere eigenständige wirtschaftliche Entwicklung geschaffen.

Ein ähnliches Muster zeigt sich bei einem Blick auf die Investitionspolitik der israelischen Regierung in den besetzten Gebieten. So erbrachte die israelische Verwaltung zwar eine Reihe von Dienstleistungen und trug zur Verbesserung der Infrastruktur bei. Doch waren auch diese Maßnahmen primär dazu geeignet, die Abhängigkeit der Palästinenser zu erhöhen. Als Beispiel sei die Elektrizitäts- und Wasserversorgung genannt: Das System wurde unter israelischer Verwaltung ausgebaut und erreichte nunmehr weitaus mehr Personen als zuvor. Die lokalen Leitungen wurden jedoch derart in das gesamte israelische Versorgungsnetz integriert, daß eine spätere Abkopplung so gut wie unmöglich wurde.

Zusammenfassend lassen sich zwischen dem Beginn der Besatzung 1967 und dem Ausbruch der *Intifada* 1987 drei Phasen der Wirtschaftsentwicklung in den besetzten Gebieten unterscheiden: Während der ersten Phase von 1967 bis zur Mitte der 1970er Jahre verzeichnete der Lebensstandard der palästinensischen Bevölkerung infolge der wirtschaftlichen Integration mit Israel und der günstigen Arbeitsmöglichkeiten in den Golfstaaten einen deutlichen Anstieg. In der zweiten Phase, von Mitte der 1970er bis Anfang der 1980er Jahre, verlangsamte sich das Wachstum der israelischen Wirtschaft, der Lebensstandard in den besetzten Gebieten hingegen stieg noch etwas weiter an, da viele Palästinenser von ihren im Ausland arbeitenden Verwandten unterstützt wurden und die arabischen Länder verstärkt finanzielle Hilfe leisteten. Im Laufe der 1980er Jahre schließlich gingen die Chancen für Palästinenser auf den Arbeitsmärkten im Gefolge des abflauenden Ölbooms und einer sich verstetigenden wirtschaftlichen Stagnation in Israel merklich zurück.

Zusammenfassend läßt sich sagen, daß es der israelischen Wirtschaftspolitik in den besetzten Gebieten zwar gelungen war, ihr erstes Ziel zu verwirklichen: In der Tat war das Wirtschaftsleben in den palästinensischen Gebieten in hohem Maße abhängig von Israel. Zugleich aber wiesen das Beschäftigungsniveau und der Lebensstandard in den besetzten Gebieten – gerade auch wegen der schwachen Binnenwirtschaft und der hohen Abhängigkeit von äußeren Faktoren – in den 1980er Jahren massiv nach unten. Spätestens der Ausbruch der *Intifada* 1987 demonstrierte dann eindringlich, daß das zweite Ziel der Israelis, die palästinensische Bevölkerung im Westjordanland und im Gazastreifen durch wirtschaftlichen Wohlstand zu befrieden, gescheitert war.

8. *Intifada* – der palästinensische Aufstand

Bei einem Autounfall am 8. Dezember 1987 kommen im Gazastreifen vier Bewohner eines Flüchtlingslagers ums Leben. Schnell greift das Gerücht um sich, die vier seien absichtlich von einem Israeli überfahren worden. Am nächsten Tag kommt eine aufgebrachte palästinensische Menge zusammen; die Demonstrationen geraten schnell außer Kontrolle und dehnen sich bald auch auf das Westjordanland aus. Damit ist der Auftakt gegeben für eine mehrjährige Auseinandersetzung, die die Rahmenbedingungen der palästinensischen Politik grundlegend ändern sollte: die *Intifada* (arabisch für «Aufstand»).

Weder die israelische Regierung noch die palästinensische politische Führung in der Diaspora hatten ursprünglich erwartet, daß der Aufstand sonderlich lange dauern oder wichtige Konsequenzen haben würde. Schließlich war es schon in den Monaten zuvor mehrfach zu Zusammenstößen zwischen Palästinensern und Israelis gekommen, die aber immer wieder schnell abflauten. Obwohl also auch die PLO-Führung von Ausmaß und Dauerhaftigkeit des Aufstandes einigermaßen überrascht war, gelang es ihr, sich schnell an die Spitze der Bewegung zu stellen, indem sie die Leitung und Planung des Aufstandes übernahm.

a) Ursachen

Die Ursachen und Voraussetzungen für den Ausbruch der *Intifada* waren vielschichtig: Wirtschaftliche und politische Umstände begünstigten ein Gefühl der Frustration und Ausweglosigkeit in

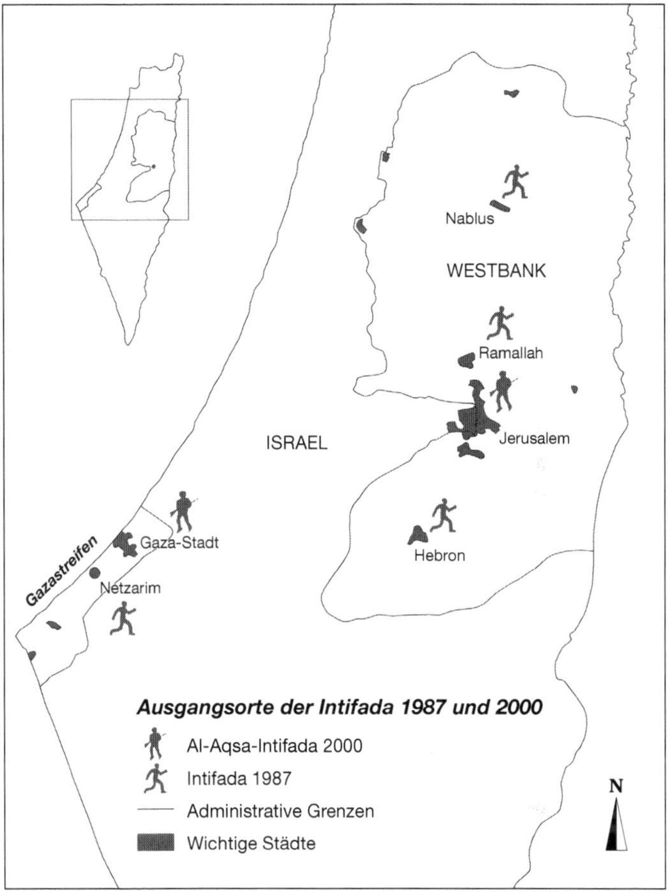

der Bevölkerung, was den Nährboden für Widerstand und gewaltsame Aktionen bildete. Gleichzeitig standen eine neue Schicht politischer Aktivisten und eine Infrastruktur sozialer Organisationen bereit, die es erlaubten, einen Aufstand dieser Größenordnung zu koordinieren und ihn auch über eine längere Zeitspanne hinweg durchzuhalten.

Die Hauptursache der Unzufriedenheit war sicherlich die zunehmend schwierige wirtschaftliche Lage der Bevölkerung. Das Abklingen des Ölbooms in den 1980er Jahren hatte zur Folge, daß immer weniger Palästinenser Arbeit in den Golfstaaten fanden und daher die finanzielle Unterstützung für ihre Familien in den besetzten Gebieten einstellen mußten. Zugleich befand sich die israelische Wirtschaft in einer Phase der Stagnation; auch sie konnte die wachsende Zahl palästinensischer Arbeitskräfte nicht absorbieren. Für die große Zahl der jungen Palästinenser – in den späten 1980er Jahren war etwa die Hälfte der Bevölkerung unter 15 Jahre alt, gut 70% waren unter 30 Jahre – gab es daher zwar zunehmend Ausbildungsmöglichkeiten, doch anschließend keine adäquaten Arbeitsplätze.

Diese Frustration, die durch den ständigen Vergleich mit dem bedeutend bessergestellten israelischen Nachbarn noch zusätzlich an Brisanz gewann, übersetzte sich bald in Gewaltbereitschaft – um so mehr, als es keine politischen Kanäle zur Artikulation dieser Probleme gab. Das Fehlen offiziell anerkannter politischer Parteien und der Möglichkeit aktiver Politikgestaltung veranlaßte viele Palästinenser, sich entweder eher unpolitischen sozialen Organisationen oder aber radikalen Untergrundorganisationen anzuschließen.

Zu den wirtschaftlichen Problemen und der politischen Rechtlosigkeit gesellte sich schließlich noch die israelische Enteignungs- und Siedlungspolitik, die den Siedlungsraum und die Wirtschaftsgrundlage der Palästinenser immer weiter einschränkte. Ende der 1980er Jahre lebten im Westjordanland und dem Gazastreifen (ohne Ostjerusalem) knapp 70000 Siedler, die unter anderem einen Großteil der Wasserreserven für sich beanspruchten. Und die Zahl von Siedlungen und Siedlern wuchs kontinuierlich weiter. Der Kontrast zwischen dem Wohlstand und der Sicherheit der israelischen Siedlungen und den oft nahegelegenen arabischen Dörfern mit mangelhafter Wasserversorgung, abgeschnitten von der Infrastruktur Israels und ohne Zugang zu seinem politischen und rechtlichen System, verschärfte den Unmut noch.

Im Laufe der 1980er Jahre war es daher immer wieder zu spontanen Gewaltausbrüchen gekommen. Die israelische Regierung reagierte auf die wachsende Unruhe in den besetzten Gebieten mit einer «Politik der eisernen Faust», die 1985 von dem damaligen Verteidigungsminister Yitzhak Rabin eingeführt wurde. Zu den Maßnahmen, die sich zum Teil auf Notstandsgesetze aus der britischen Mandatszeit stützten, gehörten das Verbot PLO-naher Organisationen und die Abriegelung von Städten und Dörfern.

Die Beerdigung eines palästinensischen Jungen im Flüchtlingslager in Balata, der unmittelbar nach dem Ausbruch der Intifada von einem israelischen Soldaten erschossen wurde, gerät zu einer politischen Demonstration. Foto: André Brutmann, 17. 12. 1987

Gegen Aktivisten ging man mit Entlassungen und der sogenannten «Verwaltungshaft» vor. Dieses Mittel der Verwaltungshaft, also einer Inhaftnahme ohne Gerichtsverfahren – im Normalfall von eher kurzer Dauer –, wurde so extensiv angewendet, daß bereits 1985 etwa 40% aller männlichen erwachsenen Palästinenser mindestens eine Nacht im Gefängnis verbracht hatten. Diese Massenverhaftungen schufen einen gemeinsamen Erfahrungshintergrund für die palästinensischen Aufständischen, und die Gefängnisaufenthalte gaben ihnen Gelegenheit, Kontakte zu knüpfen, Erfahrungen weiterzugeben und neue Pläne zu schmieden. Später sollte sich herausstellen, daß fast alle führenden *Intifada*-Aktivisten durch die «Kaderschmiede» der israelischen Gefängnisse gegangen waren.

Neben den israelischen Gefängnissen dienten palästinensische Universitäten und die neu entstandenen sozialen, kulturellen und politischen Organisationen der Ausbildung und Organisation der neuen politischen Führung in den besetzten Gebieten. Durch die zahlreichen Komitees, Stiftungen und Institutionen, die sich im

Laufe der 1970er und vor allem der 1980er Jahre herausgebildet hatten, stand bei Ausbruch der *Intifada* ein weitreichendes Netz von Aktivisten mit dezentraler Entscheidungsstruktur und breiter Mitgliedschaft bereit. Der Kontakt zwischen verschiedenen Bevölkerungsschichten in diesen Organisationen – der ländlichen Bevölkerung, Flüchtlingen sowie der städtischen Mittelschicht – schuf das nötige Zusammengehörigkeits- und Solidaritätsgefühl, auf dessen Grundlage die *Intifada* gedeihen konnte.

b) Organisation

Arafat, der sich bei Ausbruch der *Intifada* in Kuwait aufhielt, war über den Beginn des Aufstands ebenso überrascht wie Israel, die internationale Gemeinschaft und der Rest der PLO. Doch die Befreiungsorganisation, die sich im April 1987 in der «Vereinigungssitzung» des palästinensischen Nationalrats intern wieder konsolidiert hatte, beeilte sich, die Führung des Aufstandes zu übernehmen und so ihre Isolation und Bedeutungslosigkeit zu überwinden. Arafat wandte sich bereits am 10. Dezember 1987, einen Tag nach Beginn der Unruhen, in einer Rede an die Palästinenser in den besetzten Gebieten. Darin beanspruchte er eine Führungsrolle für die PLO, und er definierte als Ziel des Aufstandes die Errichtung eines palästinensischen Staates im Westjordanland und dem Gazastreifen mit Jerusalem als Hauptstadt.

Im Januar 1988, als sich langsam die besondere Qualität des Aufstandes abzeichnete, wurde seine Steuerung der Vereinigten Nationalen Führung (*al-Qiyada al-Wataniyya al-Muwahhada li'l-Intifada*) übertragen. Diese neue Organisation bemühte sich darum, die Bevölkerung weiter zu mobilisieren, Aktionen der lokalen Verbände zu koordinieren und Hilfsmaßnahmen zu organisieren. Der Vereinigten Nationalen Führung gehörten die verschiedenen PLO-Fraktionen, also *Fatah*, PFLP, DFLP und die Palästinensische Kommunistische Partei, aber auch verschiedene nationale Komitees und national-religiöse Kräfte an. In Flugblättern (*bayanat*), die alle zwei bis drei Wochen gedruckt wurden, rief dieses Führungsgremium zu Aktionen wie Streiks, Boykotten, Hupkonzerten, Demonstrationen und ähnlichem auf. Nur in einigen wenigen Ausnahmefällen wurden auch gewaltsame Aktionen von der Vereinigten Nationalen Führung vorgeschlagen. Die Anweisungen der palästinensischen Führung, die ihren Weg auch über Telefonketten, Mund-zu-Mund-Propaganda und Graffitis in die Bevölkerung fanden, wurden zumeist befolgt – wo die Solidarität zu wünschen übrig ließ, halfen sogenannte «Streiktruppen» notfalls mit Gewalt nach.

Streiks, Boykottaktionen und ziviler Ungehorsam hatten die Abkopplung der besetzten Gebiete von den israelischen Strukturen und die Aufhebung der einseitigen Abhängigkeit zum Ziel. Zu diesem Zweck sollten Palästinenser nicht länger Steuern an die israelische Regierung bezahlen oder in bzw. für Israel arbeiten. In der Folge kündigten unzählige Polizisten und andere im öffentlichen Sektor beschäftigte Palästinenser ihre Stellen, palästinensische Arbeiter in Israel streikten, Anweisungen der Ordnungskräfte wurden nicht befolgt und israelische Dienstleistungen nicht mehr in Anspruch genommen.

In einer Situation der einseitigen wirtschaftlichen Abhängigkeit stellte der Versuch der Dissoziation die Bevölkerung unausweichlich vor große ökonomische Probleme. Ohne Löhne und Produkte aus Israel kam das Wirtschaftsleben in den besetzten Gebieten so gut wie völlig zum Erliegen, eine massive Unterbeschäftigung war die Folge. Zusätzlich ging die israelische Regierung harsch gegen die Unruhen vor: Palästinensischen Unternehmen wurden keine Lizenzen mehr gewährt, ihre Versorgung mit Rohstoffen und anderen Produktionsfaktoren aus Israel wurde gestoppt, Läden geschlossen und Arbeitern die Einreise nach Israel verweigert. Am härtesten aber wurde die Bevölkerung von den immer wieder verhängten Ausgangssperren getroffen. Ausgangssperren wurden über Dörfer, Städte oder ganze Regionen verhängt; sie schnitten viele Menschen weitgehend von der Grundversorgung ab. Das Erziehungssystem und die medizinische Versorgung litten unter solchen Maßnahmen ebenso wie die Nahrungsmittelverteilung und -produktion, da viele Bauern wegen der Ausgangssperren ihre Felder nicht bestellen konnten.

Doch die erschwerten Lebensbedingungen hatten zunächst keineswegs den beabsichtigten Rückgang der Proteste, sondern vielmehr eine ungeheure nationale Solidarisierungswelle zur Folge. Zur Bewältigung der zahlreichen Probleme im Alltagsleben bildeten sich auf lokaler Ebene sogenannte Volkskomitees. Sie kümmerten sich um die Lebensmittelversorgung, organisierten Nachbarschaftshilfe, hielten Unterricht für die Kinder ab, richteten Gesundheitsstationen und Krankenhäuser ein und bildeten Wirtschafts- und Landwirtschaftskooperativen. Bereits im Mai 1988 wurde die Anzahl solcher Komitees und Hilfsprogramme auf 45 000 geschätzt. Finanziell wurden sie von der PLO, den arabischen Staaten und von den Palästinensern in der Diaspora unterstützt.

Die Arbeit der Volkskomitees erwies sich als relativ erfolgreich. Auch wenn der Lebensstandard der Palästinenser deutlich gesunken war, gelang es den Komitees doch, zumindest die Grundversorgung sicherzustellen. Die meisten Menschen engagierten sich aktiv in Hilfsinstitutionen und sammelten neue Erfahrungen in der wirtschaftlichen Selbstversorgung. So unterstützten die Landwirtschaftskomitees beispielsweise die Eigenproduktion von Lebensmitteln, und bald besaß fast jede Familie einen kleinen Gemüsegarten, einige Hühner und womöglich sogar eine Kuh. Die psychologische Wirkung war enorm: Das Gefühl der Ohnmacht und der Abhängigkeit von Israel, der Eindruck zunehmender Bedrängtheit durch Landenteignungen und Siedlungsbau wich einer Umbruchstimmung, die beschwingt war von Aktionismus, Identitätsbejahung und Freiheitswillen.

Den israelischen Sicherheitskräften gelang es trotz erheblicher Übermacht und harscher Maßnahmen nicht, die Unruhen in den Griff zu bekommen. Im Gegenteil: Ereignisse wie die Ermordung des Führers der PLO in den besetzten Gebieten Khalil al-Wazir (Abu Jihad), der im April 1988 in Tunis von einem israelischen Geheimkommando exekutiert wurde, und der ungleiche Kampf mit den gut ausgerüsteten israelischen Soldaten schürten den Zorn und die Widerstandsbereitschaft der Palästinenser.

c) Folgen

Für Yassir Arafat und die palästinensische Führung in Tunis bedeutete die *Intifada* ein politisches Wiedererstarken. Nach Jahren der Abwesenheit und politischen Marginalisierung stellte sich die PLO an die Spitze des Aufstands. Sie profitierte von dem erstarkten Nationalbewußtsein und wurde wieder zu einem Faktor, mit dem die Politik im Nahen Osten rechnen mußte.

Wichtig für die Stellung der Palästinenser und der PLO war auch der Wandel der internationalen Wahrnehmung des Konflikts, den die *Intifada* ausgelöst hatte. Während sich die internationale Aufmerksamkeit in den Jahren zuvor fast ausschließlich auf den iranisch-irakischen Krieg gerichtet hatte, widmete sich die internationale Berichterstattung jetzt wieder verstärkt Palästina/Israel. Steinewerfende palästinensische Jugendliche in der *kufiyya*, dem traditionellen schwarz-weiß karierten Kopftuch, das sich bereits während des ersten palästinensischen Aufstands 1936 bis 1939 zum Sinnbild palästinensischer Identität entwickelt hatte und das Arafat nie abzulegen scheint, wurden jetzt zum politischen Symbol für die Auflehnung der Palästinenser gegen die israelische Herrschaft. Hatte bislang das Bild vom Kampf des israelischen David gegen den arabischen Goliath die internationale Wahrnehmung dominiert, wurden die Rollen jetzt neu verteilt: Die Israelis wurden von Bedrohten zu Bedrohern, die Palästinenser von Terroristen zur unterdrückten Volksgruppe. Sympathiebekundungen für Palästinenser, nunmehr auch in vielen westlichen Staaten, waren Ausdruck dieser Veränderung der internationalen Stimmung zugunsten der Aufständischen.

Dem Stimmungsumschwung folgten konkrete Veränderungen. Dem jordanischen König Hussein führte die *Intifada* und der neue Einfluß Arafats vor Augen, daß er seinen eigenen Anspruch auf das Westjordanland nicht mehr aufrechterhalten konnte, wenn er nicht Unruhen im eigenen Land riskieren wollte. Am 31. Juli 1988 zog er die Konsequenzen und erklärte alle rechtlichen und administrativen Verbindungen zwischen Jordanien und den besetzten Gebieten sowie den jordanischen Anspruch auf die Vertretung der Palästinenser für beendet. In der Praxis bedeutete dies, daß die jordanischen Gehaltszahlungen an frühere Angestellte im öffentlichen Dienst eingestellt wurden; im August übernahm daher die PLO die Zahlungen an die etwa 24000 Betroffenen. Gleichzeitig verloren die Palästinenser im Westjordanland ihre jordanische Staatsbürgerschaft.

Mit jordanischem Widerstand gegen die Gründung eines unabhängigen palästinensischen Staats in den besetzten Gebieten – erklärtes Ziel der *Intifada* – mußte also nicht mehr gerechnet werden. Daher verabschiedete die 19. Sitzung des Palästinensischen Nationalrats, der vom 12. bis 15. November 1988 in Algier tagte, eine Unabhängigkeitserklärung. Am 15. November rief Arafat den Staat «Palästina» aus; zugleich bekannte er sich zu den UNO-Resolutionen 181, 242 und 338 – somit erkannte er indirekt das Existenzrecht des Staates Israel an. Im März 1989 wurde Arafat zum «Präsidenten» des proklamierten Staates gewählt.

International wurde dieser Schritt Arafats mit einer Einladung zu einer Rede vor der Generalversammlung der Vereinten Nationen beantwortet. Doch die USA, die diesen Schritt als Schutzmacht Israels abgelehnt hatten, verweigerten Arafat schlicht das nötige Visum für seine Reise nach New York. Die Generalversammlung verbat sich die Ausübung eines solchermaßen «faktischen» Vetos und verlegte ihren Tagungsort nach Genf, wo der Palästinenserführer schließlich am 13. Dezember 1988 eine Rede hielt. Darin erteilte Arafat dem Terrorismus eine klare Absage, wobei er allerdings betonte, daß der bewaffnete Widerstand gegen die Besatzung weiterhin legitim sei. 84 Staaten demonstrierten Unterstützung für diese Haltung, indem sie den ausgerufenen Staat anerkannten. Drei Tage später nahmen auch die USA den – von Arafat lange gewünschten – offiziellen Dialog mit der PLO auf. Die USA hatten direkte Gespräche im Zuge eines Versprechens von Außenminister Kissinger gegenüber Israel 1975 immer von einer Anerkennung der Resolution 242 und des Existenzrechts Israels abhängig gemacht.

Nach den Anfangserfolgen der *Intifada* traten bald erste Risse zutage, die auf die zwischen den palästinensischen Gruppierungen bestehenden Spannungen zurückzuführen sind. Nur zu Beginn des Aufstands hatte die nationale Euphorie die Existenz unterschiedlicher familiärer, regionaler und politischer Loyalitäten verdecken können. Die Kooperation wurde zwar weiterhin im Rahmen der Vereinigten Nationalen Führung aufrecht erhalten, doch konkurrierten die verschiedenen Gruppen etwa bei den Volkskomitees zunehmend miteinander um Einfluß. Jede Fraktion, viele Clans und Regionalgruppen schufen Parallelinstitutionen für die zahlreichen Tätigkeitsgebiete. Ressourcen konnten daher nicht optimal eingesetzt werden, Arbeit wurde unnötig verdoppelt, und oftmals entschied jetzt nicht mehr der Bedarf, sondern die politische Außenwirkung über das Engagement der verschiedenen Hilfsorganisationen.

Die Alltagshilfe der Volkskomitees wurde zusätzlich noch dadurch erschwert, daß die israelische Regierung diese Organisationsform im Sommer 1988 für illegal erklärte und die Aktivisten mit Strafen bedrohte. Auch die Zentralisierung der internationalen Hilfsgelder in den Händen der *Fatah* – was Arafat den Ausbau seines Patronagesystems erlaubte – schränkte die Handlungsmöglichkeiten vieler Organisationen ein, so daß offizielle Erfolgsmeldungen der *Intifada* und die Wirklichkeit des palästinensischen Alltags immer weiter auseinanderklafften. Bei der Bevölkerung machten sich zunehmend Ermüdungserscheinungen bemerkbar. Vor allem die unkontrollierten Aktionen verschiedener Gruppierungen, die «Kollaborateure» verfolgten, eigene «Steuern» erhoben und vielerorts ihre Nachbarn drangsalierten, schwächten den Rückhalt der Aktivisten in der Bevölkerung.

Auch stieg der Preis, den die israelische Regierung den Aktivisten abverlangte, beständig. Verteidigungsminister Yitzhak Rabin hatte den israelischen Streitkräften befohlen, mit aller Härte gegen die palästinensischen Demonstranten vorzugehen. Die sogenannte «Politik der gebrochenen Knochen» sollte maximale Wirkung in der Bevölkerung, gleichzeitig aber minimalen internationalen Protest hervorrufen. Die Armee benutzte Gummimantelgeschosse, die im Normalfall zwar keine tödlichen Wunden verursachen, aber den meist jugendlichen Aufständischen oft buchstäblich die Knochen brachen: Allein im Gazastreifen zählte man knapp zwei Jahre nach Beginn des Aufstandes fast 30000 Verletzte (bei insgesamt «nur» 200 Toten). Aktivisten mußten zudem mit der Zerstörung ihrer Häuser und der Inhaftierung in eigens für sie eingerichteten Gefangenenlagern rechnen, z.B. den berüchtigten Lagern Ansar II und III im Gazastreifen bzw. der Negevwüste, in denen man die Palästinenser nicht immer gemäß den internationalen Standards für Inhaftierte behandelte. Diese Politik Israels löste zwar in der internationalen Gemeinschaft und zunehmend auch in der israelischen Öffentlichkeit Proteste aus, entfaltete allerdings auch eine äußerst demoralisierende Wirkung auf die palästinensische Bevölkerung.

Zu den Ermüdungserscheinungen in der Bevölkerung und der wachsenden Uneinigkeit innerhalb der palästinensischen Führungsriege gesellte sich das Problem der Machtverschiebungen im internationalen Gefüge: Mit dem Zusammenbruch der Sowjetunion verlor die PLO einen wichtigen diplomatischen Verbündeten und Waffenlieferanten. Im Nahen Osten hatte die Sowjetunion zumindest teilweise ein Gegengewicht zum Einfluß der USA gebildet – nun sollten Verhandlungen unter alleiniger Vermittlung der verbliebenen und seit langem pro-israelischen Supermacht stattfinden, die noch dazu im Juni 1990 ihren offiziellen Dialog mit der PLO infolge zunehmender Terroranschläge einstellte. Auch indirekt verbesserte der Zusammenbruch der Sowjetunion die Verhandlungsposition der Israelis: Mit Beginn der 1990er Jahre wurde sowjetischen Juden die Ausreise gestattet. Der Zuzug von etwa einer Million neuer Siedler nach Israel, die vielfach zunächst einfache Tätigkeiten übernahmen, verringerte nicht nur die Abhängigkeit der Volkswirtschaft Israels von palästinensischen Arbeitnehmern, er unterstrich auch den israelischen Anspruch auf Land.

Sehr viel weiterreichende Folgen für die Palästinenser als der Zusammenbruch der Sowjetunion hatte allerdings ein anderes internationales Ereignis: der (zweite) Golfkrieg 1990/1991. Als Saddam Hussein am 2. August 1990 seine Truppen in Kuwait einmarschieren ließ, benutzte er Panarabismus und die Palästinafrage als Propaganda. Offiziell knüpfte er seinen eigenen Abzug aus Kuwait an den Rückzug Israels aus dem Westjordanland und dem Gazastreifen. In der palästinensischen Bevölkerung stieß diese Haltung auf große Sympathie. Laut einer Umfrage sahen 1990 etwa 84 % der Palästinenser in dem irakischen Staatspräsidenten einen palästinensischen Nationalhelden.

Deswegen – und um die substantiellen Finanzhilfen aus dem Irak nicht zu verlieren – nahm die PLO-Führung keine anti-irakische Position ein. Dieses Fehlen einer klaren Verurteilung der irakischen Aggression wurde international als eindeutig pro-irakische Haltung gewertet. Hinzu kamen die Fernsehbilder, die Palästinenser beim Verbrennen der amerikanischen Flagge und mit Saddam-Bildern zeigten. Der Vertrauens- und Ansehensverlust der Palästinenser im Westen war gewaltig; und die arabischen Golfländer, die sich auf die Seite Kuwaits gestellt hatten, entzogen der PLO ihre bis dahin großzügig gewährte Unterstützung. Außerdem mußten im Gefolge des Krieges viele der in Kuwait beschäftigten Palästinenser fliehen oder wurden ausgewiesen. 350000 bis 400000 palästinensische Arbeiter verloren so Wohnort, Arbeitsplatz und Einkommen – und ihre Familien in den besetzten Gebieten die notwendige Unterstützung durch die Verwandten in der Diaspora. Der finanzielle Verlust, den die Palästinenser in den besetzten Gebieten zwischen August 1990 und August 1991 hinnehmen mußten, wird auf etwa 400 Millionen US$ geschätzt.

Infolgedessen zeichnete sich bei der PLO alsbald eine massive Finanzkrise ab, begleitet von einer tiefen Wirtschaftskrise in den besetzten Gebieten. Die Arbeitslosenquote belief sich 1990 auf ca. 50%, das Budget der Palästinensischen Befreiungsorganisation schrumpfte auf etwa ein Drittel des früheren Volumens. Die Hilfeleistungen an Volkskomitees, PLO-Mitarbeiter und die Familien von gefaßten Aktivisten oder andere «Märtyrer» der *Intifada* mußten zum großen Teil eingestellt werden. Unter diesen schwierigen wirtschaftlichen Bedingungen konnte die *Intifada* nicht mehr lange durchgehalten werden.

d) Friedensverhandlungen

Die *Intifada* hatte zunächst erstmals nach dem Scheitern der Autonomiegespräche von 1982 wieder Friedensverhandlungen zwischen Palästinensern und Israelis in den Bereich des Möglichen gerückt. Der israelischen Regierung war klargeworden, daß eine Fortsetzung der Herrschaft über die besetzten Gebiete mit sehr hohen Kosten verbunden war und sie die Sicherheit israelischer Staatsbürger nicht garantieren konnte. Daher hatte der damalige Premierminister Yitzhak Shamir am 14. Mai 1989 eine Initiative lanciert, die auf Vorschlägen des Camp-David-Abkommens beruhte, die Israel zunächst vehement abgelehnt hatte. Demnach sollten nach Beendigung der Auseinandersetzungen in den besetzten Gebieten Wahlen abgehalten werden, um palästinensische Vertreter für die Verhandlungen zu bestimmen. Doch für die PLO, die sich selbst für die alleinige und rechtmäßige Vertretung der Palästinenser hielt, war ein solcher Vorschlag nicht akzeptabel.

Kurze Zeit später hatten weltpolitische Ereignisse wie der Zusammenbruch der Sowjetunion und der Golfkrieg das Palästinaproblem vorerst wieder von der internationalen Tagesordnung verdrängt. Erst nach dem Ende des Golfkriegs 1991 unternahm der amerikanische Präsident George Bush einen neuen Anlauf zur Lösung des Konflikts. Er schlug die Einberufung einer regionalen Friedenskonferenz vor, auf der die Palästinenser durch eine gemeinsame jordanisch-palästinensische Delegation vertreten sein sollten. Israel verlangte außerdem, daß die palästinensischen Delegationsmitglieder aus den besetzten Gebieten stammen müßten und nicht der PLO angehören dürften. Diese Bedingungen waren ein klarer Affront gegen die palästinensische Führung, doch in Anbetracht ihres finanziellen Bankrotts, ihres Prestigeverlustes im Gefolge des Golfkrieges und der langsam an Wirkung verlierenden *Intifada* stimmte sie dem Vorschlag zu.

Die Friedenskonferenz wurde am 30. Oktober 1991 in Madrid eröffnet. Faisal al-Husseini, Mitglied einer der führenden Notabelnfamilien, war der Vertreter der Palästinenser in der jordanischen Delegation. Doch schon bald stockten die Gespräche: Israel hatte gehofft, schnell zu bilateralen Verhandlungen übergehen zu können, um separate Friedensabkommen mit den einzelnen arabischen Staaten zu schließen. Doch sowohl Syrien als auch Jordanien machten eine Lösung des Palästina-Konflikts zur Vorbedingung für eigene Friedensgespräche – eine andere Haltung hätte vor allem im haschemitischen Königreich zu ernsthaften Unruhen führen können. Und gerade in dieser Frage kamen die Verhandlungen nicht voran: Faisal al-Husseini fehlte das Mandat, in irgendeiner Form Zugeständnisse zu machen. Jeder noch so kleine Teilaspekt mußte immer zuerst mit der Exilführung in Tunis geklärt werden. *De facto* und über das Faxgerät mit Madrid verbunden, saß immer auch Arafat mit am Verhandlungstisch – und zögerte die Gespräche nach Belieben hinaus. Indessen suchte er nach alternativen Verhandlungswegen, mit denen sich die PLO direkt an den Gesprächen beteiligen konnte.

Die israelische Regierung lernte aus ihren Erfahrungen bei den Verhandlungen in Madrid, daß ein Abkommen ohne die PLO nicht möglich war. Doch nur ein Verhandlungserfolg würde die gemäßigten palästinensischen Kräfte stärken und einen weiteren Aufstieg der sich immer weiter radikalisierenden islamischen Kräfte aufhalten können. Und schließlich war die Einigung mit den Palästinensern Vorbedingung für die Normalisierung der gesamten politischen Situation im Nahen Osten.

Ein israelischer Soldat zielt in Gaza-Stadt auf palästinensische Steinewerfer, während eine palästinensische Frau mit ihrem Kind in den Armen vorbeigeht. Foto: AP/Laurent Rebours, 21. 12. 1993

Beide Seiten hatten daher ein Interesse, auch andere Wege für ihre Verhandlungen zu nutzen. Die alternative Kommunikation kam schließlich auf Initiative des norwegischen Außenministers Johan Jörgen Holst zustande. Am 10. Januar 1993 trafen sich im norwegischen Sarpsborg unter Holsts Vermittlung zwei israelische Akademiker – Yair Hirschfeld und Ron Pundak – und drei enge Vertraute Arafats – Ahmed Qurei (besser bekannt als Abu Ala), Hassan Asfur und Maher al-Kurd. Nach ersten Erfolgen wertete Israel im Mai diese informellen und hoch geheimen Gespräche auf, indem es Uri Savir, den Staatssekretär des Außenministeriums, entsandte.

Es war dem besonderen Charakter dieser Gespräche zu verdanken, daß beide Parteien Tabus brechen und zu einem Übereinkommen finden konnten. Bis dahin waren direkte Gespräche zwischen der PLO und der israelischen Regierung immer daran gescheitert, daß ein offizieller Kontakt für beide Seiten bereits eine Anerkennung des Gegners bedeutet hätte, diese Anerkennung aber immer erst Ergebnis und nicht Ausgangspunkt der Verhandlungen sein sollte. Dieses Dilemma wurde nun umgangen, indem die Gespräche unter vollständiger Geheimhaltung stattfanden – ohne offizielle Kontakte auch keine implizite Anerkennung. Die Arbeit in Abgeschiedenheit verhinderte auch eine Beeinflussung der Gespräche durch kritische Presseberichte und emotionale öffentliche Debatten, die bei der Brisanz des Themas sicher nicht zu vermeiden gewesen wären. Die vertrauliche Atmosphäre trug wohl wesentlich zur Vertrauensbildung und damit letztlich zum Erfolg der Verhandlungen bei.

Im September 1993 lagen die ersten wichtigen Ergebnisse vor. Um den 10. September wurden Briefe ausgetauscht, in denen sich Israel und die PLO (als rechtmäßige Vertretung des palästinensischen Volkes, nicht als Regierung des 1988 ausgerufenen palästinensischen Staats) gegenseitig anerkannten. Drei Tage später wurde die *Declaration of Principles on Interim Self-Government Arrangements* unterzeichnet; am selben Tag entstand das berühmt gewordene Bild der ersten offiziellen Begegnung von Yitzhak Rabin und Yassir Arafat im Garten des Weißen Hauses in Washington.

9. Der Oslo-Prozeß

Die Osloer Prinzipienerklärung vom 13. September 1993 und der Handschlag zwischen Rabin und Arafat in Washington wurden von der Welt und von der großen Mehrheit der Palästinenser und Israelis als Durchbruch gefeiert. Tatsächlich veränderte das Abkommen die politischen Rahmenbedingungen für das Verhältnis zwischen Israelis und Palästinensern: In der Prinzipienerklärung von Oslo einigten sich die gegnerischen Parteien darauf, den Konflikt nicht mit Gewalt, sondern auf dem Verhandlungsweg zu lösen.

1993 wurden aus Feinden in einem blutigen Konflikt Parteien in einer Verhandlung; an die Stelle militärischer Auseinandersetzungen traten Diskussionen über die zukünftige Gestaltung der palästinensischen Institutionen und des bilateralen Verhältnisses der Konfliktparteien. Trotz vieler Probleme und Rückschläge erschien der Konflikt nunmehr lösbar. Rabin, Arafat und Peres wurden für ihren Einsatz bei dieser Transformation eines kriegerischen Konfliktes in einen «Verhandlungskonflikt» am 10. Dezember 1994 mit dem Friedensnobelpreis ausgezeichnet. – Der Ausbruch der Gewalt im Herbst 2000 ist nicht zuletzt deshalb so tragisch, weil dadurch die in Oslo erreichte Definition des Konflikts «als durch Verhandlungen lösbar» erneut fraglich geworden ist. Alle Seiten haben den Oslo-Prozeß mittlerweile für «tot» erklärt. Erst nach dem Ende des Irak-Kriegs und der Aufnahme von Verhandlungen zwischen Premierminister Scharon und seinem palästinensischen Amtskollegen Mahmud Abbas zeichnet sich die Möglichkeit ab, wieder auf den Verhandlungsweg zurückzukehren.

a) Oslo: Frieden als Prozeß

Die Osloer Prinzipienerklärung initiierte einen zweistufigen Prozeß, der mit einer Übergangs- oder Interimsphase beginnen und schließlich in ein permanentes Friedensabkommen münden sollte.

Während der Interimsphase sollte den Palästinensern in den besetzten Gebieten schrittweise Autonomie zugestanden werden. Die schwierigen und besonders kontroversen Streitpunkte zwischen den Parteien sollten – ganz im Sinne der neuen pragmatischen Herangehensweise an die Lösung des Konflikts – erst später in den Verhandlungen über eine permanente Lösung diskutiert und gelöst werden. Grundgedanke dieses Konstrukts war, zunächst die *Intifada* zu beenden und «Normalität» in den Lebensalltag von Palästinensern und Israelis einkehren zu lassen. Dies sollte zu einer Beruhigung der Situation, einem Abflauen der Emotionen und zur Bildung einer Vertrauensgrundlage führen. Eine erfolgreiche Lösung der wirklich schwierigen Themen könnte – so die Hoffnung – auf einer solchen Basis leichter erreicht werden.

Die *Declaration of Principles on Interim Self-Government Arrangements* legte zunächst nur die allgemeinen Prinzipien für die Interimsphase fest. Die Details der Umsetzung und Ausführung der Grundsätze wurden erst in zahlreichen später geschlossenen Verträgen, Abkommen und Vereinbarungen festgelegt.

Als Grundlage für eine Lösung des Konflikts wurden die Resolutionen 242 und 338 des Sicherheitsrats der Vereinten Nationen akzeptiert. Diese Resolutionen, die nach den Kriegen von 1967 (Res. 242) und 1973 (Res. 338) verabschiedet worden waren, beinhalten das Prinzip «Land für Frieden»: Im Austausch für Israels Rückzug aus den besetzten Gebieten sollten die arabischen Staaten den Staat Israel und das Prinzip der friedlichen Koexistenz anerkennen. Von Anfang an krankte dieses Prinzip an seiner begrifflichen Ungenauigkeit. Eine Ursache für viele spätere Schwierigkeiten bei der Umsetzung dieses Prinzips ist die unterschiedliche Interpretation der Resolutionen: Sind alle besetzten Gebiete gemeint (wie die französische Version des UN-Dokuments vermuten läßt), oder würde auch ein Teilrückzug die Forderungen erfüllen (eine Interpretation, die vor allem die englische Textversion nahelegt)? Zu den begrifflichen Schwierigkeiten trat die Erfolglosigkeit des Prinzips in sicherheitspolitischer Hinsicht: Die Versuche, den Friedensplan zu implementieren, zeigten, daß entgegen der im Grundsatz «Land für Frieden» implizierten Annahme der (teilweise) Rückzug der israelischen Truppen keinesfalls zu einem Ende der palästinensischen Gewalt gegen Israel führte.

b) Die Interimsphase

Die Prinzipienerklärung legte fest, daß der israelische Rückzug Zug um Zug erfolgen sollte. Ebenso sollten schrittweise palästinensische Institutionen gebildet und diesen Selbstverwaltungskompetenzen übertragen werden. Neben der Einrichtung einer territorial, personal und funktional begrenzten Selbstverwaltung sollte die Interimsphase – bedingt durch dieses Vorgehen – vor allem der Vertrauensbildung zwischen den beiden Seiten dienen. Zu diesem Zweck verpflichtete sich Israel in fast jedem Abkommen dazu, palästinensische Gefangene freizulassen oder sie in palästinensische Strafanstalten zu verlegen. Einige dieser Versprechungen – bei weitem nicht alle – wurden auch in die Tat umgesetzt.

Von den Palästinensern erwartete man vor allem Zusammenarbeit bei der Bekämpfung extremistischer Gruppen und die Änderung der PLO-Charta. Terroristische Gruppen, vor allem der

Islamische Jihad und die *Izz-al-Din-al-Qassam-Brigade*, der militärische Arm der *Hamas*, wurden von den Sicherheitsdiensten der Autonomiebehörde in den ersten Jahren des Oslo-Prozesses tatsächlich bekämpft – zumal die islamistischen Gruppen innenpolitische Gegner der Administration waren und diese bemüht war, internationale Erwartungen zu erfüllen. Nach Anschlägen auf israelische Einrichtungen wurden regelmäßig Hunderte Anhänger dieser Gruppen festgenommen und von eigens eingerichteten – von Menschenrechtsorganisationen immer wieder angeprangerten – palästinensischen Militärgerichten verurteilt. Trotzdem gelang es weder den palästinensischen noch den israelischen Sicherheitskräften, alle Anschläge zu verhindern.

Auch die Frage der Änderung jener Artikel in der PLO-Charta, die zur Vernichtung Israels aufrufen, blieb lange ungeklärt. Zwar erklärte Arafat diese Passagen für ungültig, und der Palästinensische Nationalrat bestätigte diese Entscheidung während einer Sitzung im April 1996, eine schriftliche Änderung der Charta wurde aber erst Ende 1998 formell verabschiedet.

Die Verhandlungen und Abkommen drehten sich immer wieder um die gleichen Fragen: Wann ziehen israelische Truppen aus welchen Gebieten ab? Welche palästinensischen Behörden werden wann, von wem und wie eingerichtet? Welche Kompetenzen werden an die Selbstverwaltungsinstitutionen übertragen und wann? Welche vertrauensbildenden Maßnahmen werden ergriffen? Wie und inwieweit können die einzelnen Selbstverwaltungsgebiete miteinander und mit der Außenwelt verbunden werden?

Seit 1993 wurden diese Details der Umsetzung der Prinzipienerklärung für die Interimsphase in zahllosen öffentlichen und geheimen Runden verhandelt; die Gespräche wurden des öfteren abgebrochen und die vereinbarten Zeitpläne fast nie eingehalten. Dennoch gab es immer wieder Verhandlungserfolge und Vereinbarungen, die die Situation in den besetzten Gebieten Stück für Stück veränderten.

Der erste Meilenstein auf dem Weg der Implementierung der Prinzipienerklärung war das sogenannte Gaza-Jericho-Abkommen vom 4. Mai 1994, auch als «Oslo I» oder, nach dem Ort seiner Unterzeichnung, als «Abkommen von Kairo» bekannt. Mit ihm begann die eigentliche Interimsphase: Die ersten israelischen Truppenrückzüge fanden statt, die palästinensische Führung

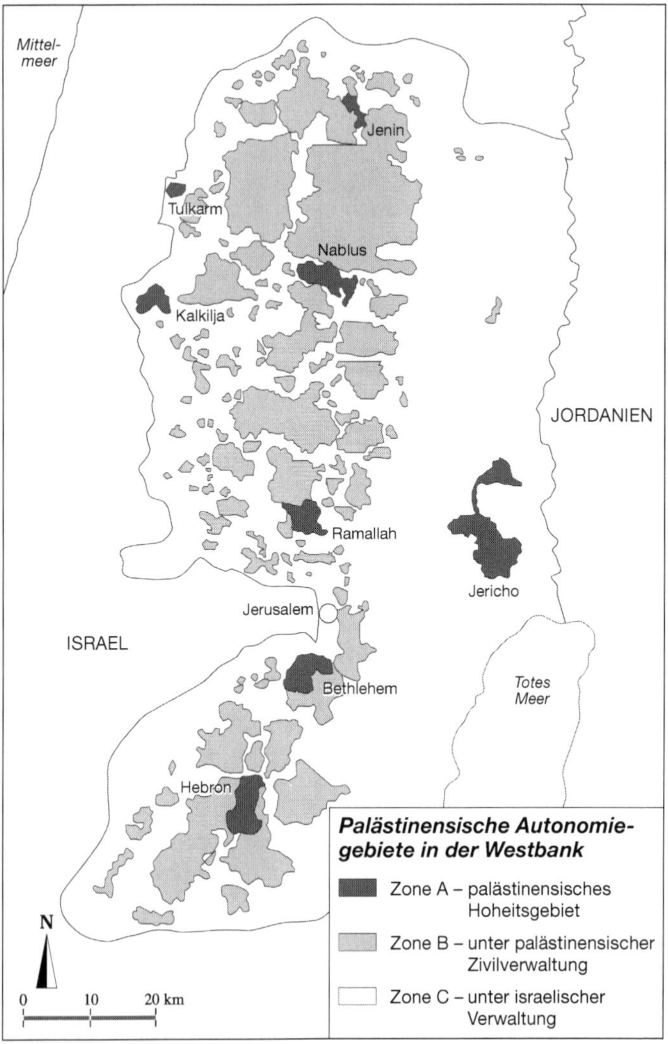

kehrte in die besetzten Gebiete zurück und erhielt (begrenzte) Selbstverwaltungskompetenzen. Der nächste wichtige Schritt war der Abschluß von «Oslo II», des sogenannten «Interimsabkommens», am 28. September 1995. Dort wurden grundlegende Regelungen für den weiteren Abzug und die Umgruppierung der israelischen Streitkräfte getroffen. Das Westjordanland wurde zu diesem Zweck in drei Zonen (A, B und C) mit unterschiedlichen Kompetenzverteilungen zwischen beiden Parteien unterteilt.

Nachdem der Friedensprozeß seit dem Amtsantritt der Regierung Netanjahu im Jahre 1996 zunächst ins Stocken geraten war, wurde im Januar 1997 ein weiterer Fortschritt erzielt: Im sogenannten Hebron-Protokoll einigten sich die Parteien auf die Modalitäten für den israelischen Abzug aus Hebron und den Schutz für die verbleibenden jüdischen Siedler in der Stadt. Bis zum nächsten Verhandlungserfolg dauerte es dann aber nahezu zwei Jahre: Am 23. Oktober 1998 unterzeichneten Arafat und Netanjahu das sogenannte «Wye-River-Abkommen» (benannt nach dem Ort der Gespräche im amerikanischen Bundesstaat Maryland), in dem sie sich auf einen (weiteren) israelischen Truppenrückzug aus 13 % des Gebiets des Westjordanlandes einigten. Am 4. September 1999 wurde schließlich das nach dem ägyptischen Verhandlungsort Sharm el-Sheikh benannte Memorandum unterzeichnet. In diesem Übereinkommen – zu diesem Zeitpunkt war der Parteichef der Arbeitspartei Ehud Barak Ministerpräsident – legten die beiden Parteien den Fahrplan für die Endstatusverhandlungen fest: Israel verpflichtete sich zu weiteren Truppenrückzügen, und beide Seiten einigten sich auf die Durchführung vertrauensbildender Maßnahmen. Soweit die Chronologie des Oslo-Prozesses.

Einige inhaltliche Fragen waren von besonderer Bedeutung und ihre Lösung entsprechend schwierig. So war es in den Verhandlungen ein besonderes Anliegen der Palästinenser, Verbindungen zwischen den einzelnen Autonomiegebieten und von Israel unabhängige Verkehrswege zu Drittstaaten zu erhalten. Da sich Israel die alleinige Verantwortung für die äußere Sicherheit und die Außenpolitik vorbehalten hatte und zudem in der Schaffung eines Transitweges zwischen dem Gazastreifen und dem Westjordanland eine Gefahr für die israelische Sicherheit sah, wurden gerade in diesem Bereich nur wenige Fortschritte erzielt. Für die Grenzübergänge nach Ägypten (Rafah) und Jordanien (Allenby-Brücke) wurde schließlich ein Kompromiß gefunden, der ein- und ausreisenden Palästinensern das Gefühl geben sollte, nicht von israelischen Beamten kontrolliert und – in der palästinensischen Wahrnehmung – erniedrigend behandelt zu werden: Israel behielt sich

Eine palästinensische Frau in Hebron versucht trotz des von der israelischen Armee verhängten Ausgehverbots, zu ihrem Haus zu gelangen. Foto: André Brutmann, 1.5.1997

zwar die letzte Entscheidung über Sicherheit und Einreisende vor, Bewohner der Autonomiegebiete wurden aber im normalen Grenzverkehr von palästinensischen Beamten kontrolliert. Nach langen Verhandlungen wurde Ende 1998 zudem ein internationaler Flughafen im Gazastreifen eröffnet, wobei allerdings auch dort die Ein- und Ausreise mittels eines komplizierten Verfahrens letztlich der Kontrolle Israels unterlag. Verhandlungen über die Eröffnung eines Hafens im Gazastreifen und über einen sicheren Transitweg führten dagegen zu keinem Ergebnis, so daß der Warenverkehr von und nach Palästina auf dem Seeweg über israelische Häfen abgewickelt werden mußte.

c) Verhandlungen über den endgültigen Status

Unabhängig von den Arrangements, die für die Interimsphase getroffen wurden, hatte die Prinzipienerklärung von 1993 vorgesehen, daß die Verhandlungen zu einem abschließenden Friedensvertrag führen würden; ein Ziel, das auch in allen Folgeabkommen betont wurde. Die konkrete Gestaltung der Interimsphase sollte dabei die Antworten auf die den Endstatus betreffenden Fragen in keiner Weise präjudizieren. Zu den Themen für die Endstatusverhandlungen gehörten (laut Artikel V der Prinzipienerklärung): der Status von Jerusalem, die Ansprüche der palästinensischen Flüchtlinge, die israelischen Siedlungen, Sicherheitsabkommen sowie Grenzen und Außenbeziehungen. Getrennte Verhandlungen über diese Themen sollten spätestens zwei Jahre nach Beginn der Interimsphase beginnen und nach weiteren drei Jahren abgeschlossen sein. Die Interimsphase sollte also auf keinen Fall länger als fünf Jahre dauern, und mit ihrem Ablauf sollten alle Vereinbarungen für diese Phase – also auch die Existenz und Gestalt von vorläufigen Selbstverwaltungseinrichtungen der Palästinenser – hinfällig werden.

Verhandlungspartner für Israel war in diesen Gesprächen die PLO, nicht die Palästinensische Autonomiebehörde, da diese Einrichtung als institutioneller Bestandteil der (vorläufigen) Interimsregelungen keine Kompetenzen für internationale Verhandlungen besaß.

Am 5. Mai 1996 nahm im ägyptischen Badeort Taba Ministerpräsident Peres Gespräche mit der palästinensischen Seite auf, doch zu tatsächlichen Verhandlungen kam es – vor allem infolge des Regierungswechsels in Israel, der Benjamin Netanjahu an die Macht brachte – zunächst nicht. Ein «offizielles» Treffen zwischen Arafat und Netanjahu fand erstmals Anfang September 1996 statt, doch ihre Bemühungen um die Wiederaufnahme der Verhandlungen scheiterten infolge der sogenannten «Tunnelaffäre», die sich entspann, als israelische Behörden einen unter dem Tempelberg verlaufenden Tunnel aus hasmonäischer Zeit (2.–1. Jahrhundert v. Chr.) für Besucher öffneten. Das Bekanntwerden dieser Maßnahme rief unter den Palästinensern schwere Unruhen hervor, da sie darin eine Verletzung des islamischen Heiligtums auf dem Tempelberg sahen.

In einer dem Hebron-Protokoll vom Januar 1997 beigefügten Aktennotiz einigten sich die Parteien auf den Beginn der Verhandlungen im März desselben Jahres. Doch im März lehnte die Autonomiebehörde einige israelische Vorschläge als unzumutbar ab, und Terroranschläge palästinensischer Extremisten führten abermals zum Abbruch der Kontakte. Auch die Bemühungen der

Europäischen Union und der USA konnten in den folgenden Monaten die Parteien nicht zur Wiederaufnahme der Endstatusgespräche bewegen. Erst das «Wye-River-Abkommen» von Oktober 1998 enthielt die Zusage, unverzüglich mit den Verhandlungen über den endgültigen Status fortzufahren. Doch auch dieser Zusage folgte nicht mehr als ein Treffen zwischen dem israelischen Außenminister Ariel Scharon und dem damaligen Chefunterhändler der PLO, Mahmud Abbas (Abu Mazen).

Neue Verhandlungen gab es erst nach dem Wechsel der israelischen Regierung von Netanjahu zu Barak. Das von Barak verhandelte «Sharm-el-Sheikh-Memorandum» (4. September 1999) legte den Beginn der Endstatusverhandlungen auf den 13. September 1999 fest und sah den Abschluß eines umfassenden Vertrags innerhalb eines Jahres vor. Pünktlich am 13. September eröffneten der israelische Außenminister David Levy und Abu Mazen die entsprechenden Verhandlungen; diese stockten jedoch bald wegen eines Streits über die Tagesordnung. Erst zwei Monate später, am 15. November 1999, einigten sich die Parteien auf eine elf Punkte umfassende Tagesordnung: Grenzen; Jerusalem; Siedlungen; Sicherheitsarrangements; Militärstützpunkte; israelische Siedler, die unter palästinensischer Hoheit leben; palästinensische Außenbeziehungen; Flüchtlinge; archäologische Funde; Wasserrechte; Eigentumsrechte an Wasser- und Entsorgungsnetzwerken. Auf dieser Basis konnte am 21. März 2000 eine erste Verhandlungsrunde auf einem amerikanischen Luftwaffenstützpunkt in der Nähe von Washington begonnen werden.

Die nachfolgenden Gespräche, die unter Ausschluß der Öffentlichkeit in Camp David stattfanden, führten im Sommer 2000 zu Kompromißvorschlägen in einigen wichtigen Bereichen. Erstmals war Israel in diesen Verhandlungen zu Konzessionen in der Frage des Status von Jerusalem bereit. Letztlich scheiterten die Verhandlungen jedoch an den Fragen der Souveränität über Jerusalem und des Rückkehrrechts der palästinensischen Flüchtlinge. In den folgenden Monaten wurde darüber debattiert, an wessen Starrsinn diese Gespräche zuletzt scheiterten. Der amerikanische Präsident Clinton, der sich in der Rolle des Vermittlers sah, gab – wie Ministerpräsident Barak – den Palästinensern (vor allem Arafat) die Schuld. Einige Verhandlungsteilnehmer widersprachen. Die Frage bleibt ungeklärt.

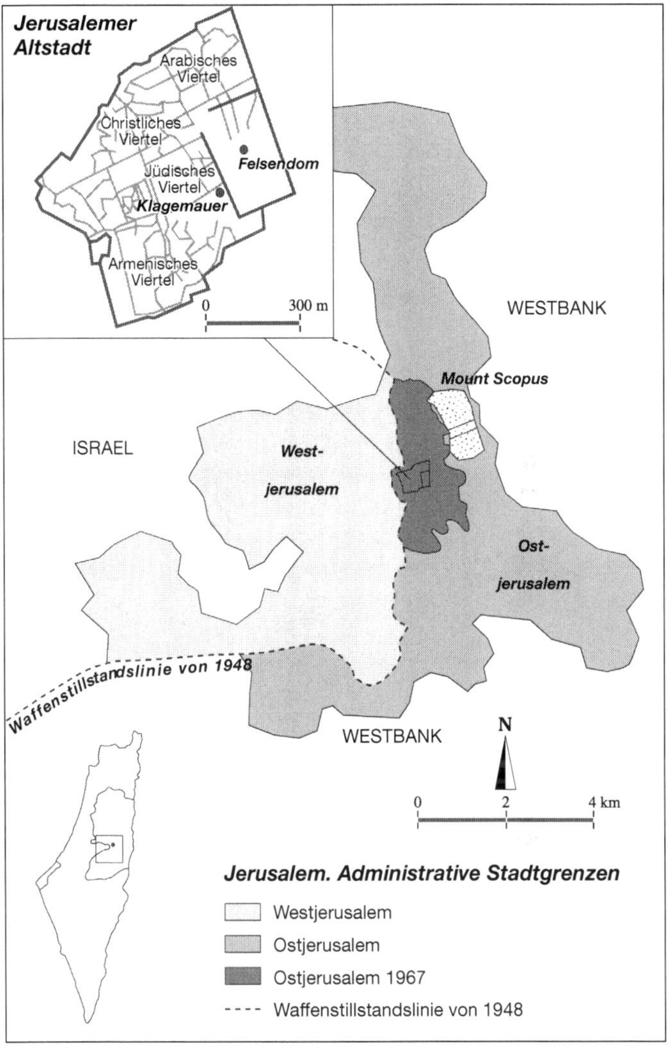

Dennoch wurden in Camp David erstmals Lösungsmöglichkeiten für einige zentrale Streitpunkte sichtbar. In besonderer Weise gilt dies für Jerusalem. Jerusalem (arabisch: *al-Quds*) spielt als religiöses Zentrum des Judentums, des Christentums und des Islams seit jeher eine besondere Rolle, nicht nur für die beiden Konfliktpar-

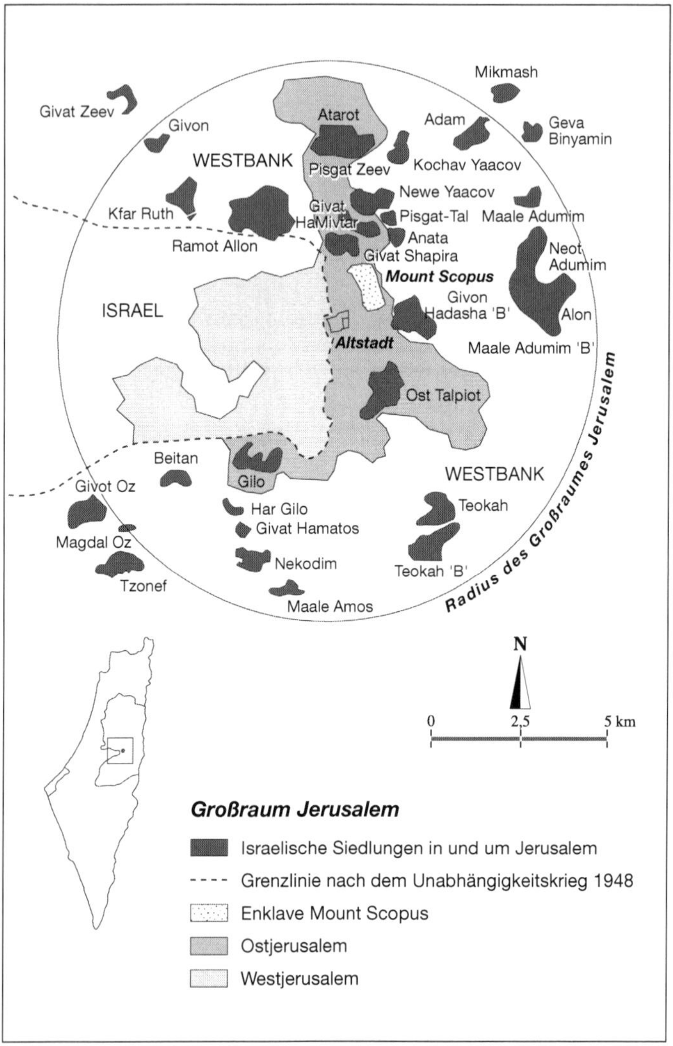

teien, die die Stadt als Hauptstadt beanspruchen, sondern auch für die gesamte internationale Gemeinschaft. Als die Vereinten Nationen 1947 die sogenannte «Teilungsresolution» verabschiedeten, war daher geplant, Jerusalem als *corpus separatum* einen besonderen völkerrechtlichen Status zuzuerkennen und die Stadt unter internationale Kontrolle zu stellen. Diese Position wird bis heute – jedenfalls als Rechtsstandpunkt – von einem Großteil der internationalen Gemeinschaft vertreten.

Bereits der erste arabisch-israelische Krieg 1948/49 schuf jedoch andere Fakten: Der Westteil der Stadt wurde von israelischen Truppen besetzt, im Februar 1949 von der israelischen Regierung annektiert und im Dezember zur Hauptstadt erklärt; der Ostteil, zu dem die Altstadt mit den wichtigsten christlichen und islamischen Heiligtümern gehört, wurde von der Arabischen Legion der Jordanier besetzt und ebenfalls annektiert. Diese von der internationalen Gemeinschaft nie akzeptierte Teilung der Stadt wurde durch den Krieg 1967 faktisch wieder aufgehoben: Israel eroberte neben dem Gazastreifen und dem Westjordanland auch Ostjerusalem; die israelische Regierung erweiterte alsbald das Gebiet der Stadt erheblich und annektierte den Ostteil zunächst *de facto* (durch die Ausdehnung des Geltungsbereichs israelischen Rechts und israelischer Jurisdiktion 1967), schließlich *de jure* (durch die Verabschiedung des «Jerusalem-Gesetzes» 1981). Seitdem betrachtet Israel Jerusalem als seine «ewige, ungeteilte Hauptstadt».

Dieser israelische Anspruch steht dem palästinensischen Ziel entgegen, einen unabhängigen Staat zu gründen, der ebenfalls Jerusalem oder zumindest Ostjerusalem zur Hauptstadt erhalten soll. Die Palästinenser können sich zwar auf zahlreiche Entschließungen der Vereinten Nationen berufen, die allesamt unilaterale Veränderungen im Status von Jerusalem verurteilen. Dennoch ist ihre Verhandlungsposition in dieser Frage relativ schwach, da die israelische Regierung seit 1967 die Bevölkerungsstruktur Ostjerusalems durch Erweiterung des Stadtgebiets und die Errichtung neuer Siedlungen gezielt verändert hat.

Wies Ostjerusalem Anfang der 1970er Jahre noch eine klare palästinensische Bevölkerungsmehrheit von fast 10:1 auf, bewirkten die israelische Siedlungspolitik und Restriktionen für Bauvorhaben von Palästinensern, daß die beiden Bevölkerungsteile schon 1993 etwa gleich groß waren. Die israelischen Siedlungen sind zudem so angelegt, daß sie «Ringe» um den Ostteil der Stadt bilden, die mittels eigener Straßensysteme direkt an die Stadt angeschlossen sind, die palästinensischen Gebiete des Westjordanlandes aber von ihr trennen. Während der gesamten Interimsphase bemühte sich die Palästinensische Autonomiebehörde um einen Stop der Siedlungsaktivitäten in diesem Raum. Sie hatte allerdings wenig Erfolg, wie die Errichtung der neuen Siedlung Har Homa zeigt, die einen der Siedlungsgürtel um die Stadt schließt. Die Autonomiebehörde versuchte daher ihrerseits, den palästinensischen Bevölkerungsanteil zu erhöhen, indem sie nicht genehmigte palästinensische Bauvorhaben unterstützte.

Die Jerusalemfrage ist eines der symbol- und konfliktträchtigsten Themen der Endstatusverhandlungen, von deren Lösung die Durchsetzbarkeit eines permanenten Friedensvertrags zwischen Israelis und Palästinensern abhängen wird. Da es sich um eine größtenteils symbolische Frage handelt, ist zu hoffen, daß auch auf der symbolischen Ebene tragfähige Lösungen gefunden werden können.

Ein weiteres zentrales und sehr brisantes Thema der Verhandlungen über einen endgültigen Status sind die palästinensischen Flüchtlinge, die noch heute in zahlreichen Flüchtlingscamps im Gazastreifen, im Westjordanland, in Israel und in den arabischen Nachbarländern leben.

Nach internationalem Recht werden diejenigen Personen und ihre Nachkommen als Flüchtlinge definiert, die bei ihrer Flucht eine internationale Grenze überschritten. Als Flüchtlinge gelten aufgrund dieser Bestimmung nur die Palästinenser, die während des Krieges von 1948/49 aus ihren Heimatorten flüchteten. Es besteht ein weitgehender Konsens darüber, daß während dieses ersten arabisch-israelischen Kriegs zwischen 750000 und 800000 Palästinenser zu Flüchtlingen wurden. Nach Angaben der *United Nations Relief and Works Agency for Palestine Refugees in the Near East* (UNRWA), die die palästinensischen Flüchtlinge im Nahen Osten betreut und für die Verwaltung der Flüchtlingslager zuständig ist, beträgt deren Zahl heute – aufgrund des Bevölkerungswachstums – mehr als vier Millionen. Dagegen werden die Personen, die während der Kämpfe von 1967 flohen (etwa 350000) meist als *displaced persons* behandelt, da viele von ihnen vom Westjordanland über den Jordan flohen – beide Ufer des Flusses gehörten zu diesem Zeitpunkt zu Jordanien.

Gegenstand der Endstatusverhandlungen sind ausschließlich die «1948/49er Flüchtlinge». Für die *displaced persons* von 1967 und

Kinder spielen in den Gassen von Jabaliya, einem Flüchtlingslager im Gazastreifen. Foto: Rainer Unkel, SV-Bilderdienst, 1. 1. 1999

ihre Nachkommen traf man in der Prinzipienerklärung von 1993 eine andere Regelung: Um ihre Ansprüche zu regeln, wurde ein Vierparteienkomitee eingesetzt, dem ägyptische, jordanische, israelische und palästinensische Delegierte angehören. Dieses Komitee begann im März 1995 mit Gesprächen, die allerdings bereits bei der Definition von rückkehrberechtigten *displaced persons* ins Stocken gerieten: Während Israel nur für die direkt vor Kampfhandlungen geflohenen Personen Verantwortung übernehmen wollte und daher auf einen Kreis von 200 000 bis ma-

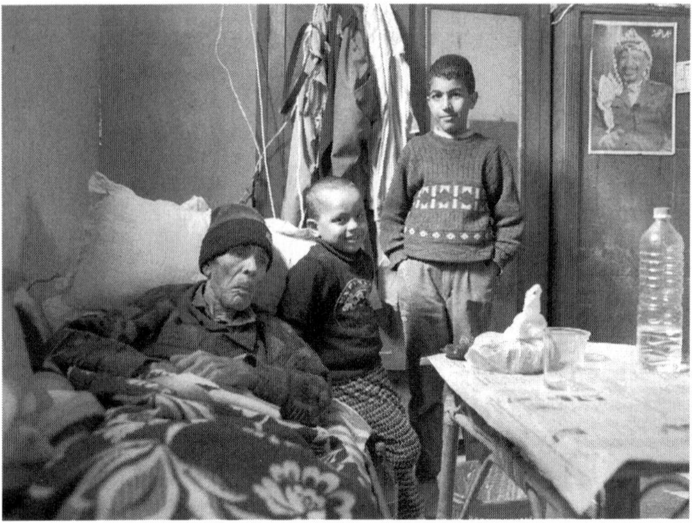

Der an Asthma leidende Mohamed Al Natoor mit seinen Enkelkindern Sa'ed und Mohamed in seiner Unterkunft im Flüchtlingslager Rafah im Gazastreifen. Mohamed Al Natoor bedarf stationärer ärztlicher Versorgung und wartet darauf, daß ein Platz im Krankenhaus für ihn frei wird. Foto: André Brutmann, 24. 2. 2000

ximal 250000 Personen kam, schlossen die palästinensischen Delegierten alle Palästinenser ein, die zum fraglichen Zeitpunkt aus ihrer Heimat flüchteten, ebenso wie deren Kinder und Ehegatten, insgesamt etwa 700000 Personen.

Auch die palästinensischen Flüchtlinge von 1948/49, die im Westjordanland oder im Gazastreifen leben – ca. 1,5 Millionen Personen, von denen im Gazastreifen über die Hälfte, im Westjordanland mehr als ein Viertel noch in Lagern leben –, werden seit dem Abschluß der Prinzipienerklärung nicht mehr als Flüchtlinge definiert. Die Parteien stritten sich in den Verhandlungen über einen endgültigen Status also um die Rechte der palästinensischen Flüchtlinge in den arabischen Nachbarländern. Diese leben vor allem in Jordanien (etwa 1,7 Millionen, laut den Statistiken der UNRWA vom März 2003), im Libanon (ca. 390000) und in Syrien (knapp 400000).

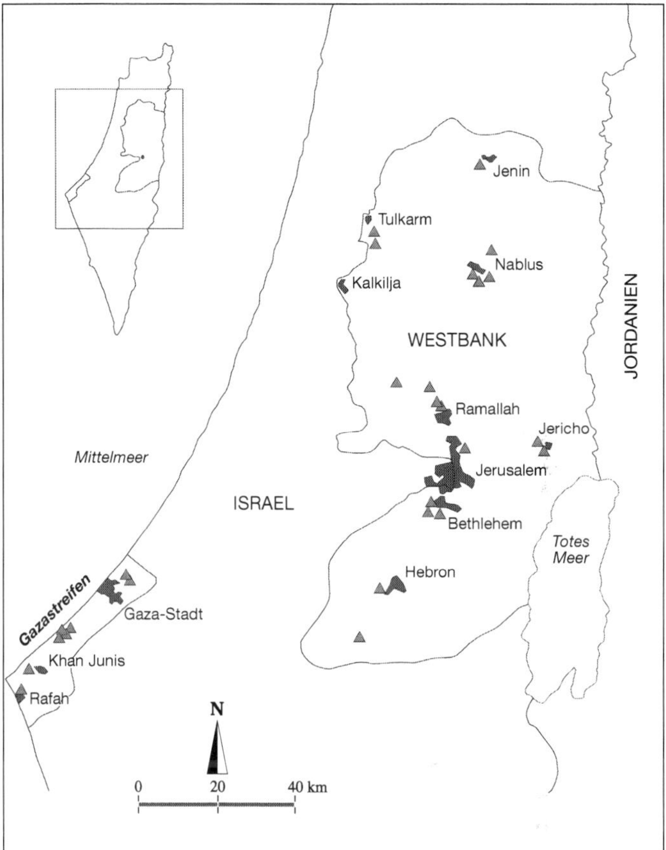

Palästinensische Flüchtlingslager in der Westbank und im Gazastreifen

- Palästinensische Flüchtlingslager
- Größere Städte
- Administrative Grenzen

Zur Debatte steht, wer die Verantwortung für die Flüchtlinge trägt und ob und inwiefern sie ein Recht auf Entschädigung und/oder Rückkehr in die Heimat haben. Die Position der internationalen Gemeinschaft ist eindeutig: Bereits im Dezember 1948 verabschiedeten die Vereinten Nationen die Resolution 194 (III),

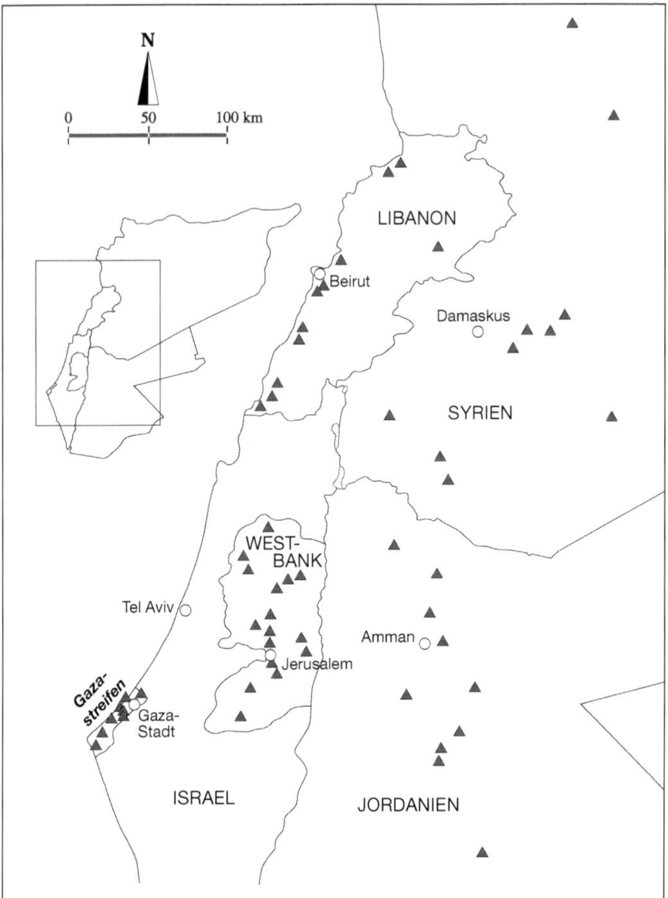

Palästinensische Flüchtlingslager in der Region

▲ Palästinensische Flüchtlingslager

die das Recht auf Rückkehr der Flüchtlinge anerkannte und daher eine Repatriierung und Entschädigung der Betroffenen forderte. An dieser Position halten die meisten Staaten bis heute theoretisch fest, wenn auch viele in der Praxis die Notwendigkeit eines Kompromisses akzeptiert haben.

Auch die Palästinenser berufen sich auf die Resolution 194. Entsprechend fordern sie Israel auf, die volle Verantwortung für das von den Flüchtlingen erlittene Unrecht zu übernehmen. Palästinensische Historiker und Politiker heben hervor, daß Israel viele der arabischen Einwohner bewußt vertrieben habe, und zitieren dabei als Beweis gerne Greueltaten der israelischen Armee wie etwa das Massaker von Deir Yasin vom 9. April 1948, bei dem 245 Zivilisten ermordet wurden. Folglich, so das Argument, habe Israel die volle moralische und rechtliche Verantwortung zu tragen, müsse die Flüchtlinge entschädigen und ihnen eine Rückkehr in die Heimat erlauben.

Die israelische Regierung dagegen lehnte jede Verantwortung für die Flüchtlinge mit der Begründung ab, daß die Flucht Begleitumstand eines Krieges gewesen sei, der von der arabischen Seite mit einer Invasion begonnen wurde und für den Israel folglich nicht zur Rechenschaft gezogen werden könne. Die israelische Geschichtsschreibung hob lange Zeit hervor, daß die Massenflucht der Palästinenser nicht absichtlich herbeigeführt worden sei. Vielmehr habe die arabische Führung diese durch entsprechende Aufrufe unterstützt. Erst in einem aufwühlenden Historikerstreit in den 1990er Jahren erkannten einige jüngere Historiker ein Element israelischer Intentionalität an. Mittlerweile ist diese Position von der israelischen Historiographie weitgehend akzeptiert.

Hinter der Ablehnung der politisch-rechtlichen Verantwortung steht natürlich das finanzielle Problem, vor das Israel durch Entschädigungsforderungen gestellt würde; Schätzungen über Entschädigungskosten reichen von 10 bis 147 Milliarden US$. Wichtiger allerdings erscheint die Sorge, daß eine Rückkehr der Palästinenser in ihre Heimatdörfer die demographische Situation in Israel massiv verändern und den jüdischen Charakter des Staates gefährden könnte. Akzeptabel könnte hingegen für viele Israelis die Option sein, palästinensische Flüchtlinge angemessen zu entschädigen und ihnen die Niederlassung in den Autonomiegebieten zu ermöglichen – eine Position, die letztlich auch für die Palästinenser annehmbar sein könnte.

Ein weiterer zentraler Punkt in den Verhandlungen für einen endgültigen Status sind die israelischen Siedlungen, die sich im Gazastreifen, im Westjordanland und in Ostjerusalem befinden.

Deren Bau hatte die israelische Regierung seit der Besetzung dieser Gebiete im Krieg von 1967 gezielt unterstützt. Dabei lassen sich drei Phasen der Siedlungspolitik unterscheiden:

In den Jahren nach dem Krieg überwogen strategische Interessen beim Bau der Siedlungen: Israel rechnete mit einem erneuten Angriff durch die arabischen Nachbarstaaten. Aufgrund der geringen räumlichen Tiefe Israels hätte im Falle eines solchen Angriffs die Gefahr bestanden, daß das Land durch angreifende Armeen in kurzer Zeit geteilt und eingenommen würde. Siedlungen entlang des Jordan, entlang der Grenze zu Jordanien, und im Süden des Gazastreifens, entlang der Grenze zu Ägypten, sollten dem Land die nötige «strategische Tiefe» verleihen: Diese «wehrhaften» Siedlungen sollten in der Lage sein, die arabischen Armeen aufzuhalten, um Israel Zeit für eine Mobilisierung zu geben. Diese Ideen wurden vom damaligen Verteidigungsminister Yigal Allon im sogenannten Allon-Plan zusammengefaßt, der zwar nie offiziell verabschiedet wurde, aber inoffizielle Richtlinie der Politik war.

Die zweite Phase der Siedlungspolitik begann mit dem Regierungswechsel 1977, der den Likud (eine konservative Sammlungspartei) an die Macht brachte. Der Likud übernahm viele Ideen der radikal-religiösen Siedlerbewegung Gush Emunim («Block der Gläubigen») und formalisierte sie in dem nach seinem Autor Drobles benannten Plan: Siedlungen sollten im ganzen Land entstehen, durch eigene, von arabischen Orten aus nicht zugängliche Verbindungsstraßen zu Blöcken verbunden werden, die die palästinensischen Bevölkerungszentren voneinander trennten. Vor allem Mitte der 1980er Jahre stieg die Zahl radikaler, meist religiös motivierter Siedler, die sich im Gegensatz zu den früheren «strategischen» Siedlern auch in der Nähe palästinensischer Dörfer und Städte niederließen. Mitunter, wie im Falle Hebrons, siedelten sie sogar inmitten der Bevölkerungszentren. Diese Siedler sorgten mit ihrer kompromißlosen Haltung zwar oft für Unruhen und entfalteten große politische Wirkung, zahlenmäßig konnten sie aber die Erwartungen der Likud-Regierung nicht erfüllen. Daher begann bereits während der Regierungszeit des Likud (bis 1984) eine dritte Phase der Siedlungsbewegung, bei der demographische Überlegungen im Vordergrund standen. Vor allem die Siedlungen, die in der Nähe Jerusalems gebaut wurden und mit Hilfe derer die

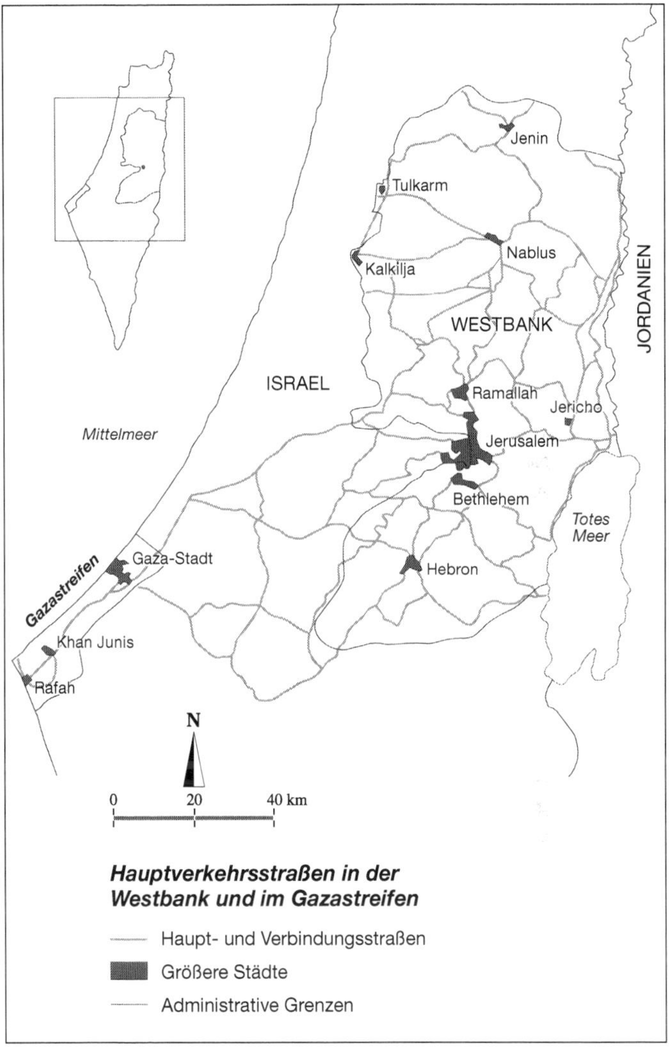

israelische Regierung das demographische Gleichgewicht in Ostjerusalem zu ihren Gunsten verändern wollte, sollten für Israelis attraktiv sein, die sich weder als heroische Vorkämpfer des israelischen Militärs noch als religiöse Eiferer hervortun wollten, sondern für die Preis- und Komfortkriterien Priorität hatten.

Günstige Kredite und Steuererleichterungen sowie der Bau von Schnellstraßen, die die Siedlungen direkt mit der Metropole verbanden, zogen Tausende von gemäßigten Israelis in die arabischen Gebiete sowie das annektierte und erweiterte Ostjerusalem.

Zu dem Zeitpunkt, als die Osloer Prinzipienerklärung abgeschlossen wurde, waren infolge dieser Politik (laut einer Statistik der *Foundation for Middle East Peace*) 120000 Menschen in israelischen Siedlungen im Westjordanland (ohne Ostjerusalem) ansässig, weitere 4500 israelische Siedler lebten im Gazastreifen und etwa 160000 in Ostjerusalem. Trotz der Bestimmung der Prinzipienerklärung, daß beide Parteien den Status quo nicht durch unilaterale Aktionen verändern sollten, wurde der Siedlungsausbau auch während des Friedensprozesses fast unvermindert fortgesetzt – demonstrativ unter der Regierung Netanjahus, etwas unauffälliger unter Rabin, Peres und Barak. Den größten Zuwachs verzeichneten die Siedlungen im Jahr 2000 (in der Regierungszeit Baraks), als im Westjordanland und im Gazastreifen 4800 neue Gebäude in den Siedlungen errichtet wurden. Insgesamt nahm die Zahl der Häuser in den Siedlungen (einer Statistik der israelischen Friedensorganisation *Peace Now* zufolge) seit 1993 um mehr als 50 Prozent zu. Entsprechend gestaltete sich der Zuzug neuer Siedler: Bis 2003 lebten bereits über 190000 israelische Siedler im Westjordanland (in ca. 130 Siedlungen) und über 6500 im Gazastreifen (in 19 Siedlungen); die Zahl der Siedler in Ostjerusalem ist umstritten, sie dürfte bei 180000 liegen.

Die Palästinenser verfolgen in den Verhandlungen offiziell das Ziel, daß alle israelischen Siedlungen aufgelöst und alle besetzten Gebiete einschließlich Ostjerusalem von Israel geräumt werden sollen. Allerdings wird die Erfüllung dieser Maximalforderung nicht ernsthaft erwartet. Die palästinensischen Verhandlungsführer streben aber zumindest die Schaffung eines einheitlichen palästinensischen Gebietes an, wozu insbesondere die von Gush Emunim gegründeten Siedlungen aufgelöst werden müßten.

Für die israelische Regierung haben die Siedlungen höchste Bedeutung: Dabei spielen einerseits nach wie vor strategische Überlegungen (weniger die religiösen Motive) eine Rolle, andererseits ist der politische Widerstand in der Bevölkerung gegen eine Auflösung der Siedlungen sehr groß. Besonders von den religiös motivierten Siedlern sind heftige – auch militante – Proteste zu er-

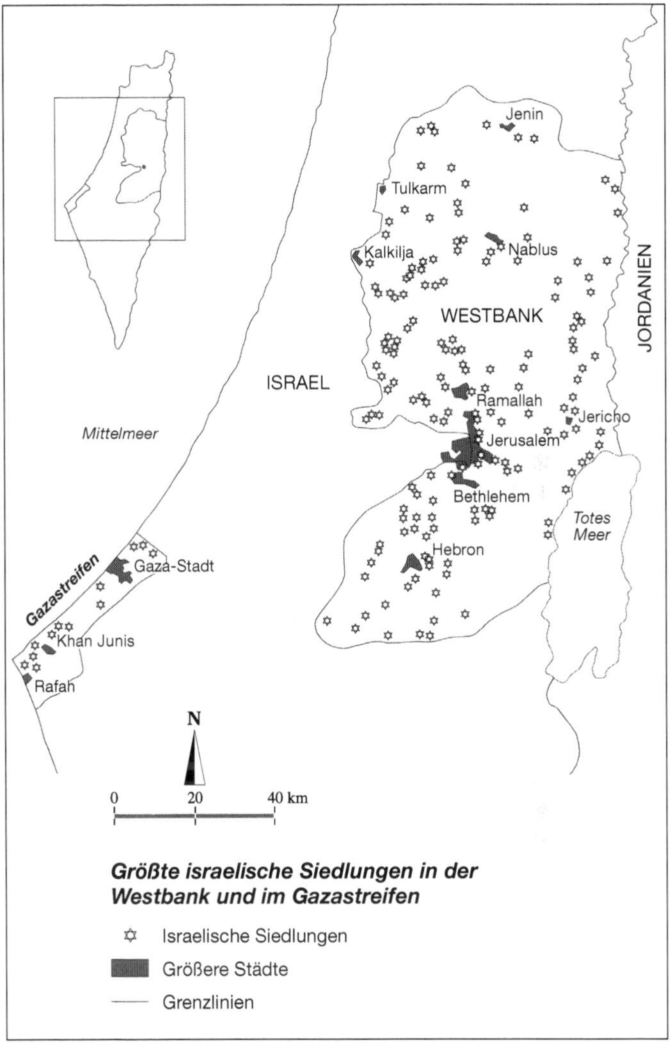

warten; allerdings haben diese relativ kleinen, radikalen Gruppen in der Gesellschaft wenig Rückhalt. Die Regierung kann aber schwerlich die vielen hunderttausend gemäßigten Siedler in der Nähe der israelischen Metropolen im Stich lassen. Denkbar erscheint daher ein Kompromiß, der die Annexion der großen Siedlungsgebiete nahe der Grenze und die Aufgabe der kleineren, verstreuten und radikaleren Siedlungen beinhalten würde.

Eng verbunden mit der Siedlungsfrage und dem Ausmaß des endgültigen israelischen Rückzugs aus den besetzten Gebieten ist das Problem der Wasserrechte. Wasser ist eine der wichtigsten und knappsten Ressourcen im Nahen Osten, von der Lebensstandard und Entwicklungsmöglichkeiten der Bevölkerung elementar abhängen. Da die israelische Regierung erkannte, daß Wasser ein strategischer Rohstoff ist, brachte sie nach 1967 bewußt den Zugang zu Quellen und Verteilernetzen unter ihre Kontrolle; Siedlungen entstanden gezielt entlang des Jordan, der wichtigsten Wasserquelle, um den See Genezareth und in anderen Quellgebieten. Die Wasserversorgung liegt ausschließlich in der Hand einer israelischen Firma. Während der Besatzungszeit reduzierte die israelische Regierung die Zuteilung von Wasser an die palästinensische Bevölkerung bzw. behielt die einmal festgesetzten Quoten ungeachtet des hohen Bevölkerungswachstums bei, so daß der erlaubte Pro-Kopf-Verbrauch deutlich reduziert wurde. Insbesondere für die Landwirtschaft brachte dies angesichts der klimatischen Bedingungen erhebliche Probleme mit sich. Gleichzeitig wurden die Wasserquoten für die israelischen Siedlungen sehr großzügig berechnet. Der offensichtliche Unterschied nährte viele Ressentiments in der palästinensischen Gesellschaft und war sicherlich einer der Beweggründe für den Ausbruch der ersten *Intifada*.

In der Prinzipienerklärung war die Wasserfrage noch gar nicht berücksichtigt worden – erst Ende 1999 setzte man sie mit auf die Liste der Tagesordnungspunkte für die Endstatusverhandlungen –, doch sie gehört sicherlich mit zu den schwierigsten Herausforderungen für die Verhandlungspartner. Dabei ist sie nicht nur für die Lösung des Konflikts zwischen Palästinensern und Israelis zentral, sondern auch für eine friedliche Beilegung des Nahostkonflikts insgesamt. So sind beispielsweise die Golanhöhen, um deren Rückgabe es bei den Verhandlungen mit Syrien geht, nicht nur strategisch bedeutsam, sondern auch, weil auf dem Golan die Quellflüsse des Jordan entspringen und weil eine vollständige Rückgabe der Anhöhen den Syrern einen direkten Zugang zum See Genezareth eröffnen würde.

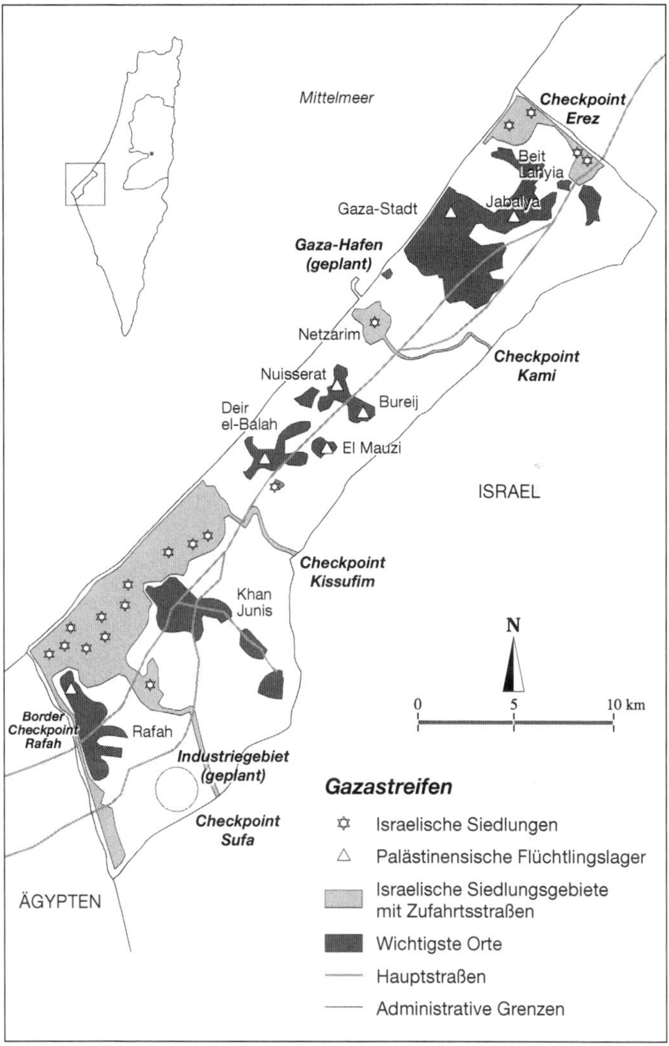

d) Friedensbefürworter und Friedensgegner

Die Verhandlungen in Oslo hatten im geheimen stattgefunden, so daß nicht nur die Weltöffentlichkeit, sondern die palästinensische und die israelische Bevölkerung ebenso wie die meisten Mitglieder

der israelischen Regierung und der palästinensischen Exilführung von der Vertragsunterzeichnung völlig überrascht wurden.

Euphorie war die spontane Reaktion der meisten Menschen. Die Israelis feierten auf den Straßen, weil sie den Frieden mit den Palästinensern schon für gekommen hielten. Nach ihrer Lesart der Prinzipienerklärung würde sich die israelische Armee nun endlich aus den palästinensischen Bevölkerungszentren zurückziehen. Die schwierige Aufgabe, in diesen Unruheherden die öffentliche Ordnung aufrechtzuerhalten, würden palästinensische Kräfte übernehmen, Israel hingegen die Gesamtverantwortung für Sicherheit behalten. Im Gegenzug für ihre Autonomie würde die palästinensische Führung – und arabische Regierungen – das Existenzrecht Israels anerkennen. Die Sicherheit des israelischen Volkes wäre nicht mehr bedroht. Von der neuen Ära versprach man sich ein Ende der Gewalt und der Terroranschläge. Der baldige Abschluß von Friedensverträgen mit den übrigen arabischen Nachbarn würde dazu führen, daß endlich Frieden und Sicherheit in die Region einziehen würden. Damit wäre auch der wirtschaftlichen Entwicklung in der Region gedient.

Die Palästinenser jubelten, weil sie hofften, endlich die Früchte ihres mit vielen Opfern verbundenen Aufstandes zu ernten. Die Zeit der Streiks, der Demonstrationen, der gewaltsamen Zusammenstöße, der wirtschaftlichen Entbehrungen und der Hilfsprogramme war vorüber. Es schien ihnen, als habe sich die *Intifada* gelohnt. Die Palästinenser hatten bewiesen, daß sie sich nicht mit ihrer Opferrolle abfinden mußten und daß sie aus eigener Kraft fähig waren, ihre Lage zu verbessern. In der Prinzipienerklärung sahen sie das israelische Versprechen enthalten, sich vollständig aus den besetzten Gebieten zurückzuziehen, und die Bereitschaft, einen Prozeß einzuleiten, der mit der Gründung eines unabhängigen palästinensischen Staates im Gazastreifen und im Westjordanland – mit Ostjerusalem als Hauptstadt – enden würde. Das Ende der *Intifada* und der Beginn der friedlichen Koexistenz mit Israel würden außerdem – so hoffte man – der wirtschaftlichen Misere in den besetzten Gebieten ein Ende setzen.

Die beiden unterschiedlichen Interpretationen der Prinzipienerklärung – vor allem die unterschiedlichen Auffassungen über das Endziel des Prozesses – mußten unweigerlich zu Frustrationen auf beiden Seiten führen, sobald es an die konkrete Umsetzung der Prinzipien ging. Zahlreiche blutige Anschläge auf Busse, Marktplätze und andere zivile Ziele in Israel machten die Hoffnung der Israelis bald zunichte, daß der Friedensprozeß Sicherheit bedeute. Auch die Hoffnung auf eine Normalisierung der Beziehungen zu den arabischen Nachbarstaaten erfüllte sich nur teilweise: Lediglich mit Jordanien wurde am 25. Juli 1994 offiziell der Kriegszustand beendet; Einigungen mit Syrien und dem Libanon stehen immer noch aus, obgleich sich die israelische Armee im Mai 2000 einseitig aus ihren Stellungen im Nordlibanon zurückgezogen hatte, die sie zur Sicherung des israelischen Kernlandes vor Angriffen der Hisbollah-Miliz besetzt hatte.

Die Palästinenser ihrerseits erkannten bald, daß Israel nicht bereit war, die Kontrolle über die besetzten Gebiete vollständig der Palästinensischen Autonomiebehörde zu übertragen. Die Errichtung eines palästinensischen Staats war ebenfalls keine beschlossene Sache. Die Fortsetzung der israelischen Landenteignungs- und Siedlungspolitik sowie die Einschränkung der Bewegungsfreiheit der Palästinenser durch die Einrichtung von Absperrungen in Reaktion auf Anschläge führten zur Ernüchterung. Auch die Palästinensische Autonomiebehörde erfüllte in den Augen der Palästinenser nicht die in sie gesetzten Erwartungen: Lokale Strukturen aus der Zeit der *Intifada* wurden meist ignoriert oder bewußt übergangen, und die zurückgekehrte Exilführung erwies sich als mit den Verwaltungsaufgaben oft überfordert. Die Sperrung von Straßen und Grenzübergängen durch die israelischen Sicherheitskräfte, palästinensische Mißwirtschaft und geringe internationale Hilfeleistungen trugen dazu bei, daß in den Jahren nach Oslo der erhoffte Aufschwung der palästinensischen Wirtschaft ausblieb. Im Gegenteil: der Lebensstandard verschlechterte sich noch.

Die Enttäuschung trieb die Zahl der Skeptiker des Friedensprozesses auf beiden Seiten in die Höhe, und sie verschaffte denjenigen Gruppierungen Zulauf, die dem Oslo-Prozeß von vornherein ablehnend gegenübergestanden hatten. Dabei war dieser Trend in der palästinensischen Bevölkerung stärker als in der israelischen – vielleicht ein Anzeichen dafür, daß die Palästinenser als schwächere Partei in den Verhandlungen mehr Kompromisse hatten eingehen müssen als die Israelis.

Der Friedensprozeß wird vor allem von religiösen und nationalen Extremisten in Israel sowie von einer Mehrzahl der israelischen Siedler in den besetzten Gebieten abgelehnt. Säkulare Nationalisten halten die Besetzung des Gazastreifens und des Westjordanlandes für rechtmäßig: Schließlich habe Israel die Gebiete in Kriegen gewonnen, die als Verteidigung gegen arabische Angriffe gerechtfertigt gewesen seien. Aus strategischen Gründen sei eine Aufgabe der Kontrolle über diese Gebiete nicht vertretbar. Das Autonomieabkommen gefährde die Sicherheit Israels. Einer solchen Auffassung neigten – nach wiederholten terroristischen Anschlägen der Palästinenser – viele der zuvor gemäßigten Israelis zu. Für diese säkularen Gegner des Friedensprozesses ist eine Einigung mit den Palästinensern nur dann möglich, wenn tatsächlich alle Sicherheitsbedenken und strategischen Interessen Israels berücksichtigt werden.

Im Gegensatz dazu lehnen religiös motivierte Gegner des Friedensprozesses eine Einigung durch Kompromiß prinzipiell ab. Für sie kommt die Rückgabe heiligen Landes einer Verletzung göttlichen Willens gleich, die daher mit allen Mitteln verhindert werden muß. Die Fanatiker unter ihnen schrecken auch vor Gewalt und Mord nicht zurück. Im Februar 1994 erschoß der Siedler Baruch Goldstein 29 betende Palästinenser vor der Abrahamsmoschee in Hebron – und er selbst wurde von Palästinensern erschlagen. Die blutigen Auseinandersetzungen, die dieses Massaker nach sich zog, gefährdeten den Friedensprozeß ernsthaft. Aus einem ähnlichen Milieu religiöser Militanz wie Goldstein stammte Yigal Amir, der am 4. November 1995 Premierminister Yitzhak Rabin ermordete. Der Attentäter fühlte sich bestätigt von radikalen Rabbinern, die im Juli 1995 den militärischen Abzug aus dem Westjordanland als einen Verstoß gegen göttliches Recht gebrandmarkt hatten. Ungeachtet solcher Gewaltexzesse gab es aber auch jetzt noch Hoffnung, daß sich eine gemäßigte arabisch-israelische Koalition gegen den gewalttätigen Extremismus behaupten könnte – hiervon zeugten nicht zuletzt die Teilnahme zahlreicher führender arabischer Persönlichkeiten an Rabins Begräbnis, die glaubwürdigen Trauerbekundungen Arafats und das Mitgefühl der palästinensischen Bevölkerung.

Das palästinensische Lager der Friedensgegner spiegelt das israelische in vielerlei Hinsicht wider: Säkular-nationalistische Kräfte wie die DFLP, S'aiqa, PFLP, die arabische Befreiungsfront und die *Fatah*-Dissidenten lehnen nicht so sehr die Idee einer Eini-

Maskierte Angehörige der Fatah-Organisation marschieren am 29. März 1994 in Gaza-Stadt anläßlich einer Totenwache für sechs Fatah-Aktivisten, die am Vortag im Flüchtlingslager Jabaliya (Gazastreifen) von einer verdeckten Armeepatrouille getötet wurden. Foto: Michael Euler, SV-Bilderdienst

gung ab, sondern die Details der Abmachungen. Sie beschränken sich daher meist auf politischen Protest. Extreme Nationalisten wie die Terrorgruppe *Abu Nidal* und die PFLP-GC unter Ahmed Jibril hingegen verfolgen ebenso wie die *Izz-al-Din-al-Qassam-Brigade* (der militärische Arm der muslimischen Organisation *Hamas*) und die radikal-islamische Organisation *Islamischer Jihad* eine Strategie des Terrors, um den Friedensprozeß insgesamt zum Scheitern zu bringen. Ziel dieser Extremisten ist nach wie vor die «Befreiung ganz Palästinas». Tatsächlich gelang es den palästinensischen (zumeist islamischen) Terrorgruppen, mit Selbstmordkommandos und Bombenanschlägen, insbesondere auf öffentliche Busse und Marktplätze, die Friedensgespräche immer wieder zu unterbrechen und die Umsetzung der Abkommen zu verzögern.

Die Bombenattentate wirkten sich auch auf die politische Orientierung der israelischen Gesellschaft aus. Eine Anschlagsserie gegen Busse in Jerusalem, Ashkelon und Tel Aviv kurz vor den israelischen Wahlen im Frühjahr 1996, die mehr als fünfzig

Menschenleben und mehrere hundert Verletzte forderte, verhalf Benjamin Netanjahu und seiner Likud-Partei am 29. Mai 1996 zu einem knappen Wahlsieg (50,4 % der Stimmen). Shimon Peres, amtierender Premierminister und Architekt des Friedensprozesses, wurde von einem offenen Kritiker der Oslo-Vereinbarungen als Regierungschef Israels abgelöst.

Doch die Reaktionen der Palästinenser selbst auf die Terroranschläge ließen auch positive Anzeichen für den weiteren Verlauf des Friedensprozesses erkennen: Die blutigen Bilder und der Umstand, daß die Bomben vor allem viele Frauen und Kinder töteten, riefen nicht nur international, sondern auch in der palästinensischen Bevölkerung Ablehnung hervor. Auch Arafat und die gemäßigte PLO-Spitze verurteilten die Anschläge in der Öffentlichkeit regelmäßig scharf. Allerdings waren sie nicht imstande oder willens, die von den militanten Gegnern des Friedensprozesses ausgehende Gefahr einzuschränken. Mit Verlautbarungen an die eigene Bevölkerung und Maßnahmen wie der finanziellen Unterstützung der Familien sogenannter «Märtyrer» erweckte die palästinensische Führung zudem den Eindruck, daß sie der Gewalt als Mittel der politischen Auseinandersetzung nicht endgültig abgeschworen hatte.

Zugleich setzte der palästinensische Sicherheitsapparat auf regionaler Ebene die Zusammenarbeit mit Israel bei der Bekämpfung extremistischer Gruppen fort. Nach der Attentatsserie im Frühjahr 1996 fand beispielsweise ein arabisch-israelischer Anti-Terrorismus-Gipfel in Sharm el-Sheikh statt – ein Ereignis, das noch wenige Jahre zuvor völlig undenkbar gewesen wäre.

Die Aktionen der Terrorgruppen gefährdeten zwar den Fortgang des Friedensprozesses, konnten diesen aber gegen das Zusammenwirken der gemäßigten Kräfte beider Seiten zunächst nicht vollständig zum Scheitern bringen. Weniger blutig und publikumswirksam als der Terror, doch politisch letztlich brisanter waren die palästinensischen Massendemonstrationen, die sich während der Amtszeit Netanjahus (1996 bis Sommer 1999) häuften. Ursache für die Proteste und Ausschreitungen waren die enttäuschten Hoffnungen und schlechten Lebensbedingungen der palästinensischen Bevölkerung. Die Frustration vieler Menschen bedurfte meist nur eines geringen, symbolträchtigen Anlasses, um in Unruhen und blutige Auseinandersetzungen zwischen Palästi-

Siedler von Kfar Daromare bauen in Kissufim (Gazastreifen) eine neue Siedlung an der Stelle, an der bei einem Attentat auf einen Bus zwei Kinder getötet und 14 schwer verletzt wurden. Foto: André Brutmann, 20. 11. 2000

nensern und israelischen (teilweise palästinensischen) Sicherheitskräften zu münden. Brisant war hierbei nicht nur die Tatsache, daß die Protestbewegung unter den Palästinensern breiten Zuspruch erfuhr, sondern auch, daß sich die palästinensische Polizei – teilweise auch die palästinensische Führung – immer häufiger weigerte, für ein Ende der Unruhen zu sorgen.

Ein solcher symbolträchtiger Anlaß war die «Tunnelaffäre», bei der israelische Behörden im September 1996 einen aus hasmonäischer Zeit stammenden Tunnel unter dem Tempelberg öffnen ließen. Einige palästinensische Gruppierungen argumentierten, Ziel der Grabungen sei es, den darüberliegenden Felsendom und die *Al-Aqsa*-Moschee – nach Mekka und Medina die wichtigsten muslimischen Heiligtümer – zum Einsturz zu bringen und so Platz für den Bau eines neuen jüdischen Tempels zu schaffen. Diese lancierten Befürchtungen genügten, um Tausende von Palästinensern auf die Straßen (Ostjerusalems und anderer Städte) zu bringen und einen Generalstreik zu provozieren.

Ein anderer Streitpunkt, der immer wieder für Krawalle sorgte, war die Siedlungspolitik der Regierung Netanjahu. Der Ausbau der jüdischen Siedlungen im Gazastreifen und im Westjordanland und die damit verbundene Enteignung von palästinensischem Land waren zwar auch unter Rabin und Peres fortgesetzt worden, doch hatte man beispielsweise durch die Verhängung eines Baustopps für neue Siedlungen zumindest symbolisch den Forderungen der Palästinenser entsprochen. Netanjahu dagegen erhob den Siedlungsausbau zum offiziellen Regierungsziel, hob sämtliche Baurestriktionen wieder auf und unterstützte einige besonders umstrittene Projekte. Vor allem die Billigung einer neuen Siedlung namens Har Homa auf einem Hügel außerhalb Ostjerusalems – den die Palästinenser Jebel Abu Ghneim nennen – am 19. Februar 1997 führte zu Unruhen, die diesmal internationale Proteste gegen die Siedlungspolitik auslösten und die PLO zum Abbruch der Verhandlungen veranlaßten.

10. Die *Al-Aqsa-Intifada* und das Ende des Oslo-Prozesses

Im Herbst 2000 brachen im Gefolge des Besuchs des damaligen Oppositionsführers Ariel Scharon auf dem Tempelberg schwere Unruhen aus. Auf dem Tempelberg befinden sich der Felsendom und die *Al-Aqsa*-Moschee – zwei der bedeutendsten Heiligtümer der muslimischen Welt. Scharons unter massivem Polizeischutz unternommener Besuch wurde von den Palästinensern als Machtdemonstration der Besetzer empfunden, das Vorgehen der Sicherheitskräfte gegen Demonstranten als übermäßig hart. Am Tag nach dem Besuch Scharons wurden bei Zusammenstössen zwischen Demonstranten und israelischen Soldaten sieben Palästinenser getötet, in den folgenden Tagen fanden in verschiedenen Orten Israels und in den besetzten Gebieten Proteste statt, die oftmals in gewalttätige Auseinandersetzungen mündeten. Die Gewalt ging sowohl von Palästinensern als auch von Israelis aus. So kam es an Yom Kippur in mehreren israelischen Städten zu Ausschreitungen gegen die arabische Bevölkerung. Zugleich gingen die israelische Armee und Sicherheitskräfte mit massiver Gewalt gegen palästinensische Demonstranten vor: Bis zum

3. Oktober wurden 55 Palästinenser von israelischen Soldaten getötet, bis zum Jahresende stieg die Zahl der in den besetzten Gebieten getöteten Palästinenser auf über 250. Auch viele Israelis verloren ihr Leben, darunter zwei israelische Soldaten, die von einem palästinensischen Mob auf grausame Weise gelyncht wurden, nachdem sie sich in den Autonomiegebieten verfahren und in eine palästinensische Polizeistation in Ramallah gebracht worden waren. Neben israelischen Soldaten waren auch Siedler in den besetzten Gebieten Opfer von Anschlägen, die Gewalt richtete sich bald auch gegen die Bevölkerung des israelischen Kernlandes. Der Beginn dieser sogenannten *Al-Aqsa-Intifada* am 29. September 2000 markiert das Ende des (Oslo-)Friedensprozesses.

Israel beantwortete in der Folgezeit die gewalttätigen Proteste und Angriffe auf israelische Soldaten und Siedler mit großer Härte: Unter Einsatz schwerer Waffen ging die Armee gegen palästinensische Gewalttäter und oft auch Demonstranten vor, sie beschoß als Vergeltung für Angriffe palästinensische Ortschaften mit Artillerie und Kampfhubschraubern. Darüber hinaus begannen die israelischen Streitkräfte, Palästinenser, bei denen die Verwicklung in Attentate oder deren Vorbereitung als erwiesen angesehen wurde, durch gezielte Einsätze zu exekutieren, sofern ihre Gefangennahme nicht möglich war. Im Zuge dieser Angriffe kamen oftmals auch unbeteiligte Zivilisten ums Leben. Zugleich hinderte die Abriegelung der Autonomiegebiete – zum Schutz des israelischen Kernlandes vor palästinensischen Terroristen – die 110000 in Israel und den Siedlungen beschäftigten Palästinenser (22 % aller arbeitsfähigen Palästinenser in den besetzten Gebieten) daran, zu ihren Arbeitsplätzen zu gelangen. Auch der Außenhandel, der nahezu 80 % des Bruttosozialprodukts in den Autonomiegebieten ausmacht, und der Waren- und Personenverkehr zwischen Gazastreifen und Westjordanland wurden durch die Blockade massiv eingeschränkt. Für die Bevölkerung der Autonomiegebiete bedeutete die Abriegelung eine drastische Verschlechterung ihrer ohnehin prekären ökonomischen Lage – bis zum April 2001 sank das durchschnittliche Haushaltseinkommen um fast 50 %. Damit wurde die Autonomiebehörde neben der militärischen Konfrontation auch durch die ökonomische Not der Bevölkerung unter Druck gesetzt.

Ein auf Vermittlung des amerikanischen Präsidenten Clinton am 16. Oktober 2000 von Barak und Arafat während des Nahostgipfels in Kairo gemeinsam veröffentlichter Aufruf, die Gewalt zu beenden, zeigte nur kurzfristig Wirkung: Am 20. Oktober kam es im Westjordanland erneut zu Kämpfen zwischen der israelischen Armee und Palästinensern. Am 22. Oktober erklärte Ministerpräsident Ehud Barak den Friedensprozeß für «ausgesetzt». Erneute Friedensverhandlungen in Camp David (seit dem 18. Dezember) scheiterten am 8. Januar 2001, nachdem die palästinensische Delegation den von Clinton vorgeschlagenen Friedensplan zurückgewiesen hatte.

Am 6. Februar wurde der israelische Premierminister Barak abgewählt. Innenpolitisch war er, nachdem ein Ende der Gewalt nicht absehbar und der von ihm eingeschlagene Verhandlungsweg als gescheitert betrachtet werden mußte, zunehmend unter politischen Druck geraten. Die Bevölkerung wünschte zwar grundsätzlich weiterhin eine Fortsetzung des Friedensprozesses, verlangte zugleich jedoch nach einer harten Politik gegenüber Gewalttätern. Vor diesem Hintergrund kündigte Barak am 28. November 2000 vorgezogene Neuwahlen an und erklärte am 9. Dezember seinen Rücktritt als Premier. Die darauf folgenden Wahlen verlor er deutlich gegen seinen Herausforderer Ariel Scharon von der Likud Partei (62,6 % zu 37,2 %). Scharon trat am 7. März 2001 sein Amt als Premierminister an. Seine erste Koalitionsregierung umfaßte sieben Parteien, wobei auch die Arbeitspartei mit Shimon Peres (Außenminister) und Benjamin Ben-Eliezer (Verteidigungsminister) wichtige Regierungsämter erhielt.

Die Spirale der Gewalt und Gegengewalt setzte sich fort: Nachdem am 14. Februar ein in den besetzten Gebieten lebender palästinensischer Busfahrer in Israel sein Fahrzeug in eine wartende Menschenmenge gesteuert und acht Menschen getötet hatte, riegelte die israelische Armee am selben Tag die besetzten Gebiete vollständig ab. Am 17. April kam es im Gazastreifen erstmals seit dem Ausbruch der *Al-Aqsa-Intifada* zur Besetzung eines von der Autonomiebehörde kontrollierten Gebiets durch die israelische Armee. Palästinenser hatten von dort aus eine israelische Stadt mit Granaten beschossen. Durch die Schließung der Grenzübergänge und die Errichtung von Straßensperren teilte Israel den Gazastreifen faktisch in drei Teile. Darüber hinaus attackierte die israelische Armee vermehrt Einrichtungen der palästinensischen Sicherheitskräfte, die der Kollaboration mit terroristischen Organisationen beschuldigt wurden.

Die (vorläufige) Bilanz der Auseinandersetzungen ist erschütternd: Mehr als 2000 Palästinenser wurden zwischen dem 29. September 2000 und Ende Mai 2003 von israelischen Sicherheitskräften getötet; infolge der israelischen Angriffe in den besetzten Gebieten entstanden massive Schäden an Gebäuden, Fabriken und öffentlichen Einrichtungen: Die Weltbank schätzt allein die seit dem Ausbruch der *Al-Aqsa-Intifada* bis Ende August 2002 in den Autonomiegebieten entstandenen Schäden an Infrastruktur, öffentlichen und privaten Gebäuden und landwirtschaftlich genutzten Flächen und Gebäuden auf über 720 Millionen US$.

Als Reaktion auf die israelischen Militäraktionen radikalisierte sich der Widerstand der Palästinenser. Steinewerfende Kinder und Jugendliche – aber auch die palästinensische Polizei mit ihren leichten Waffen – unterliegen in der direkten Konfrontation mit der israelischen Armee, doch – so das Kalkül der radikalen Gruppen – gelingt es Israel nicht, die eigene Bevölkerung im Kernland und in den Siedlungen wirkungsvoll vor Heckenschützen und Selbstmordattentätern zu schützen. Selbst die Drohung mit massiven Vergeltungsschlägen, die im Oktober 2001 erneut aufgenommene Praxis, die Häuser der Familien der als Terroristen verdächtigten Palästinenser zu zerstören, und die gezielte Tötung führender Mitglieder radikaler palästinensischer Organisationen verfehlte eine abschreckende Wirkung. Auch hier ist die (vorläufige) Bilanz verheerend: Bis Ende Mai 2003 kamen über 700 Israelis durch von Palästinensern verübte Anschläge ums Leben. Die palästinensischen Anschläge nahmen stetig an Brutalität zu – ihr bevorzugtes Ziel wurde die Zivilbevölkerung im israelischen Kernland.

Die Gewalt eskalierte auf diese Weise durch wechselseitige «Vergeltungsaktionen»; immer wieder vereinbarte Waffenstillstände, wie der vom Direktor des amerikanischen Geheimdienstes CIA George Tenet im Juni 2001 vermittelte, wurden meist nach kurzer Zeit von einer der beiden Konfliktparteien gebrochen. Die israelische Regierung unter Premierminister Scharon machte eine längere, vollkommene Waffenruhe und ein erfolgreiches Vorgehen der palästinensischen Autonomiebehörde gegen terroristische Aktivitäten jedoch zur Vorbedingung für die Wiederaufnahme ernsthafter Friedensverhandlungen.

Zur Eskalation der Situation trug auch die (fehlende) Nahostpolitik des seit Januar 2001 amtierenden amerikanischen Präsidenten George W. Bush jr. bei. Im Gegensatz zu seinem Amtsvorgänger Clinton bemühte sich Bush zunächst kaum um eine Vermittlung zwischen den Konfliktparteien. Er betrachtete Clintons Nahost-Politik als verfehlt und wollte seiner Administration ein ähnliches Scheitern ersparen. Als es im Sommer 2001 zu brutalen Anschlägen in Jerusalem kam und Palästinenser wie Israelis dringend amerikanische Vermittlung wünschten, übte sich die Bush-Administration in Zurückhaltung. Erst nach den Anschlägen auf das World Trade Center und das Pentagon am 11. September 2001 änderte sich die amerikanische Politik. Der israelisch-palästinensische Konflikt wurde nun als «Rechtfertigungskonflikt» für den internationalen Terrorismus erkannt. Eine Deeskalation war im dringenden amerikanischen Interesse – auch weil sich der Präsident eine arabische Unterstützung seines weltweiten Kampfes gegen den Terror wünschte: Am 2. Oktober sprach sich der Präsident für die Schaffung eines unabhängigen palästinensischen Staates aus.

Unter dem Druck des amerikanischen Präsidenten und seines Außenministers Colin Powell kam es in der Folge zu direkten Verhandlungen zwischen Arafat und dem israelischen Außenminister Peres. Beide einigten sich (erneut) auf die Durchführung «vertrauensschaffender Maßnahmen» und einen vorläufigen Waffenstillstand. Arafat hatte bereits kurze Zeit nach den Anschlägen vom 11. September einen einseitigen Waffenstillstand ausgerufen und seine Sicherheitskräfte angewiesen, für dessen Durchsetzung zu sorgen. Diese waren jedoch trotz einiger Festnahmen nur wenig erfolgreich: Nachdem es über mehrere Tage hinweg zu Anschlägen militanter Palästinenser auf israelische Bürger kam, besetzte die israelische Armee Anfang Oktober Teile des Westjordanlandes. Auch eine nach der Vorlage eines Friedensplans durch die Bush-Administration am 9. Oktober erreichte Entspannung blieb nur von kurzer Dauer: Am 14. und 15. Oktober tötete die israelische Armee palästinensische Aktivisten; am 17. Oktober wurde der israelische Tourismusminister Rehavam Zeevi in Jerusalem von einem palästinensischen Attentäter erschossen. Israel verlangte die umgehende Auslieferung der für die Tat Verantwortlichen und ein Verbot radikaler palästinensischer Organisationen – Bedingungen, die zu erfüllen sich die Autonomiebehörde außerstande sah.

Statt dessen wiederholten sich gegenseitige Vergeltungsschläge und gebrochene Waffenruhen; mehrmals bemühten sich europäische und amerikanische Politiker, insbesondere der britische Premierminister Tony Blair und der Gesandte der amerikanischen Regierung Anthony Zinni, vergeblich darum, ein Ende der Gewalt zu erreichen und damit eine Grundlage für Friedensverhandlungen zu schaffen. Auch die im Februar 2002 lancierte Friedensinitiative des saudi-arabischen Kronprinzen Abdullah, der für den Fall eines israelischen Rückzugs auf die Positionen vor Beginn des Sechs-Tage-Krieges eine diplomatische Anerkennung Israels durch die arabischen Staaten in Aussicht stellte, scheiterte angesichts der fortgesetzten Gewalt.

Die Belagerung Yassir Arafats in seinem Regierungssitz in Ramallah verschärfte die Situation weiter. Die Bewegungsfreiheit Arafats war schon zuvor eingeschränkt – bereits Weihnachten 2001 wurde ihm die Teilnahme an der Christmette in Bethlehem verweigert. Auch waren Gebäude der Autonomiebehörde seit langem das Ziel israelischer Angriffe. Am 29. März wurde sein Regierungssitz jedoch im Rahmen der Militäroperation «Defensive Shield», deren erklärtes Ziel die Zerschlagung der «terroristischen Infrastruktur» in den besetzten Gebieten war, direkt von israelischen Einheiten umstellt, die mit dieser Belagerung die Auslieferung von als Terroristen verdächtigten Palästinensern erreichen wollten. Die Belagerung endete erst am 1. Mai; zuvor hatte Arafat sechs der mutmaßlichen Terroristen in einem Schnellverfahren verurteilen lassen. Während der insgesamt sechs Wochen andauernden Militäroperation – die israelische Armee besetzte in dieser Zeit alle größeren Städte in den palästinensischen Gebieten – entstanden erhebliche Schäden an von der Autonomiebehörde genutzten Gebäuden, und eine große Zahl von Palästinensern wurde verhaftet. Eine erneute Belagerung Arafats zur Erzwingung der Auslieferung mutmaßlicher Terroristen endete nach wachsenden internationalen Protesten am 29. September 2002 nach 11 Tagen.

Bereits im Frühsommer 2002 kündigte Arafat – als Reaktion auf wachsende Unzufriedenheit der unter der wirtschaftlichen und politischen Entwicklung leidenden palästinensischen Bevölkerung – Neuwahlen zum Parlament, zum Amt des Präsidenten der Autonomiebehörde und eine grundlegende Reform der politischen Ordnung an. Insbesondere die Verwaltung und die Sicherheitsdienste sollten demokratisiert, die Korruption bekämpft werden. Da es zunächst bei bloßen Ankündigungen blieb, handelten Arafats Kritiker. Der Vorsitzende erlitt im Juni eine schwere politische Niederlage. Der Legislativrat zwang die von ihm kurz zuvor umgebildete Regierung mit der Androhung eines Mißtrauensvotums zum Rücktritt. Die Neuwahlen wurden für Anfang 2003 festgesetzt, schließlich jedoch auf unbestimmte Zeit verschoben: Unter den Bedingungen einer fortdauernden gewaltsamen Besetzung durch die israelische Armee, so argumentierte die palästinensische Führung, sei die Abhaltung freier Wahlen in den Autonomiegebieten nicht möglich.

Auch in Israel kam es im Januar 2003 zu Neuwahlen zur Knesset. Die Arbeitspartei hatte die Regierungskoalition unter Ministerpräsident Scharon am 30. Oktober 2002 verlassen. Anlaß für den Bruch waren die Haushaltsberatungen, in denen die Arbeitspartei eine deutliche Reduzierung der für die Siedlungen (in den besetzten Gebieten) veranschlagten Mittel und deren Einsatz für soziale Ausgaben im Kernland forderte; ihr Verbleiben in der Regierung machte sie von der Erfüllung dieser Forderungen abhängig. Da die Arbeitspartei seit ihrem Eintritt in die Regierung Scharon bereits weitaus schmerzhaftere Kompromisse eingegangen war, vermuteten viele Kommentatoren, daß der Bruch der Koalition in diesem Fall bewußt in Kauf genommen wurde. Im Wahlkampf vertrat der Spitzenkandidat der Arbeitspartei, ein ehemals hoher Offizier und Bürgermeister von Haifa, Amram Mitzna, eine gemäßigtere Politik gegenüber den Palästinensern: Eine erneute Beteiligung seiner Partei an der Regierung knüpfte er an diesbezügliche Zugeständnisse des Likud. Für die Arbeitspartei zahlte sich diese «Friedensposition» nicht aus: Sie verlor Stimmen und fand sich in der Opposition wieder, nachdem Mitznah seine Position innerparteilich zwar durchgesetzt, aber Scharon daraufhin eine Koalition des Likud mit religiösen Parteien und der betont säkularen Schinui-Partei geschlossen hatte.

Auch offiziell verabschiedete sich die israelische Regierung nun vom Oslo-Prozeß. Schon Anfang Dezember 2002 hatte Scharon eine detaillierte öffentliche Darstellung seiner Überlegungen zur Gestaltung eines möglichen Friedensschlusses gegeben: Den Palästinensern stellte er dabei zwar einen eigenen Staat in Aussicht, dieser sollte jedoch nur 42 % des Westjordanlandes und 70 % des Gazastreifens umfassen und nicht über eine eigene Armee verfügen. Zudem forderte Scharon (erneut) die Absetzung Arafats als Vorbedingung für die Aufnahme ernsthafter Friedensverhandlungen. Die palästinensische Führung wies diesen Vorschlag umgehend zurück.

Der Oslo-Prozeß war durch die Eskalation der Gewalt, die weitgehende Zerstörung der palästinensischen Infrastruktur und die Entmachtung ihrer Führung zum vollständigen Erliegen gekommen. Scharons Vorschläge machten zudem auch deutlich, daß der israelischen Regierung an einer Rückkehr zu diesem Prozeß nicht gelegen war. Der Oslo-Prozeß war damit beendet.

Erst mit der Veröffentlichung der *Roadmap for Peace* durch die USA, die Vereinten Nationen, die Europäische Union und Rußland im Mai 2003 hat ein neuer Prozeß begonnen, an dessen Ende ein umfassender Friede im Nahen Osten stehen soll. Dieser – amerikanisch dominierte – «Fahrplan für den Frieden» sieht den Abschluß eines Friedensvertrages zwischen Israel und den Palästinensern sowie die Gründung eines unabhängigen palästinensischen Staates in drei Phasen bis 2005 vor. Ende Mai 2003 hatten sowohl die palästinensische Regierung unter dem neuen Ministerpräsidenten Mahmud Abbas als auch das Kabinett von Ministerpräsident Ariel Scharon diesen Friedensplan grundsätzlich als Verhandlungsgrundlage akzeptiert.

11. Die Lage in den palästinensischen Autonomiegebieten

Die Situation in den Autonomiegebieten unterlag während des Oslo-Prozesses einer ständigen Veränderung. Nachdem im Oslo-Abkommen vom 13. September 1993 die Grundsätze für weitere Verhandlungen über einen endgültigen Friedensschluß und für die Implementierung einer autonomen Selbstverwaltung der Palästinenser in den besetzten Gebieten vereinbart worden waren, einigten sich Palästinenser und Israelis in den Vereinbarungen «Oslo I» und «Oslo II» auf konkrete Maßnahmen, insbesondere im Hinblick auf die Zuständigkeiten in den besetzten Gebieten.

«Oslo I», das sogenannte «Gaza-Jericho-Abkommen» vom 4. Mai 1994, legte den Grundstein für den Aufbau einer autonomen palästinensischen Selbstverwaltung; in «Oslo II» vereinbarten die Vertragspartner grundlegende Regelungen für den weiteren Abzug (die Umgruppierung) der israelischen Truppen.

Nach der Implementierung von «Oslo II», der letzten Vereinbarung der Interimsphase, ergab sich eine Teilung des Territoriums der seit 1967 besetzten Gebiete (ohne Ostjerusalem, denn die Jerusalemfrage blieb den Verhandlungen für den endgültigen Status vorbehalten) in drei Zonen und – damit verbunden – eine entsprechende Aufteilung der Kompetenzen:

Zone A unterlag der palästinensischen Verwaltung; aus ihr zogen sich das israelische Militär und die israelische Zivilverwaltung zurück. Die palästinensischen Institutionen verfügten dort über alle Kompetenzen, die ihnen in den verschiedenen Verträgen zugestanden worden waren. Das bedeutete, daß die Autonomiebehörde weitgehend die Aufgaben der Zivilverwaltung erfüllte und auch für die Wahrung der Sicherheit und der öffentlichen Ordnung zuständig war. Die von der Palästinensischen Autonomiebehörde eingerichtete Polizei und die rechtsprechenden Organe hatten allerdings auch in Zone A keine Jurisdiktion über Siedler und israelische Staatsbürger. Zone A bestand aus dem Gazastreifen (mit Ausnahme der israelischen Siedlungen und Militäreinrichtungen) und den palästinensischen Bevölkerungszentren des Westjordanlandes, den Städten Jericho, Jenin, Nablus, Tulkarm, Kalkilya, Ramallah und Bethlehem. (Für Hebron mit seinem schwierigen Verhältnis zwischen der palästinensischen Bevölkerung und der kleinen Gruppe von jüdischen Siedlern wurden im Hebron-Protokoll besondere Vereinbarungen getroffen, so daß hier die israelischen Sicherheitskräfte nach wie vor für die Sicherheit der etwa 500 Siedler zuständig waren und zu diesem Zweck in der Stadt stationiert blieben). Nachdem israelische Truppen dem «Sharm-el-Sheikh-Memorandum» entsprechend umgruppiert worden waren, gehörten 11,1 % des Westjordanlandes zur Zone A.

In Zone B teilten sich die Palästinenser und Israel die Verantwortung für die Sicherheit, während die zivilen Verwaltungskompetenzen der Palästinensischen Autonomiebehörde zukamen. Die in Gebieten der Zone B stationierte palästinensische Polizei sorgte hier im Normalfall für die Wahrung der öffentlichen Ordnung und übte polizeiliche Alltagsfunktionen aus. Die israelischen Sicherheitskräfte zogen zwar ab, sie behielten aber gleichzeitig die Gesamtverantwortung. Sie konnten jederzeit eingreifen, wenn sie die Sicherheit der israelischen Staatsbürger und Siedler bedroht sahen. Zone B bestand aus den nicht zu Zone A gehörenden Städten und Dörfern sowie aus landwirtschaftlichen Nutzflächen und machte etwa 29% der Fläche des Westjordanlandes aus, auf der allerdings 68% der palästinensischen Bevölkerung lebten.

Zone C schließlich umfaßte unbewohnte Regionen sowie jüdische Siedlungen und Gebiete, die für Israel aus strategischen Gründen besonders wichtig sind – vor allem Straßen und Verbindungswege. Hier wurden keine Verantwortung in Sicherheitsfragen und nur sehr begrenzt Kompetenzen im zivilen Bereich abgegeben. Dieses Gebiet, über das Israel bis auf einige eher symbolische Ausnahmen während der Interimsphase volle Kontrolle behielt, macht etwa 60% der Fläche des Westjordanlandes und 20% des Gazastreifens aus. Auch wenn hier nur wenige Palästinenser lebten, hatte die israelische Hoheit über das Gebiet weitreichende Auswirkungen auf die palästinensische Bevölkerung: Wasserreservoirs, Infrastruktur jeder Art und die Bewegungsfreiheit zwischen den einzelnen A- und B-Gebieten wurden von israelischen Institutionen (vor allem der Armee) kontrolliert.

Zur Ausübung dieser Selbstverwaltungskompetenzen in den Autonomiegebieten wurde nach Abschluß des «Gaza-Jericho-Abkommens» im Mai 1994 die Palästinensische Autonomiebehörde gegründet; bereits Ende Juni wurde die erste Kabinettssitzung in Gaza abgehalten. Im Abkommen über die vorläufige Übertragung von Kompetenzen an die Autonomiebehörde vom 29. August 1994 wurden ihr die Bereiche Erziehung und Kultur, Gesundheits- und Sozialwesen, Tourismus, direkte Besteuerung sowie innere Ordnung und Sicherheit für die palästinensischen Bewohner der Autonomiegebiete übertragen; ein Jahr später kamen die Bereiche Arbeitsverwaltung, Gas und Öl, Handel, Industrie und Landwirtschaft, Lokalverwaltung, Versicherungs- und Postwesen und statistische Datenerfassung dazu.

Unklar blieb zunächst, ob «Palästina» als Staat existiert oder nicht. Bereits 1988 hatte der Palästinensische Nationalrat, das «Exilparlament» der PLO, die Ausrufung eines palästinensischen Staates beschlossen, Arafat als Vorsitzender der PLO hatte diesen Beschluß nach außen vertreten und mit Unterstützung der internationalen Gemeinschaft dafür geworben. Der Oslo-Prozeß eröffnete nun weitere Möglichkeiten. Tatsächlich wurde der «Staat» von über 120 Staaten anerkannt und verfügte schon bald neben den symbolischen Attributen der Fahne, einer Hymne, der palästinensischen Briefmarken, Nummernschilder und Reisepässe auch über mehr funktionierende Institutionen als manch anderes als Staat geltendes Gebilde. Dennoch scheint die palästinensische Führung selbst sich nicht als Regierung eines Staates zu begreifen: Zumindest hatte Arafat lange Zeit die (erneute) Ausrufung eines palästinensischen Staates bei Ablauf der Interimsphase angekündigt, von diesem Vorhaben aus politischen Gründen aber dann doch Abstand genommen.

a) Institutionen der Autonomiegebiete und der PLO

Mit der Unterzeichnung des «Gaza-Jericho-Abkommens» 1994 veränderten sich die Rahmenbedingungen für die palästinensische Politik grundlegend: Vor Beginn des Friedensprozesses beanspruchte die Palästinensische Befreiungsorganisation (PLO) für sich den Vertretungsanspruch für die Palästinenser und bildete eine Art «Regierung» in der Diaspora, deren Führungsanspruch einer formellen Legitimationsgrundlage entbehrte und bei weitem nicht von allen Seiten akzeptiert wurde. Mit den Osloer Verträgen wurde die PLO von Israel als Verhandlungspartner akzeptiert, kehrte in die besetzten Gebiete zurück und wurde von der Besatzungsmacht autorisiert, Regierungsfunktionen zu übernehmen und regierungsähnliche Institutionen aufzubauen.

Seither existiert ein palästinensisches politisches Gemeinwesen, das von Widersprüchen geprägt ist und dessen Wesen nur schwer zu bestimmen ist. Dazu trägt bei, daß neben der neu eingerichteten Palästinensischen Autonomiebehörde auch die PLO mit ihren

Gremien weiter existiert und Funktionen ausübt. Da zudem viele führende Politiker, allen voran Arafat, verschiedene Positionen in Personalunion übernommen haben, ist eine klare Abgrenzung der Institutionen und Kompetenzen nicht immer möglich. Hinzu kommt, daß im Mai 1999 die Interimsphase offiziell auslief (sie war in den Verträgen strikt auf fünf Jahre begrenzt gewesen), ohne daß eine Einigung über den endgültigen Status getroffen oder die Interimsphase offiziell verlängert worden wäre. Die palästinensischen Autonomieinstitutionen arbeiteten daher seit dem Frühjahr 1999 ohne rechtliche Grundlage.

Während der Interimsphase koexistierten die politischen Institutionen der Palästinensischen Befreiungsorganisation (PLO) mit denen der Palästinensischen Autonomiebehörde (PA). Der Autonomiebehörde wurden in den verschiedenen Umsetzungsabkommen zur Osloer Prinzipienerklärung einige Selbstverwaltungskompetenzen in den Bereichen der zivilen Verwaltung sowie der inneren Ordnung und Sicherheit übertragen. Explizit ausgenommen von den Zuständigkeiten der PA waren dagegen weitgehend alle Außenbeziehungen und internationalen Kontakte. Für diese Bereiche, zu denen auch die weiteren Verhandlungen mit Israel im Rahmen des Friedensprozesses gehören, blieb daher weiterhin die PLO zuständig. Auch im Vertretungsanspruch unterscheiden sich beide Einrichtungen: Während die Autonomiebehörde lediglich die Palästinenser vertritt, die in den besetzten Gebieten leben, versteht sich die PLO nach wie vor als einzig legitime Vertreterin aller Palästinenser weltweit.

Im Falle der PLO legt das sogenannte Grundgesetz der Palästinensischen Befreiungsorganisation, ein Annex der Nationalcharta, die institutionelle Struktur der Organisation und die Funktionen und Kompetenzen der einzelnen Organe fest. Das «Parlament» der PLO ist der Palästinensische Nationalrat (*Palestinian National Council*, PNC). Seine etwa 600 Mitglieder vertreten nach einem bestimmten Schlüssel alle politischen Fraktionen und Organisationen der PLO. Das Gremium trifft grundlegende Entscheidungen wie z. B. die Verabschiedung der palästinensischen Unabhängigkeitserklärung 1988 oder die Änderung der Charta der PLO.

Der Nationalrat wählt die Exekutive der PLO, das sogenannte Exekutivkomitee, das 18 Mitglieder hat und alle politischen Tagesentscheidungen trifft. Ähnlich wie eine Regierung über Ministerien verfügt, hat das Exekutivkomitee eine Reihe von Abteilungen – für Erziehung, Gesundheit, Information, Militär etc. –, die sich in ihrer Arbeit auf bestimmte Sachbereiche konzentrieren. Dem Exekutivkomitee ist als beratendes Organ seit 1973 das Zentralkomitee beigeordnet, das den Nationalrat vertritt, wenn dieser nicht tagt. Der Vorsitzende des Exekutivkomitees hat eine besonders wichtige Position innerhalb der Befreiungsorganisation inne. Seit 1969 nimmt Yassir Arafat diese Rolle ein; er wurde zuletzt 1996 in Wahlen bestätigt.

Yassir Arafat, der sich den «nom de guerre» Abu Ammar gab, spielt trotz seines Macht- und Ansehensverlustes eine herausragende Rolle in der palästinensischen Politik – zeitweise kursierte sogar der Ausspruch *L'Etat, c'est Arafat*.

Offiziell trägt Arafat den Titel *Ra'is*. Dieser Titel umschreibt seine Führungsposition in der Autonomiebehörde und wurde während der Oslo-Friedensverhandlungen als Kompromißlösung für seine Amtsbezeichnung gewählt, da der arabische Begriff sich gleichzeitig als «Vorsitzender» und «Präsident» übersetzen läßt. Der *Ra'is* konzentrierte lange Zeit so viel Macht in seinen Händen, daß – den demokratischen Strukturen zum Trotz – das politische System eher als ein «patrimoniales» oder «neopatrimoniales» denn als ein wirklich demokratisches bezeichnet werden konnte.

Seine Macht und seinen Einfluß stützt Arafat einerseits auf sein persönliches Charisma und seine historische Führungsrolle im palästinensischen Befreiungskampf, andererseits auf seine Stellung innerhalb des komplexen palästinensischen Institutionensystems: Er vereinte – und vereint zum Teil noch immer – eine Reihe von Führungsrollen in verschiedenen Organisationen und Komitees auf sich.

Um Arafats Leben ranken sich viele Legenden. Geboren wurde er 1929, vermutlich in Kairo, wo sich seine Eltern nach ihrem Wegzug aus Jerusalem 1927 niedergelassen hatten. Nach dem Tod seiner Mutter lebte Arafat in den 1930er Jahren für einige Zeit bei Verwandten in Jerusalem. Dort erlebte er den Beginn der arabischen Aufstände gegen die Briten, zog aber 1936 zurück nach Kairo zu seinem Vater, der erneut geheiratet hatte. 1953 schloß er sich der Palästinensischen Studentenorganisation an der Universität Kairo an; bald darauf übernahm er deren Führung. In den 1950er Jahren gründete er mit einigen weiteren palästinensischen Studenten *Fatah*, deren offizieller Sprecher er 1968 wurde. Er verstand es, sein politisches Geschick nicht nur innerhalb der Organisation einzusetzen, sondern sich auch öffentlichkeitswirksam zu präsentieren: Dem ägyptischen Premierminister General Nagib überreichte er 1953 eine von den Studenten der *Fatah* mit Blut unterzeichnete Petition mit der Bitte, Ägypten möge sich für die palästinensische Sache einsetzen; das arabische Kopftuch, die *kufiyya* – seither sein Markenzeichen –, trug er erstmals 1968 auf einer internationalen Studentenkonferenz in Prag, wo er mit diesem Auftreten erhebliche Aufmerksamkeit erregte.

Als *Fatah* zur dominanten Kraft innerhalb der 1964 gegründeten PLO aufstieg, wurde Arafat 1969 zum Vorsitzenden ihres Exekutivkomitees gewählt und in dieser Position immer wieder bestätigt. Seit 1973 ist er außerdem Oberkommandierender der palästinensischen Streitkräfte. 1989, knapp ein Jahr nach der Ausrufung des palästinensischen Staates, wurde er vom Zentralkomitee des Nationalrats zum «Präsidenten» Palästinas gewählt. Auch wenn die Regierung nie formell konstituiert wurde, trägt Arafat den Titel bis heute.

Mit Beginn des Friedensprozesses kamen zu diesen Positionen weitere hinzu. So fungiert Arafat seit Einrichtung der Autonomiebehörde als deren Vorsitzender und wurde in diesem Amt durch die Wahlen in den besetzten Gebieten 1996 demokratisch legitimiert. Als Vorsitzender leitet er die wichtigen Sitzungen der palästinensischen Führung und sitzt zahlreichen Gremien vor. Wichtig für seine Machtstellung war bisher, daß die Leiter aller Sicherheitsdienste ihm persönlich verantwortlich waren. Ein ausgedehntes System der politischen Patronage, für das politische Posten sowie Stellungen innerhalb der Sicherheitskräfte verwendet wurden, festigte seine Stellung. Diese Stellung im Zentrum der politischen Macht ist seit Beginn seiner politischen Karriere kennzeichnend für Arafat: Stets verstand er es, sich einerseits mit Beratern zu umgeben, die sich eher durch Loyalität als durch Sachverstand auszeichneten, andererseits mögliche politische Konkurrenten gegeneinander auszuspielen, um sich auf diese Weise als unangefochtener und die rivalisierenden Gruppierungen einigender politischer Führer der Palästinenser zu präsentieren.

Der Aufbau der palästinensischen Autonomieverwaltung reproduzierte dieses Muster. Einer der Gründe, warum Arafat seine Machtstellung dergestalt ausbauen konnte, ist die Existenz der vielen Institutionen, deren Aufgaben und Kompetenzen nicht klar voneinander abgegrenzt sind. Die Unterzeichnung eines palästinensischen «Grundgesetzes», das den verschiedenen Organisationen klare Aufgaben zuweist, eine Gewaltenteilung durchsetzen und die Grundrechte der Palästinenser festschreiben sollte, verzögerte Arafat jahrelang: 1997 vom palästinensischen Legislativrat verabschiedet, wurde es von Arafat erst im Mai 2002 in Kraft gesetzt – auf massiven Druck der palästinensischen Bevölkerung, die nach mehrwöchigen israelischen Militäraktionen in den Autonomiegebieten der Regierung Unfähigkeit und Korruption vorwarf und grundlegende demokratische Reformen verlangte. Zuvor hatten die Institutionen der palästinensischen Autonomiegebiete keine unabhängige Legitimität erlangen können und mußten immer wieder auf Arafat als übergeordnete Instanz zur Beilegung ihrer Kompetenzstreitigkeiten zurückgreifen.

Mit der Unterzeichnung des palästinensischen Grundgesetzes kündigte Arafat Maßnahmen an, die die Gewaltenteilung innerhalb der Autonomiegebiete und die Unabhängigkeit der Gerichte garantieren sowie eine Reform der Sicherheitsdienste in die Wege leiten sollten. Die Umsetzung dieser Reformen ging jedoch langsam vonstatten und wurde von Arafat immer wieder mit dem Verweis auf die größere Dringlichkeit der Auseinandersetzung mit Israel verzögert. Insbesondere die Belagerung Arafats in seinem Hauptquartier in Ramallah durch israelische Truppen – vom 29. März bis zum 2. Mai 2002 und vom 21. bis zum 30. September 2002 – stärkte seine Position in den Autonomiegebieten erneut und ermöglichte es ihm, sich als Kämpfer für die palästinensische Sache gegen einen übermächtigen Gegner zu profilieren.

Innenpolitisch geriet Arafat durch die allgemeine Unzufriedenheit in der Bevölkerung dennoch immer mehr unter Druck. Zudem wird seine Position durch die radikalen Organisationen geschwächt, die gegenüber Israel eine «harte» Linie vertreten und schon seit der Unterzeichnung des Oslo-Abkommens jeden Versuch, eine Entspannung in der Beziehung zu Israel zu erreichen, mit terroristischen Anschlägen untergraben. Arafat hat das Erstarken dieser Gruppen allerdings nicht nur durch seinen autokratischen Führungsstil gefördert, der die demokratische Opposition in Palästina weitgehend unterdrückte, sondern auch durch seine ambivalente Haltung zur Gewalt als Mittel politischer Auseinandersetzung. So förderte Arafat zu verschiedenen Zeiten nicht nur gewalttätige Proteste der palästinensischen Bevölkerung gegen die israelische Politik, auch die propagandistischen und terroristischen Aktivitäten radikaler Gruppen wurden zeitweise zumindest geduldet, Selbstmordattentäter als Märtyrer gefeiert und ihre Familien finanziell unterstützt. Zugleich verurteilte er gegenüber der internationalen Öffentlichkeit grundsätzlich jede Ausübung von Gewalt. Auf diese Weise konnte er sich in der palästinensischen und der arabischen Öffentlichkeit lange Zeit als Kämpfer für die palästinensische Sache präsentieren und auch die radikalen Gruppen einbinden, deren Aktionen er dazu nutzte, um bei Bedarf den Druck auf Israel zu erhöhen, während er international – zumal nach der Verleihung des Nobelpreises – als Hoffnungsträger für einen dauerhaften Frieden in Nahost galt.

Zwar ist er für die palästinensische Bevölkerung aufgrund seiner historischen Rolle immer noch eine Symbolfigur, doch vermag er es nurmehr schwer, diese Rolle in politische Handlungsmacht umzusetzen – sowohl die radikalen palästinensischen Gruppierungen als auch die israelische Regierung erkennen seinen Führungsanspruch nicht mehr an. Die israelische Regierung macht Arafat seit dem Amtsantritt von Ariel Scharon persönlich für alle von palästinensischen Gruppen verübten Gewaltakte verantwortlich. Vor dem Hintergrund ausbleibender Erfolge in der Bekämpfung des palästinensischen Terrorismus durch die Organe der Autonomiebehörde hat die israelische Regierung die Ablösung Arafats zur Vorbedingung für die Wiederaufnahme von ernsthaften Friedensverhandlungen gemacht – eine Position, die von der US-Regierung unter George W. Bush unterstützt wird.

Angesichts des Alters und der angeschlagenen Gesundheit Arafats stellt sich zunehmend die Frage der Nachfolge des *Ra'is*. Die wichtigsten Positionen, die im Falle eines Ausscheidens Arafats aus dem politischen Leben neu zu besetzen sind, sind der Vorsitz des PLO-Exekutivkomitees, die Führung von *Fatah* (auch wenn die Partei offiziell von einem Gremium, nicht einer Einzelperson geleitet wird) und der Vorsitz der Autonomiebehörde. Arafats Rolle als «Präsident» des «Staates Palästina» kommt dagegen eher symbolischer Wert zu.

Problematisch ist die Nachfolgefrage, weil das palästinensische politische System nicht eindeutig nach demokratischen Grundsätzen organisiert ist und Macht und Kompetenzen der einzelnen Organisationen oft nicht klar definiert sind. Ohne eine integrierende Führungspersönlichkeit vom Format Arafats könnten daher sehr leicht Machtkämpfe zwischen den Institutionen ausbrechen. Ein geeigneter Nachfolger aber fehlt den Palästinensern – eine der Folgen von Arafats jahrelanger Strategie, potentielle Konkurrenten bewußt gegeneinander auszuspielen und deren Machtbasis zu unterminieren.

Es wird sich zeigen, ob sich der im April 2003 eingesetzte palästinensische Ministerpräsident als institutionelles Gegengewicht gegen diese Übermacht des *Ra'is* und als dauerhafte integrative Kraft im politischen System der Autonomiegebiete wird etablieren können. Zwar wurden diesem Amt nominell wichtige exekutive Befugnisse übertragen, doch zeigte sich Arafat bemüht, seinen Einfluß auf die Politik der palästinensischen Regierung und auf die Sicherheitsdienste zu behaupten.

Die Autonomiebehörde verfügt, im Gegensatz zur PLO, erst seit Mai 2002 über eine Verfassung, das sogenannte *Basic Law* oder Grundgesetz, in dem Aufgaben und Kompetenzen klar festgeschrieben sind.

Das Parlament der Autonomiebehörde, der Palästinensische Legislativrat (*Palestinian Legislative Council*, PLC), war laut Osloer Verträgen dafür zuständig, Recht zu setzen und die Arbeit der Exekutive zu überprüfen. Auch im Palästinensischen Grundgesetz ist diese Funktion des Parlaments festgeschrieben. Anfang 1996 wurden die 88 Mitglieder dieses Gremiums erstmals direkt von der palästinensischen Bevölkerung des Gazastreifens, des Westjordanlandes und Ostjerusalems gewählt. Damit setzt sich der Legislativrat im Gegensatz zum Palästinensischen Nationalrat nicht nach korporatistischen, sondern nach demokratischen Grundsätzen zusammen. Erneut gewählt wurden die Mitglieder des Legislativrates danach allerdings nicht mehr. Erst auf massiven Druck der Opposition und des westlichen Auslands, wo die Autonomiebehörde aufgrund mangelnder demokratischer Legitimität im Laufe der *Al-Aqsa-Intifada* zunehmend kritisiert wurde, kündigte Arafat im Sommer 2002 Neuwahlen an. Als Termin für die Wahl, in der sowohl die Mitglieder des Legislativrates als auch der Präsident neu gewählt werden sollten, wurde zunächst der Januar 2003 in Aussicht gestellt, doch nur unter der Bedingung, daß die politische Situation die Durchführung von Wahlen erlaube. Angesichts der fortgesetzten Gewalt wurden die Wahlen Ende 2002 zunächst auf unbestimmte Zeit verschoben.

Der Legislativrat, in dem auch viele unabhängige Abgeordnete und Arafat nicht genehme *Fatah*-Mitglieder vertreten sind, war sehr aktiv in dem Bemühen, sein Mandat zu erfüllen. So wurden zahlreiche grundlegende Gesetzentwürfe ebenso wie eine Reihe kritischer Resolutionen über die Arbeit der Exekutive verabschiedet. Allerdings zeigte die Arbeit des Rats so gut wie keine praktische Wirkung, da alle Gesetze der Zustimmung Arafats als Präsident der Autonomiebehörde bedürfen, diese Zustimmung aber bis auf einige wenige Ausnahmen verweigert wurde. Seit Anfang 1997 wurden die Kompetenzen des Parlaments beispielsweise durch ein Mitspracherecht beim Budget etwas erweitert, in den meisten Fällen regierte die Exekutive aber durch den Erlaß präsidentieller Dekrete.

Auch die Exekutive, die vom Präsidenten ernannte und vom Vertrauen des Legislativrats abhängige *Executive Authority*, erfreute sich keiner besonderen, unabhängigen Machtfülle. Neben der formellen Abhängigkeit von der Zustimmung des Präsidenten wurde die Arbeitsweise des Kabinetts und der «Ministerien» durch die Einrichtung paralleler Entscheidungsstrukturen behindert. So werden wichtige Entscheidungen beispielsweise nicht in Kabinettssitzungen, sondern in den *leadership meetings* getroffen, in denen neben den Angehörigen der Exekutive auch Mitglieder des Exekutivkomitees der PLO, des Zentralkomitees der *Fatah*, die Leiter der verschiedenen Sicherheitsapparate, der Vorsitzende des Legislativrats und die palästinensischen Vertreter bei den Friedensverhandlungen anwesend waren. Mit der Einsetzung eines palästinensischen Ministerpräsidenten wurde die Position der eigentlichen Exekutive gegenüber dem Präsidenten nominell gestärkt, doch hängt das Kabinett immer noch von seiner Zustimmung ab. Diese war nur schwer zu erringen.

In der Prinzipienerklärung war neben der Legislative und der politischen Ebene der Exekutive eine «starke Polizeimacht» vorgesehen, die der Herstellung der inneren Ordnung und der Bekämpfung des palästinensischen Terrorismus dienen sollte. In ihrer praktischen Umsetzung lief diese Vereinbarung darauf hinaus, daß neun verschiedene Sicherheits- und Geheimdienste mit einem Personal von insgesamt 30000 Personen eingerichtet wurden, die allesamt der direkten Kontrolle Arafats unterstehen. Für Arafat stellte die Einrichtung dieser ausgedehnten Sicherheitsdienste eine willkommene Möglichkeit dar, vielen der verdienten Kämpfer aus der Diaspora eine Perspektive in den Autonomiegebieten zu bieten und sich so ihrer Loyalität zu versichern. Gleichzeitig schuf er einen Spitzel- und Repressionsapparat, der es ihm erlaubt, mit allen Mitteln gegen Gegner des Friedensprozesses und vor allem gegen islamische Fundamentalisten, aber auch gegen gewöhnliche Oppositionelle vorzugehen. Da es kaum Kontrollmechanismen für diese vielen, oft konkurrierenden Sicherheitseinrichtungen gibt, kommt es oft zu Menschenrechtsverletzungen, ebenso wie zu Fällen von Bestechung oder Erpressung. Exzesse der palästinensischen Polizei wurden häufig von Menschenrechtsorganisationen, selten aber von der internationalen Gemeinschaft angeprangert, da man vor allem in den USA die Bekämpfung der fundamentalistischen islamischen Opposition für ein vorrangiges Ziel hielt. Vor allem in der Bekämpfung des Terrorismus arbeitete die palästinensische Polizei daher zunächst eng mit ihrem israelischen Gegenüber zusammen. Bei größeren öffentlichen Protesten wie den Tunnelunruhen im Herbst 1996 und vor allem seit dem Beginn der *Al-Aqsa-Intifada* im Jahr 2000 kam es aber auch vor, daß sich palästinensische Polizeieinheiten mit der Bevölkerung gegen die israelischen Sicherheitsdienste solidarisierten. Deswegen und wegen der anhaltenden Mißerfolge im Kampf gegen den Terrorismus radikaler palästinensischer Gruppen wurden die Infrastruktur der palästinensischen Sicherheitsdienste und ihre Mitglieder seit September 2000 zu einem hauptsächlichen Ziel israelischer Militäraktionen. Zudem ist die Akzeptanz eines konsequenten Vorgehens gegen palästinensische Gewalttäter in der Bevölkerung der Autonomiegebiete angesichts der von der israelischen Armee ausgehenden Gewalt gering. Somit standen die verschiedenen Sicherheitsdienste der Autonomiebehörde nur noch in sehr beschränktem Maß als Mittel zur Verfügung, um in den palästinensischen Gebieten die Ordnung aufrechtzuerhalten und ein Ende der Gewalt gegen Israelis zu erzwingen, was die israelische Regierung aber zur Vorbedingung für die Aufnahme von Friedensverhandlungen machte. Vielfach traten die Milizen der verschiedenen politischen Gruppierungen an die Stelle der Sicherheitsdienste oder zumindest in Konkurrenz zu ihnen, so daß es in der Folge auch zu bewaffneten Auseinandersetzungen unter den verschiedenen Milizen sowie zwischen ihnen und den Sicherheitskräften der Autonomiebehörde kam.

Auch die zivile Verwaltung ist infolge von Einsätzen der israelischen Armee – weite Teile der palästinensischen Infrastruktur einschließlich Ministerien und Verwaltungseinrichtungen wurden zerstört, Arbeitsgeräte und Datenbestände oftmals beschlagnahmt – nur noch sehr eingeschränkt arbeitsfähig. Eine weitere gravierende Beeinträchtigung neben der Zerstörung der Infrastruktur ist, daß die israelische Regierung die Überweisung der für die Autonomiebehörde erhobenen Steuermittel eingestellt hat. Dadurch und durch die desolate wirtschaftliche Situation sind die Einnahmen der Autonomiebehörde stark zurückgegangen, während die zu bewältigenden Aufgaben, insbesondere im sozialen Bereich und bei Erhaltung und Wiederaufbau der Infrastruktur, immer größer werden. Im Alltag fallen die administrativen Funktionen der Autonomiebehörde daher vielfach lokalen Institutionen zu, die unmittelbar mit den örtlichen Kommandanten der israelischen Armee zusammenarbeiten und die wesentlichen politischen Entscheidungen treffen.

Die Autonomiebehörde als zentrales Exekutivorgan in den besetzten Gebieten und Instrument des Legislativrates ist also entscheidend geschwächt. Die Durchsetzung eines Friedensschlusses mit Israel hätte demnach zunächst die weitgehende Wiederherstellung des Gewaltmonopols der Autonomiebehörde zur Bedingung. Versuche, dies zu erreichen, etwa durch die Ausbildung palästinensischer Sicherheitskräfte durch den amerikanischen Geheimdienst CIA, haben bislang allerdings nur einen geringen wahrnehmbaren Erfolg gezeitigt.

Die Einsetzung eines palästinensischen Ministerpräsidenten im April 2003, auf die vor allem das sogenannte «Nahost-Quartett» (bestehend aus USA, Europäischer Union, Vereinten Nationen und Rußland) gedrängt hatte, stellt einen Versuch dar, die Macht der Autonomiebehörde unter einer neuen Führung zu konsolidieren. Das Nahost-Quartett hatte durch die Erarbeitung eines Friedensplans (*Roadmap for Peace*) im September 2002 und den Beschluß, diesen «Fahrplan für Friedensverhandlungen» erst dann zu veröffentlichen, wenn eine neue palästinensische Regierung unter Führung eines Ministerpräsidenten im Amt bestätigt wäre, entsprechenden Druck auf Arafat ausgeübt. Dieser wurde – vor allem auf Betreiben der amerikanischen Regierung – von allen Verhandlungen ferngehalten. Zentrale Aufgabe der neuen palästinensischen Regierung ist neben der Umsetzung weitgehender Reformen in Politik, Justiz und Wirtschaft die Entwaffnung und Befriedung radikaler bzw. terroristischer Gruppierungen und palästinensischer Milizen. Für die (Wieder-)Herstellung des Gewaltmonopols der Autonomiebehörde ist dies eine ebenso unerläßliche Bedingung wie für die Aufnahme ernsthafter Friedensverhandlungen, die Israel maßgeblich von einer Verbesserung der Sicherheitslage abhängig macht. Terroristische Gruppierungen wie die *Hamas*, aber auch die *Al-Aqsa*-Brigaden, eine Miliz von Arafats *Fatah*, drohten jedoch an, gegen mögliche Entwaffnungsversuche Widerstand zu leisten. Auch Konflikte zwischen Arafat und dem neuen Ministerpräsidenten Mahmud Abbas, etwa über die Zusammensetzung des Kabinetts, insbesondere über die Rolle des vormaligen Sicherheitschefs von Gaza, Mohammed Dahlan, und über die Zuständigkeit für die Sicherheitsdienste, lassen hinsichtlich der politischen Institutionen in den Autonomiebehörden auch weiterhin ein gewisses Maß an Instabilität erwarten.

b) Das Rechtssystem

Das Recht, das in den palästinensischen Autonomiegebieten zur Anwendung kommt, besteht aus einer verwirrenden Vielzahl von Regelungen unterschiedlicher Herkunft. So bleiben Elemente des osmanischen Rechts, der britischen Mandatsgesetze, der jordanischen Gesetze im Westjordanland bzw. der ägyptischen im Gazastreifen neben israelischen Militärverordnungen und durch die Autonomiebehörde gesetztem Recht in Anwendung.

Problematisch sind dabei nicht nur die Masse der anwendbaren Vorschriften und die daraus entstehenden Widersprüche, sondern auch die Uneinheitlichkeit des Rechtsraumes. So gelten im Gazastreifen zum Teil andere Regeln als im Westjordanland. Versuche des Palästinensischen Legislativrats, eine einheitliche Rechtsordnung zu schaffen, scheiterten weitgehend – zum einen, da die Exekutive die Verabschiedung eines einheitlichen Gesetzeskodex verhinderte, zum anderen, da auch innerhalb der Autonomiegebiete der Legislativrat beispielsweise für die C-Gebiete nur sehr eingeschränkt Recht setzen kann. Zudem hat Ostjerusalem einen gänzlich anderen Status, da Israel dieses Gebiet formell annektiert und den Geltungsbereich seines Rechtssystems auf ganz Jerusalem ausgedehnt hat, was aber von den Palästinensern nicht anerkannt wird. Schließlich leben innerhalb der Autonomiegebiete zahlreiche israelische Siedler, die in den Abkommen explizit von der Jurisdiktion der palästinensischen Institutionen ausgenommen wurden, für die daher israelisches Recht gilt und israelische Gerichte zuständig sind, auch wenn der Streitfall sich beispielsweise zwischen einem Siedler und einem Palästinenser abspielt.

Auch das palästinensische Gerichtswesen ist komplex: Israelische Gerichte beanspruchen nach wie vor die Zuständigkeit für Fälle, in die Siedler involviert sind oder die Fragen der Sicherheit betreffen, wenn Israel die palästinensischen Maßnahmen für nicht ausreichend hält. Gleichzeitig bleibt Palästinensern aber der Zugang zu den israelischen Revisionsinstanzen verwehrt. Für familiäre Angelegenheiten der Palästinenser wiederum sind meist religiöse Gerichte zuständig, die im Falle der muslimischen Einrichtungen im Westjordanland nach wie vor der Oberhoheit Jordaniens unterstehen. Daneben gibt es ein eigenständiges palästinensisches Gerichtssystem, das von der Autonomiebehörde eingerichtet wurde und sich aus regulären Gerichten und Militärgerichten zusammensetzt.

Die Militärgerichtsbarkeit wurde für politische Delikte und sicherheitsgefährdende Verbrechen Anfang 1995 von Arafat per Dekret eingeführt, nicht zuletzt, um den Forderungen Israels und der USA nachzukommen, wirkungsvoller gegen Terroristen und Fundamentalisten vorzugehen. Vor allem *Hamas*-Mitglieder, aber auch andere politische Gegner wurden vor diesen Gerichten abgeurteilt, oft unter Mißachtung grundlegender rechtsstaatlicher Regeln. Einer Ironie der Geschichte ist es zuzuschreiben, daß sich die Autonomiebehörde für diese Maßnahme auf jene Notstandsgesetzgebung aus der britischen Mandatszeit beruft, die Israel während der Besetzung zur Einrichtung seiner Militärgerichte benutzt hatte. Auch die regulären Gerichte verrichten ihre Arbeit nicht immer in Übereinstimmung mit rechtsstaatlichen Prinzipien. Einerseits macht die geringe Bezahlung die Richter für Korruption empfänglich. Andererseits mißachtet die politische Führung immer wieder ergangene Urteile. Das geschieht etwa, indem sie eben freigesprochene Angeklagte sofort wieder festnimmt und vor ein Militärgericht stellt, oder wenn Gerichte das Handeln der Institutionen selbst verurteilen, die Urteile und Entscheidungen aber nicht beachtet werden.

Die aus diesem System entstehende Rechtsunsicherheit wird von der palästinensischen politischen Führung zum Teil bewußt gefördert und zu ihren Gunsten manipuliert. Gerechtfertigt wird dieser Zustand einerseits mit dem Argument, man befinde sich in einem Übergangsprozeß, bessere und stabilere Regeln könnten erst für den permanenten Status gefunden werden. Andererseits wird argumentiert, daß den militanten Gegnern des Friedensprozesses auf keinen Fall erlaubt werde dürfe, eine friedliche Lösung des Konflikts zu verhindern, und daß daher auch ein mangelhaftes Rechtssystem und die Verletzung von Menschenrechten in Kauf genommen werden müßten. Während der *Al-Aqsa-Intifada* gingen die Behörden allerdings nur noch sporadisch gegen palästinensische Gewalttäter vor. Urteile wurden oft nicht vollstreckt oder ausgesetzt.

c) Außenbeziehungen

Die Palästinenser verfügen über ein weitverzweigtes Netz bilateraler Beziehungen zu anderen Staaten und sind Mitglied oder Beobachter bei einer Reihe von internationalen Organisationen. Jedoch bleibt der Status der palästinensischen Vertretungen nach wie vor unklar: Ursprünglich war es die PLO, die Vertretungsbüros in der ganzen Welt einrichtete. In vielen arabischen Ländern und den Staaten des ehemaligen Ostblocks wurden diese Büros wie Botschaften behandelt, in europäischen und lateinamerikanischen Ländern dagegen bekam die PLO diesen diplomatischen Status nicht zugestanden, und auch bei den Vereinten Nationen wurde die PLO nicht als Mitglied geführt, sondern als Beobachter.

Diese Verbindungsbüros der PLO, etwa 80 an der Zahl, wandelten sich nach der Ausrufung des palästinensischen Staates durch Arafat 1988 in den meisten Fällen zu anerkannten Vertretungen «Palästinas», die in den arabischen und ehemaligen Ostblockstaaten im Normalfall den vollen diplomatischen Status von Botschaften genießen, in Europa, Lateinamerika und in Asien dagegen als Ständige Vertretungen oder besondere Delegationen geführt werden. In den Vereinten Nationen wurde 1988 offiziell die Beobachtermission der PLO zum Beobachter mit dem Namen «Palästina». In Deutschland erhielt der langjährige Vertreter der PLO, Abdallah Frangi, den neu geschaffenen Status eines «Palästinensischen Generaldelegierten». Lediglich die USA und wenige weitere Länder erlauben nach wie vor nur Vertretungen der PLO.

Der Status dieser Vertretungen veränderte sich allerdings abermals, als in Folge der Osloverträge von 1993 die Palästinensische Autonomiebehörde eingerichtet wurde, die explizit auf äußere Souveränität verzichtete und damit auch die Ausrufung des Staates quasi wieder rückgängig machte. So existieren die verschiedenen Botschaften und ständigen Vertretungen Palästinas zwar fort, es ist aber unklar, wen sie tatsächlich vertreten: Die Autonomiebehörde können sie laut Verträgen nicht repräsentieren, die PLO dem Namen nach ebenfalls nicht, und die Existenz eines Staates wird nicht einmal mehr von der palästinensischen Führung selbst angenommen.

Trotz der unklaren völkerrechtlichen Stellung des palästinensischen Gemeinwesens sind die bi- und multilateralen Beziehungen äußerst wichtig, nicht zuletzt wegen der Rolle, die die internationale Gemeinschaft und einzelne Staaten im Friedensprozeß spielen, und wegen der wirtschaftlichen Hilfe, von der die palästinensische Autonomiebehörde wesentlich abhängt.

Eine besondere Rolle im Nahostkonflikt spielen seit jeher die Vereinten Nationen: In zahlreichen Resolutionen der Generalversammlung und des Sicherheitsrates formulierte die internationale Gemeinschaft seit 1948 ihre Positionen und Lösungsvorschläge, die zum Teil bis heute die Grundlage der Friedensverhandlungen darstellen. Grundlegende Dokumente sind unter anderem die Resolutionen 191 der Generalversammlung («Teilungsresolution») sowie die Resolutionen 242 und 338 des Sicherheitsrats (Prinzip «Land für Frieden»). Oft genug wurde der Konflikt zwischen Israel und Palästina aber auch zu politischen Zwecken mißbraucht, vor allem in der Generalversammlung, in der die arabischen Länder zusammen mit den Ländern des Ostblocks und der Bewegung der Blockfreien über eine Mehrheit verfügten. Prominentes Beispiel dafür war eine Resolution, die den Zionismus als eine Form von Rassismus verurteilt. Diese und andere ähnlich polemische Entschließungen wurden durch das Veto der USA im Sicherheitsrat zwar nie zu rechtlich verbindlichen Texten, doch litten durch sie und durch die mangelnde Durchsetzung anderer, sinnvollerer Entscheidungen das Prestige und der Einfluß der Weltorganisation, so daß sich die Lösung des Konflikts zwar auf frühe Resolutionen bezieht, aber zum Großteil auf der Ebene der bilateralen Beziehungen diskutiert wird.

Auf der bilateralen Ebene sind dabei – neben dem Verhältnis zu Israel – besonders die Beziehungen zu den arabischen Ländern, zu den USA als wichtigstem Vermittler im Friedensprozeß und zu den europäischen Staaten als Wirtschaftspartner und Vermittler im Hintergrund von zentraler Bedeutung.

Das Verhältnis zu den benachbarten arabischen Ländern wurde und wird dabei in erster Linie durch den arabisch-israelischen Konflikt geprägt. Einerseits leben in Folge der palästinensischen Fluchtbewegungen während der Kriege von 1948/49 und 1967 viele Palästinenser in Jordanien, Syrien und im Libanon. Andererseits verpflichtete die Ideologie des Panarabismus die arabischen Länder zur Unterstützung der palästinensischen Sache; eine gute Beziehung zur PLO war lange Vorbedingung für eine einflußreiche Stellung in der arabischen Welt. So wußte sich die PLO bis zum Beginn der 1990er Jahre auf der Linie derjenigen Länder, die eine Einigung mit Israel ablehnten und die «Befreiung ganz Palästinas» forderten. Von diesen Staaten, zu denen bis zum Abschluß des Camp-David-Abkommens an vorderster Stelle Ägypten, später vor allem Syrien, der Irak und der Iran gehörten, wurde die PLO finanziell unterstützt, von ihnen bekam sie Waffen für den Kampf gegen Israel, und in ihren militärischen Trainingslagern wurden palästinensische Kämpfer ausgebildet.

Seit Beginn des palästinensisch-israelischen Friedensprozesses 1993 hingegen zählen sich die Palästinenser zum sogenannten Friedenslager, also zu der politischen Gruppe, die entweder Kontakte mit Israel unterhält oder eine Normalisierung der Verhältnisse zumindest nicht prinzipiell ablehnt. Zu dieser Gruppe gehören die meisten westlich orientierten Staaten des Nahen Ostens und des Maghreb; besonders wichtig für die palästinensische politische Führung um Arafat sind allerdings die guten Kontakte zu Ägypten und zu Jordanien. Beide Staaten übten auch historisch besonders großen Einfluß auf die Palästinenser aus, nicht zuletzt, da beide zwischen 1949 und 1967 je einen Teil Palästinas selbst verwalteten. Ägypten spielte zudem zweimal eine Vorreiterrolle: das erste Mal als Anführer der panarabischen Bewegung und Identifikationspunkt und Hoffnungsträger der palästinensischen Befreiungsbewegung, das zweite Mal nach Abschluß des Camp-David-Abkommens. Mit dem Abkommen übernahm Sadats Ägypten die Führung des Friedenslagers, was es für über ein Jahrzehnt in den Augen der Palästinenser als Verräter der arabischen Solidarität brandmarkte. Erst mit dem Überwechseln der PLO ins Friedenslager konnte Ägypten wieder als Vorbild und Verbündeter gelten.

Auch das Verhältnis zum Königreich Jordanien war immer wichtig, selten aber frei von Konflikten. Hauptursache des Zwistes war – neben der bedrohlichen Macht des palästinensischen Staats im Staate, die während des «schwarzen Septembers» 1970 gebrochen wurde – über Jahrzehnte die Konkurrenz im Vertretungsanspruch für das palästinensische Volk. Das jordanische Königshaus, das das Westjordanland auch nach der Besetzung durch Israel 1967 als jordanisches Staatsgebiet betrachtete und das im eigenen Staat einer palästinensischen Bevölkerungsmehrheit Rechnung tragen mußte, sah sich als legitime Vertretung des gesamten palästinensischen Volkes. Die Idee der Einrichtung einer jordanisch-palästinensischen Föderation anstelle eines unabhängigen palästinensischen Staats wurde von vielen Palästinensern, vor allem von traditionellen Notabelnfamilien, unterstützt und auch von den USA lange als mögliche Lösung des Konflikts gefördert. Erst 1988 machte König Hussein den Weg für ein besseres Verhältnis zu Arafat frei, indem er den jordanischen Anspruch auf das Westjordanland aufgab, alle bis dahin bestehenden administrativen Bindungen zu den Palästinensergebieten aufhob und die Autorität der PLO anerkannte. König Abdullah II. hat nach seiner Übernahme der Regierungsgeschäfte die vorsichtige Politik von König Hussein fortgesetzt. Die Beziehungen zu den USA wurden weiter vertieft, zumindest indirekt unterstützte der König das amerikanische Vorgehen in der Irak-Krise.

Zum gemäßigten arabischen Friedenslager gehören auch die meisten Golfstaaten. Doch leidet das Verhältnis der palästinensischen Führung zu diesen Staaten bis heute unter der proirakischen Position, die die Palästinenser während des Golfkriegs 1991 eingenommen hatten. Während einige Länder, wie z.B. Bahrain, Qatar und die Vereinigten Arabischen Emirate, mittlerweile über diesen politischen *faux pas* der Palästinenser hinwegsehen, bleiben vor allem Kuwait und Saudi-Arabien der palästinensischen Führung gegenüber skeptisch und verweigern ihr seitdem die einst reichhaltige finanzielle Unterstützung. Unmittelbar nach dem Golfkrieg wurden zudem fast 300000 palästinensische Arbeiter ausgewiesen, die in Kuwaits Ölindustrie Beschäftigung gefunden hatten. Der Beitrag dieser Arbeiter zum Überleben ihrer Angehörigen in den besetzten Gebieten war beträchtlich gewesen. Dessen Ausbleiben sowie der Stop der direkten Finanzhilfe an die PLO trugen daher nicht unwesentlich zur Wirtschaftskrise in den besetzten Gebieten und zur Finanzkrise der Befreiungsorganisation bei und somit letztlich zur Bereitschaft der Palästinenser, einen Verhandlungsfrieden zu schließen. Nachdem die seit September 2000 anhaltende und zunehmend eskalierende Gewalt in den palästinensischen Gebieten vor dem Hintergrund des weltweiten Kampfes gegen terroristische Netzwerke zu einer zunehmenden Belastung der innenpolitischen Situation auch in den Golfstaaten wurde, deren Bevölkerung zu einer Unterstützung der Palästinenser gegen Israel tendiert, schaltete sich der saudiarabische Kronprinz Abdullah Anfang 2002 mit einer Friedensinitiative aktiv in die Bemühungen um Frieden in Palästina ein: Sein Vorschlag, der Israel im Austausch für einen Rückzug auf die Positionen von vor dem Beginn des Sechs-Tage-Kriegs 1967 die diplomatische Anerkennung durch die arabischen Staaten in Aussicht stellte, fand zwar breite Unterstützung, doch scheiterte die Umsetzung an einem erneuten Ausbruch der Gewalt.

Während die Golfstaaten lediglich ihre Unterstützung eingestellt haben, lehnte eine Gruppe radikaler Staaten des Nahen Ostens explizit die Autonomiebehörde und die Politik der palästinensischen Führung ab. Diese Gruppe der Gegner des Friedensprozesses umfaßte neben dem Irak, Libyen und dem Sudan auch Syrien (und damit auch den Libanon). Sie verurteilten – bislang – Arafat als Verräter der arabischen Sache und verweigern nicht nur ihm und seinen Institutionen die Unterstützung, sondern fördern zudem extremistische palästinensische Gruppen, deren Ziel es ist, den Friedensprozeß zu sabotieren. Die Veränderung der politischen Rahmenbedingungen seit dem Irak-Krieg hat diese Gruppe sicherlich geschwächt. So sah sich Syrien gezwungen, sein Verhalten gegenüber den USA vorsichtig zu verändern. Umgeben von amerikafreundlichen Staaten (die Türkei im Norden, Israel im Westen, Jordanien und der neue Irak im Süden und Osten), wird die Regierung in Damaskus auch ihre Politik im palästinensisch-israelischen Konflikt überdenken müssen. Der Irak wird bis auf weiteres unter dem Einfluß der USA dem «Friedenslager» zuzurechnen sein.

Für den Nahen Osten insgesamt und den palästinensisch-israelischen Konflikt im besonderen nimmt die einzige verbleibende Supermacht der Welt, die USA, naturgemäß eine besonders einflußreiche Stellung ein. Vor dem Zusammenbruch der Sowjetunion Anfang der 1990er Jahre war der arabisch-israelische Konflikt (auch) Teil der Konfrontation zwischen den beiden Supermächten, wobei Israel sich meist der amerikanischen, die Palästinenser sich eher der sowjetischen Unterstützung sicher sein konnten. Ausdruck dieser pro-israelischen Haltung der amerikanischen Politik war beispielsweise das Versprechen Kissingers 1975, keinerlei Kontakte mit der PLO aufzunehmen, bevor diese nicht das Existenzrecht Israels anerkannt hätte – ein Versprechen, das bis 1988 auch jedem Vermittlungsversuch der USA zwischen Israel und der PLO im Wege stand.

Mit dem Ende des Kalten Kriegs und der Wandlung der politischen Strategie der PLO veränderte sich auch die Haltung der USA hin zu einer differenzierteren und Israel gegenüber kritischeren Vermittlungsposition. Dies begann mit der Aufnahme eines politischen Dialogs mit der PLO, nachdem diese 1988 mit ihrer Unabhängigkeitserklärung das Prinzip einer Zweistaatenlösung akzeptiert hatte – zu einem Zeitpunkt also, zu dem Israel ähnliche Kontakte noch vehement ablehnte.

Seit Beginn der 1990er Jahre spielen die USA im Nahen Osten die Rolle des wichtigsten Vermittlers und des Garanten der geschlossenen Abkommen. Diese neue Rolle wurde bereits in der machtvollen Symbolik der Unterzeichnungszeremonie der Osloer Verträge deutlich: Obwohl die Prinzipienerklärung ohne Zutun der USA zustande gekommen war, fand die Unterzeichnung des Dokuments auf dem Rasen vor dem Weißen Haus statt, und der berühmte Handschlag zwischen Rabin und Arafat spielte sich gleichsam unter den Augen Bill Clintons ab. Und auch wenn die palästinensische Seite während der 1990er Jahre oft gegen die nach wie vor eher pro-israelische Politik der Vereinigten Staaten in den Vereinten Nationen protestierte, zeigen nicht zuletzt die US-amerikanischen Bemühungen, während der Endstatusverhandlungen Zugeständnisse der israelischen Seite zu erreichen, wie unverzichtbar die Partnerschaft mit den USA für die Palästinenser geworden ist. Dies zeigt sich insbesondere seit dem Amtsantritt von Präsident George W. Bush jr., der der israelischen Regierung unter Premierminister Scharon zunächst weitgehend freie Hand ließ und den Palästinensern seine Unterstützung versagte.

Nach dem 11. September kehrte die Bush-Administration zu einer aktiven Nahost-Politik zurück. Sie griff mit einer Reihe von Vermittlungsvorschlägen in den Konflikt ein. Die verstärkte amerikanische Präsenz in der Region in der Folge des Irak-Krieges – der das machtpolitische Gleichgewicht zugunsten der USA veränderte – macht in der Zukunft auch eine Neuauflage des Friedensprozesses möglich. Dieser würde dann im wesentlichen von den USA gestaltet und abgesichert sein.

Neben den Beziehungen zu den arabischen Ländern und zu den USA genießen die Beziehungen zu Europa einen hohen Stellenwert für die Palästinenser. Zwar ist die Bedeutung der einzelnen europäischen Staaten und der Europäischen Union nicht zu vergleichen mit der der Vereinigten Staaten, aber die Kontakte zu Europa sind auf weniger spektakuläre Weise wichtig. Das liegt zunächst daran, daß einige europäische Länder historisch eine Vermittler-Rolle einnahmen. Schweden etwa unterhielt schon ab 1974 Beziehungen zur PLO, und offizielle Erklärungen einzelner europäischer Regierungen und europäischer Gremien unterstützten immer wieder das palästinensische Recht auf Selbstbestimmung (ohne dabei die legitimen Rechte Israels einzuschränken).

Den europäischen Staaten gelang es allerdings lange nicht, eine gemeinsame Haltung zur Nahostpolitik zu finden, zum einen, weil die Außenpolitik der Staaten auf europäischer Ebene lange

Zeit zu wenig koordiniert wurde, zum zweiten, weil Deutschland aus geschichtlichen Gründen eine Sonderrolle spielte und vor jeder Handlung zurückschreckte, die als anti-israelische Politik ausgelegt werden konnte. Beide Voraussetzungen änderten sich mit Beginn der 1990er Jahre zumindest graduell: Die Einführung der Gemeinsamen Außen- und Sicherheitspolitik (GASP) durch den Maastrichter Vertrag 1992/93 schuf ein verbessertes Instrumentarium zur Formulierung gemeinsamer außenpolitischer Standpunkte, und Deutschland sah sich angesichts der neuen amerikanischen Position und der mittlerweile bewährten Beziehungen zwischen der Bundesrepublik und Israel eher in der Lage, einer gemäßigten Kritik an Israels Politik zuzustimmen. Der deutsche Außenminister Fischer erwarb sich im Sommer 2001 hohes Ansehen bei Palästinensern und Israelis, als er nach einem blutigen Anschlag in Tel Aviv zwischen den beiden Seiten vermittelte und zumindest zeitweise eine Deeskalation erwirkte.

Der Vorteil der europäischen Politik im Kontext des Nahostkonfliktes war und ist, nicht als Anwalt einer der beiden Seiten zu gelten und so von beiden Parteien als Gesprächspartner akzeptiert zu werden. Diese Akzeptanz und die Möglichkeit, unter geringer Beachtung der Weltöffentlichkeit ungewöhnliche Wege zu erproben, waren Voraussetzung dafür, daß es der norwegischen Diplomatie gelingen konnte, im entscheidenden Moment einen Dialog zwischen den beiden Konfliktparteien herbeizuführen, der schließlich zum Abschluß der Osloer Prinzipienerklärung führte. So war es gerade der weniger exponierte Standpunkt in der Weltpolitik, der es einem neutralen europäischen Kleinstaat ermöglichte, Verhandlungserfolge im Nahostkonflikt zu bewirken – für die Einhaltung der jeweiligen Abkommen waren dann jedoch die Garantie und die Unterstützung der USA nötig.

Heute sind die Beziehungen zur Europäischen Union und ihren Mitgliedsstaaten für die Palästinenser weniger wegen der Vermittlungstätigkeit und der diplomatischen Unterstützung von Bedeutung als vielmehr wegen der finanziellen Hilfe und der Handelsbeziehungen. Die EU ist der wichtigste Finanzier der palästinensischen Institutionen: Etwa 45 % aller internationalen Hilfe kommt aus Europa. Ein Assoziierungsabkommen, das bereits 1997 abgeschlossen wurde, wertet zudem die diplomatischen und vor allem die Handelsbeziehungen zwischen den Palästinensern und der EU auf. Gerade in den Bereichen der Demokratisierung und des Aufbaus von Institutionen kann die EU den Palästinensern auch in Zukunft sehr nützlich sein. Für die Vermittlung eines dauerhaften Friedens ist allerdings – das ist nicht zuletzt eine Lehre aus den Entwicklungen seit dem Beginn der *Al-Aqsa-Intifada* – das aktive Engagement der USA unverzichtbar.

III. Die Wirtschaft

«1970 diente die Öffnung des israelischen Arbeitsmarkts für die besetzten Gebiete dem Zweck, den palästinensischen Nationalismus zu schwächen und einer territorialen Trennung vorzubeugen; 1990 war das Abschneiden der Palästinenser von den israelischen Arbeitsplätzen ein Mittel, um den Wunsch nach Unabhängigkeit zu unterdrükken. Für die Israelis bestand die unmittelbare Folge der demographischen Trennung darin, daß die Palästinenser von ihren Straßen verschwanden, was ihrer wachsenden Angst vor palästinensischen Arbeitern entgegenkam, die ‹einfach so in Israel herumliefen› ...»

Amira Hass (Gaza. Tage und Nächte in einem besetzten Land)

Von dem 1993 eingeleiteten Friedensprozeß hatte sich die palästinensische Bevölkerung zunächst vor allem eine rasche Verbesserung ihrer wirtschaftlichen und sozialen Lage versprochen. Die erste *Intifada* hatte in den besetzten Gebieten – infolge der Boykotte und Gegenboykotte, der Entlassung palästinensischer Arbeiter aus israelischen Betrieben sowie des Finanzbankrotts der PLO – unhaltbare wirtschaftliche Zustände herbeigeführt. Die Aussicht auf internationale Hilfeleistungen und ein günstigeres Handelsklima lieferten daher wesentliche Impulse dafür, daß die Palästinenser am Erfolg eines Verhandlungsfriedens interessiert waren.

Doch die an die Osloer Prinzipienerklärung geknüpften Erwartungen der Palästinenser haben sich nicht erfüllt. Im Gegenteil, bis 1997 ging der durchschnittliche Lebensstandard in den Autonomiegebieten sogar noch weiter zurück, und auch danach erholte sich das palästinensische Wirtschaftsleben nur zögerlich. Die wirtschaftlich bedingte Enttäuschung über den Friedensprozeß ist nach wie vor einer der Hauptgründe für die Unzufriedenheit der Palästinenser mit dem Friedensprozeß insgesamt und mit Arafats Regime im besonderen.

1. Entwicklung von Wirtschaft, Handel und Finanzen

War die Wirtschaft Palästinas während der britischen Mandatszeit vornehmlich landwirtschaftlich geprägt, durchliefen die israelischen Gebiete nach der Teilung des Landes 1948/49 einen rapiden Prozeß der Industrialisierung und des Wachstums. In den palästinensischen Gebieten, die unter ägyptischer bzw. jordanischer Verwaltung standen, wurde dagegen kaum in die wirtschaftliche oder infrastrukturelle Entwicklung investiert. Der allgemeine Lebensstandard blieb niedrig. Erst nachdem Israel 1967 den Gazastreifen und das Westjordanland besetzt hatte, erlebte die dortige Bevölkerung einen erheblichen Anstieg des Lebensstandards. Dies lag weniger an israelischen Investitionen in den besetzten Gebieten (die sich auf das absolute Minimum beschränkten) als vielmehr daran, daß palästinensische Arbeitnehmer, vor allem in der israelischen Textilindustrie und im israelischen Bausektor, neue Beschäftigungsmöglichkeiten fanden. Gleichzeitig verschaffte der Ölboom der 1970er Jahre vielen gut ausgebildeten Palästinensern die Gelegenheit, sich als Gastarbeiter in den arabischen Golfstaaten zu verdingen.

In den 1980er Jahren wurde diese Wachstumsperiode durch Stagnation und sinkenden Lebensstandard abgelöst: Zunächst konnten die stagnierenden Volkswirtschaften in Israel und den Golfstaaten die rapide wachsende Zahl palästinensischer Arbeitnehmer nicht mehr absorbieren, später lähmte die erste *Intifada* das Wirtschaftsleben in den besetzten Gebieten und erschwerte den Zugang palästinensischer Arbeitnehmer zu ihren Arbeitsplätzen in Israel. Schließlich führte die pro-irakische Haltung der Palästinenser zur Zeit des Golfkriegs 1991 dazu, daß die Golfstaaten der PLO ihre finanzielle Unterstützung entzogen. Darüber hinaus wurden aus Kuwait fast 300 000 palästinensische Arbeiter, die mit ihrem Einkommen weite Teile der Bevölkerung in den besetzten Gebieten mitversorgt hatten, ausgewiesen.

Bis 1993 hatte Israel die vollständige Kontrolle über die palästinensische Wirtschaft. Erst die Osloer Verträge räumten den Palästinensern erstmals Gestaltungsrechte ein. Von größter Bedeutung ist hier das Pariser Protokoll, das am 29. April 1994 von beiden Parteien unterzeichnet und wenig später als Anhang IV in das

Gaza-Jericho-Abkommen aufgenommen wurde. In diesem Dokument werden der Palästinensischen Autonomiebehörde einige wichtige Kompetenzen im Wirtschaftsbereich übertragen, in vielen Bereichen behält sich Israel allerdings essentielle Rechte vor: Die Kontrolle über bedeutende Ressourcen (wie etwa Wasser) und die Außengrenzen unterliegt weiterhin dem israelischen Staat.

Der Autonomiebehörde wurde unter anderem das Recht übertragen, in den Autonomiegebieten selbständig Steuern – vor allem Einkommens- und Mehrwertsteuern – zu erheben. Darüber hinaus erhält sie 75 % der Einkommenssteuer sowie der Sozial- und Krankenversicherungsbeiträge von in Israel beschäftigten palästinensischen Arbeitern. Auch ein Teil der Zolleinnahmen fließt jetzt der Autonomiebehörde zu. Obwohl Israel diese Transferzahlungen, die etwa 60 % des Budgets der Autonomiebehörde ausmachen, oft als politisches Druckmittel benutzt und ihre Weiterleitung von palästinensischem Wohlverhalten abhängig macht, bilden diese Befugnisse in der Steuer- und Zollpolitik doch die Grundlage einer unabhängigen Finanzierung der palästinensischen Institutionen.

Trotz dieser eigenständigen Einnahmen blieb die Autonomiebehörde auch weiterhin von internationalen Hilfsprogrammen und Zuwendungen abhängig: Während der ersten fünf Jahre «nach Oslo» flossen etwa 2,3 Milliarden US$ aus verschiedenen Ländern in die Autonomiegebiete; und eine Geberkonferenz beschloß Ende 1998 eine Hilfe von weiteren 3,3 Milliarden US$, die über die folgenden fünf Jahre verteilt ausbezahlt werden sollten. (Davon übernahmen die europäischen Länder 2 Milliarden, die USA 900 Millionen, die arabischen Staaten lediglich knapp 200 Millionen US$.)

Ungeachtet dieser finanziellen Hilfeleistungen, die die sonst übliche Wirtschaftshilfe an Entwicklungsländer bei weitem übersteigen (die palästinensischen Autonomiegebiete sind, pro Kopf gerechnet, weltweit einer der größten Empfänger von Entwicklungshilfe), gelang es der Autonomiebehörde dennoch nicht, ihren Haushalt zu bestreiten. Zur Deckung der Defizite mußten 1997 Kredite in Höhe von 108 Millionen US$ aufgenommen werden; 1998 waren es bereits 139 Millionen. Grund für die übermäßig hohen Staatsausgaben war vor allem der aufgeblähte Verwaltungsapparat. Arafat nutzte seinen Einfluß auf die Stellenbesetzung, um verdienten PLO-Funktionären und anderen in der Diaspora lebenden Palästinensern nach ihrer Rückkehr in das Westjordanland und den Gazastreifen eine neue Lebensgrundlage zu verschaffen; zugleich versuchte er aber auch, die allgemeine Arbeitslosigkeit zu mindern. So fanden bereits 1995 etwa 15 % aller arbeitenden Palästinenser eine Anstellung im öffentlichen Bereich; 2003 hatte sich dieser Anteil auf nahezu 125 000 Beschäftigte verdoppelt. Die Gehaltszahlungen machten zu diesem Zeitpunkt bereits mehr als 60 % des Haushalts aus. Eine derart hohe Beschäftigungsquote im öffentlichen Sektor hatte nicht nur negative Auswirkungen auf das Budget der Autonomiebehörde, es wirkte sich auch hemmend auf die Wachstumschancen im privaten Sektor aus.

Auch für den Handel legte das Pariser Protokoll neue Bestimmungen fest: Vor Beginn des Friedensprozesses waren die palästinensischen Gebiete in allen Handelsfragen auf Israel angewiesen: Waren konnten nur über Israel importiert oder exportiert werden. Mit der Prinzipienerklärung wurden den Palästinensern zunächst Mitspracherechte in Handelsfragen, mit dem Pariser Protokoll sodann auch einige (beschränkte) Entscheidungsbefugnisse eingeräumt. In bezug auf Israel, den wichtigsten Handelspartner, sollten dabei prinzipiell keine Handelsbarrieren errichtet werden. Allerdings machen die konkreten Ausführungen des Freihandelsabkommens das Ungleichgewicht in den Wirtschaftsbeziehungen der beiden Handelspartner deutlich: Während die Einfuhr israelischer Waren keinerlei Beschränkungen unterliegt, sind einige Agrarprodukte, die zu den wichtigsten Exportwaren der Palästinenser gehören, vom Freihandel ausgeschlossen.

Für den internationalen Handel behielt sich Israel ebenfalls einige wichtige Rechte vor. So sind die israelischen Einfuhrbestimmungen für die Autonomiegebiete nach wie vor verbindlich; lediglich die Einfuhr einer Reihe von vor allem in arabischen Ländern produzierten Produkten darf von den Palästinensern selbst geregelt werden. Doch sind auch diese namentlich aufgelisteten Waren quantitativen Beschränkungen unterworfen, die von einem israelisch-palästinensischen Expertengremium geregelt werden. Damit wurde für diese Fragen *de facto* ein israelisches Vetorecht festgeschrieben.

Hinzu kommt, daß die Palästinenser ihre ohnehin recht begrenzten Befugnisse im internationalen Handel kaum wahrnehmen können, da alle Grenzübergänge und damit der Warenverkehr weiterhin von Israel kontrolliert werden. Infolge der zahlreichen Absperrungen der Autonomiegebiete, zu denen es vor allem zwischen 1993 und 1997 sowie 2000/2001 als Reaktion auf palästinensische Unruhen kam, ging der Anteil des Handels am Bruttosozialprodukt (BSP) deutlich zurück (die Exporte sanken zwischen 1992 und 1995 von 11 % auf 6 % und die Importe im gleichen Zeitraum von 46 % auf 38 %). Die durch die israelischen Grenzkontrollen bedingten Handels- und Transportprobleme (sowie die dadurch gegebenen Möglichkeiten, den freien Personenverkehr zu begrenzen) sind einer der Hauptgründe, warum die Autonomiebehörde auf Schaffung eines palästinensischen Flughafens bestand und nach wie vor einen eigenen Seehafen fordert.

Trotz des Abschlusses von Handelsabkommen mit der Europäischen Union, der EFTA und den USA blieb, gerade auch wegen dieser Export- und Importschwierigkeiten, der Handel nach wie vor weitgehend auf Israel beschränkt: Weniger als 10 % der palästinensischen Exporte gingen in Drittländer, und nur etwa 10 bis 15 % der Importe wurden direkt von dort bezogen. Im Gegensatz hierzu macht für Israel der Handel mit den Autonomiegebieten nur einen geringen Anteil am Gesamthandel aus (weniger als 10 %).

In Fragen des Binnen- wie Außenhandels blieb somit eine fast vollständige Abhängigkeit von Israel bestehen, die – neben dem politischen Druck, der aufgrund dieser Abhängigkeit ausgeübt werden kann – auch deshalb problematisch ist, weil die Autonomiegebiete unter einem massiven Handelsbilanzdefizit leiden. Nach Schätzungen der Weltbank betrug das Handelsdefizit mit Israel 1999 etwa 1,3 Milliarden US$, das gesamte Außenhandelsdefizit belief sich auf 45 bis 50 % des Bruttoinlandsprodukts (BIP). Dieses Defizit kam vor allem aufgrund der Zahlungen palästinensischer Arbeiter zustande, die im Ausland und vor allem in Israel angestellt sind und 25 % des gesamten Arbeitseinkommens in den palästinensischen Gebieten erwirtschaften. Hinzu kommen die internationalen Hilfsleistungen, von denen allein im Jahr 2001 929 Millionen US$ in die Autonomiegebiete flossen – eine Summe, die 2002 unter dem Eindruck sich verschärfender Auseinandersetzungen nochmals auf über eine Milliarde US$ aufgestockt wurde. Ein großer Teil des Nationaleinkommens im Westjordanland und im Gazastreifen wurde mithin nicht in den Autonomiegebieten selbst erwirtschaftet.

Während sich die Handelsdaten (vor allem das Handelsdefizit) seit Beginn des Friedensprozesses kontinuierlich verschlechterten, wiesen andere Wirtschaftsindikatoren insgesamt gesehen ebenfalls nach unten: Zwischen 1992 und 1997 sanken das Bruttosozial- und das Bruttoinlandsprodukt, zugleich stieg die Arbeitslosigkeit, und die Zahl derer, die unterhalb der Armutsgrenze leben, wuchs weiter an. (Einschränkend sei hinzugefügt, daß diese Daten je nach herangezogener Quelle divergieren.) Zu einer Verbesserung der gesamtwirtschaftlichen Lage kam es erst wieder nach 1997. Diese Entwicklung war allerdings nur von kurzer Dauer: Mit dem erneuten Ausbruch gewalttätiger Auseinandersetzungen im Herbst 2000 kehrte sich der positive Trend sogleich wieder um.

Einer Statistik der Weltbank zufolge nahm das Bruttosozialprodukt in den Autonomiegebieten zwischen 1993 und 1997 absolut zwar um ca. 4,7 % zu; da die Bevölkerung gleichzeitig aber um gut 27 % wuchs, schrumpfte das BSP pro Kopf im gleichen Zeitraum um 17,5 % und betrug 1997 nur noch 1600 US$ pro Jahr. Dann wurde eine Besserung spürbar: Im Laufe des Jahres 1998 nahm das BSP pro Kopf erstmals um 3,1 % zu. Einem Bericht des Sonderkoordinators der Vereinten Nationen zufolge wuchs das absolute BSP 1999 sogar um 6 %, pro Kopf lag das Wachstum hingegen leicht unter dem des Vorjahres.

Die jüngsten gewalttätigen Auseinandersetzungen zwischen Palästinensern und Israelis wirken sich einem Bericht der Vereinten Nationen zufolge äußerst negativ auf die Wirtschaft aus: Schon zu Beginn der Unruhen, zwischen dem 28. September und dem 26. November 2000, verlor die palästinensische Wirtschaft 388 Millionen US$ durch den Rückgang von Handel und Produktion. Die Einkommensverluste von palästinensischen Arbeitern in Israel beliefen sich auf 117 Millionen US$. In der Folge stieg die palästinensische Arbeitslosigkeit von 11 % (70000 Personen) im September auf 30 % (260000) im Oktober und November.

Das BSP sank 2000 um 6,4 %, nachdem es noch im Vorjahr um 7,2 % gewachsen war, das BSP pro Kopf sank im selben Zeitraum gar um 10,3 %. In absoluten Zahlen ging das BSP zwischen 2000 und 2002 von 4,6 Milliarden US$ auf knapp 3,0 Milliarden US$ zurück. Im selben Zeitraum sank das BIP von 5,4 Milliarden US$ auf 3,2 Milliarden US$, das BIP pro Kopf allein 2002 um 26,4% im Vergleich zum Vorjahr. Es deutet alles darauf hin, daß sich der 2000 bereits abzeichnende dramatische Einbruch in den folgenden Monaten und Jahren, in denen die Auswirkungen der gewalttätigen Auseinandersetzungen und der von Israel ergriffenen Blockademaßnahmen voll zum Tragen kamen, fortgesetzt hat. Das Wiederaufflammen des Konflikts im Zuge der *Al-Aqsa-Intifada* hat die palästinensische Volkswirtschaft nach einer Studie der Weltbank vom März 2003 den Gegenwert eines ganzen Jahres wirtschaftlicher Aktivität gekostet.

Der Trend der gesamtwirtschaftlichen Entwicklung spiegelt sich auch in den Arbeitslosenzahlen wider. Lag die Arbeitslosenquote vor Beginn des Friedensprozesses meist um die 5%, so stieg sie nach Abschluß der Prinzipienerklärung zwischen 1993 und 1994 schlagartig auf 10 bis 15%, und zwischen 1995 und 1997 weiter auf (teilweise weit) über 20%. 1998 fielen die Zahlen wieder auf 16 bis 20% und erreichten Ende 1999 mit 10% ihren tiefsten Stand seit Beginn des Friedensprozesses. Infolge der Abriegelung der Autonomiegebiete und aufgrund des Ausschlusses der meisten Palästinenser vom israelischen Arbeitsmarkt stieg die Arbeitslosenquote im Oktober und November 2000 jedoch sprunghaft auf etwa 30%. 2002 war mehr als die Hälfte aller arbeitsfähigen Palästinenser ohne Beschäftigung.

Innerhalb der Autonomiegebiete verteilen sich die Arbeitsplätze im wesentlichen auf vier wichtige Bereiche: Etwa 55% der Arbeitnehmer sind im Dienstleistungsbereich tätig (viele davon im öffentlichen Sektor), ca. 14% in der Landwirtschaft, 17% in der Industrie und 14% im Baugewerbe. Die Zahlen für die einzelnen Wirtschaftssektoren unterscheiden sich leicht für das Westjordanland und den Gazastreifen: Die Industrie ist im Westjordanland stärker vertreten, im Gazastreifen sind noch mehr Personen bei der Autonomiebehörde beschäftigt; letztlich ist die Verteilung aber ähnlich. Der soziale und wirtschaftliche Unterschied zwischen den beiden Gebieten ist daher eher der Arbeitslosenstatistik zu entnehmen: Im Gazastreifen ist die Arbeitslosenquote oft mehr als doppelt so hoch als im Westjordanland und kann dort in Krisenzeiten bis auf 60% hochschnellen; 1999 lag sie dort bei 15,5%, im Westjordanland hingegen bei nur 7,5 %. Entsprechend unterschiedlich entwickelte sich auch das Lohnniveau: Stieg es im Westjordanland 1999 im Vergleich zum Vorjahr um 15 % (inflationsbereinigt etwa 7 %), waren es im Gazastreifen lediglich 9 % (was einem realen Wachstum von 1 % entspricht).

Ein letzter wichtiger Maßstab, an dem sich die soziale und wirtschaftliche Entwicklung der palästinensischen Autonomiegebiete ablesen läßt, ist die Anzahl von Personen, die unterhalb der absoluten Armutsgrenze leben. Eine häufig verwendete Definition bemißt Armut nach dem Einkommen, das notwendig ist, um grundlegende Bedürfnisse (wie die Versorgung mit Lebensmitteln, Kleidung und Wohnung) zu befriedigen. Nach dieser Definition liegt die Armutsgrenze in den Autonomiegebieten bei jährlich 756 US$ pro Person – pro Tag entspricht dies etwa zwei Dollar. Nach Angaben des palästinensischen Amts für Statistik verfügten 1996 16,2 % der Bevölkerung im Westjordanland und 41,9 % im Gazastreifen über weniger als zwei Dollar am Tag – insgesamt lebten somit 677 200 Personen unterhalb der Armutsgrenze. Im Folgejahr waren mit 658 000 Menschen fast ebenso viele betroffen, erst 1998 fiel die Zahl auf 611 200; dies entspricht immer noch 14,5 % der Bevölkerung im Westjordanland und 33 % im Gazastreifen. Infolge der im Herbst 2000 begonnenen Unruhen stieg diese Zahl nach Schätzungen der Vereinten Nationen auf knapp die Hälfte der palästinensischen Gesamtbevölkerung. Im Dezember 2002 lebten 60 % der palästinensischen Bevölkerung (fast 2 Millionen Menschen) in den Autonomiegebieten in Armut, in Gaza waren es gar 75 %. Das Pro-Kopf-Einkommen ging zwischen September 2000 und Ende 2002 um die Hälfte zurück.

2. Ursachen und Hintergründe der Wirtschaftsentwicklung

Als die Palästinensische Autonomiebehörde 1994 erste Kompetenzen im Bereich der Wirtschaftspolitik übernahm, stand sie einer schwierigen ökonomischen Ausgangslage gegenüber. Die vielen Jahre der Fremdherrschaft – erst Jordaniens und Ägyptens, dann Israels – hatten schlechte Rahmenbedingungen für die Wirtschaftsentwicklung hinterlassen; vor allem in den Bereichen der

Infrastruktur und der Industrialisierung waren die fehlenden Investitionen der vergangenen Jahrzehnte deutlich zu spüren. Die israelische Besatzungspolitik hatte zudem ein Wirtschaftssystem hinterlassen, das die besetzten Gebiete in hochgradige Abhängigkeit von Israel gebracht hatte: Ein beträchtlicher Teil der palästinensischen Bevölkerung arbeitete in Israel und den israelischen Siedlungen, Israel war beinahe der einzige Handelspartner, und bezahlt wurde im Westjordanland und dem Gazastreifen mit israelischer Währung – schließlich gab es keine eigenständigen palästinensischen Wirtschaftsinstitutionen, insbesondere kein Bankensystem.

Nach Beginn des Friedensprozesses mußte also zunächst damit begonnen werden, eine «palästinensische» Wirtschaft aufzubauen, deren Spielregeln festzulegen und Institutionen zu errichten. All diese Aufgaben, für die die militanten Freiheitskämpfer aus der PLO denkbar schlecht gerüstet waren, wurden noch dadurch erschwert, daß die Kompetenzen der Autonomiebehörde unvollständig waren. So wurde zwar den Vereinbarungen des Pariser Protokolls entsprechend eine Währungsbehörde eingerichtet, eine unabhängige palästinensische Währung war hingegen nicht vorgesehen. Israelischer Schekel und jordanischer Dinar behielten ihre Bedeutung. Auch in vielen anderen Bereichen, wie dem Außenhandel, erhielt die Autonomiebehörde keine unabhängigen Entscheidungsbefugnisse; und viele wichtige Fragen werden nach wie vor in Verhandlungen mit Israel und nicht durch das palästinensische Wirtschaftsministerium entschieden. Zentrales Beispiel für die Kompetenzen, die bei Israel verblieben und so die wirtschaftliche Handlungsfreiheit der Autonomiebehörde einschränken, ist die Kontrolle über lebensnotwendige Ressourcen (Wasser- und Landrechte).

Die Darstellung der wirtschafts-, handels- und finanzpolitischen Rahmenbedingungen, die die Autonomiebehörde bei ihrer Errichtung vorfand und die auch nach 1993/94 maßgeblich von Israel kontrolliert werden, zeigt, in welchem Umfang das palästinensische Wirtschaftsleben nach wie vor von israelischen Sicherheitsinteressen abhängig ist. Dabei wird die Wirtschaftsentwicklung nicht nur durch die politischen Vereinbarungen, sondern ebenso sehr durch konkrete israelische Aktionen beeinflußt: Insbesondere die israelische Politik der Abriegelung der palästinensischen Gebiete wirkt sich unmittelbar auf das Leben der palästinensischen Arbeitnehmer in Israel und den Siedlungen aus.

Die nach 1967 nahezu uneingeschränkte Öffnung der Grenzen zwischen Israel und den von Israel besetzten Gebieten hatte vielen palästinensischen Arbeitskräften den Zugang zum israelischen Arbeitsmarkt ermöglicht. Diese Freizügigkeit, die den Palästinensern ungehinderten Zugang zum israelischen Kerngebiet und den Israelis zu den Autonomiegebieten ermöglicht hatte, wurde erstmals 1991 im Zuge des Golfkriegs eingeschränkt; von da an benötigten Palästinenser eine israelische Arbeitserlaubnis. Diese Regelung wurde 1993 verschärft; seither dürfen nur noch Personen mit einer speziellen Erlaubnis die Grenzen überqueren – auch der Zugang nach Ostjerusalem wird auf diese Weise von Israel reguliert. Wirklich problematisch für die palästinensische Wirtschaft wurde diese neue Grenzpolitik Israels jedoch erst, als man damit begann, die Autonomiegebiete abzuschließen, um Unruhen oder Terroranschläge der Palästinenser zu sanktionieren. Infolge dieser Grenzschließungen dürfen weder Waren die Grenzen passieren, noch können die palästinensischen Arbeitnehmer (im Herbst 2000 etwa 140000 bzw. ein Fünftel aller palästinensischen Arbeitnehmer) an ihre Arbeitsplätze in Israel gelangen. Auch wird die Bewegungsfreiheit zwischen den einzelnen palästinensischen Gebieten durch die Schließung der Grenzen drastisch eingeschränkt, da der Verbindungsweg zwischen Gazastreifen und Westjordanland durch israelisches Territorium verläuft und bei einer Abriegelung Ostjerusalems der nördliche vom südlichen Teil des Westjordanlandes getrennt wird.

Als 1995/96 und seit Herbst 2000 Anschläge und Unruhen zunahmen, wurden zusätzliche Ausgangssperren verhängt, die nun auch der bis dahin gegebenen Bewegungsfreiheit innerhalb der Autonomiegebiete ein Ende setzten: Wichtige Verbindungsstraßen, die nach wie vor unter israelischer Militärkontrolle standen, wurden tageweise gesperrt; das soziale und wirtschaftliche Leben kam zum Erliegen. Die Absperrungen und Ausgangssperren verursachen der palästinensischen Wirtschaft enorme Kosten: Nach Schätzungen der Vereinten Nationen hat ein Tag Absperrung Verluste in Höhe von etwa 2,4 Millionen US$ zur Folge, die sich aus dem entfallenen Einkommen der Arbeitsmigranten und der Unterbindung des Warenverkehrs sowie der damit unmittelbar zusammenhängenden Einschränkung der gesamtwirtschaftlichen Aktivität zusammensetzen. Als die palästinensischen Anschläge 1996 eskalierten, wurden über 130 solcher Absperrungen verhängt. Im Herbst 2000 verursachte die Absperrung allein in den ersten beiden Monaten Kosten von über 580 Millionen US$. Im Vergleich dazu: Während der ersten Hälfte des Jahres 2000 betrug die gesamte internationale Hilfe an palästinensische Einrichtungen 183 Millionen US$. Bis zum Dezember 2001 entstanden durch die Absperrungen nach Schätzungen der Palästinensischen Autonomiebehörde wirtschaftliche Schäden in Höhe von über 7 Milliarden US$.

Die Qualität der politischen Beziehungen zu Israel ist nach wie vor maßgeblich für die Entwicklung der Wirtschaft: Die ökonomische Trendwende von 1997 läßt sich wie der wirtschaftliche Einbruch 2000 nur durch den großen Einfluß Israels auf Produktion und Handel in den palästinensischen Gebieten und die große Bedeutung der in Israel arbeitenden Palästinenser erklären. Daher lasten die Mitglieder der Palästinensischen Autonomiebehörde, wenn sie für die schlechte Wirtschaftslage in den Autonomiegebieten verantwortlich gemacht werden, gerne alle Schwierigkeiten der israelischen politischen Führung an. Allerdings sollte man nicht die Handlungs- und Einflußmöglichkeiten der palästinensischen Selbstverwaltung unterschätzen, zumal zwischen 1997 und 2000 die Absperrungen der Autonomiegebiete stark zurückgegangen waren und 1999 und im ersten Halbjahr 2000 noch kaum eine Rolle gespielt hatten.

Unabhängig von den Investitionsdefiziten im Bereich der Infrastruktur und Industrie, mit denen die Autonomiebehörde nach ihrer Gründung zu kämpfen hatte, gab es eine Reihe von Faktoren, die auf eine positive Entwicklung der palästinensischen Wirtschaft hoffen ließen: Vorerst unbelastet von hohen Staatsschulden, mit der Aussicht auf großzügige internationale Unterstützung und an einer wichtigen Verbindungsstelle zwischen Europa, Nordafrika und Asien gelegen, barg das palästinensische Autonomiegebiet ein beträchtliches Wirtschaftspotential. Hinzu kam, daß die palästinensische Gesellschaft einen für die Region ungewöhnlich hohen Bildungsstandard vorzuweisen hat und daß es eine große Menge privates Kapital gibt, das teilweise von den in den Autonomiegebieten lebenden Palästinensern (die eine sehr hohe Sparrate aufweisen), teilweise auch von den ca. 4,5 Millionen Palästinensern, die in der Diaspora oft zu großem Reichtum gelangt sind, zur Verfügung gestellt werden könnte.

Doch bislang ist dieses Potential kaum oder gar nicht genutzt worden: Investitionen im privaten Sektor blieben das «Sorgenkind» der palästinensischen Wirtschaftsentwicklung, wie aus einem Bericht des UN-Sonderberichterstatters von Juli 2000 klar hervorgeht. So sanken die Investitionen nach Beginn des Friedensprozesses deutlich (in den ersten drei Jahren um 50%) und konnten sich seitdem kaum erholen. Zudem wurden fast alle Investitionen von der öffentlichen Hand getätigt, im privaten Bereich verzeichneten lediglich die (meist nicht-produktiven) Investitionen im Bauwesen Zuwächse. Der Mangel an Investitionen in die Privatwirtschaft ist denn auch einer der Hauptgründe, warum dieser Bereich kaum zum Anstieg des Bruttosozialprodukts beitrug. Dennoch, während des großen Aktienbooms Mitte und Ende der 1990er Jahre waren die palästinensischen Gebiete vorübergehend auch für internationale Anleger von Finanzkapital attraktiv: Die palästinensische Börse, die 1997 den Handel aufnahm, verzeichnete im Jahr 1999 die besten Werte in der arabischen Welt – binnen eines Jahre stieg der *Al-Quds*-Index um mehr als 67%.

Der Grund für ausbleibende Investitionen im produktiven Bereich war in erster Linie das mangelnde Vertrauen der Investoren. Dieser Vertrauensmangel wiederum ist vor allem auf die unsichere politische Lage zurückzuführen: Der Friedensprozeß gerät immer wieder in die Krise; und angesichts der jüngsten Unruhen, die die Region seit Ende des Jahres 2000 erschüttern, ist ungewiß, wann es den Parteien gelingen wird, zu einer dauerhaften Lösung zu gelangen. So sank das Investitionsvolumen in den Autonomiegebieten zwischen 1999 und 2002 von 1,5 Milliarden US$ auf lediglich 140 Millionen US$.

Daneben wurden potentielle Investoren aber auch von Mißmanagement und korrupten Verwaltungen abgeschreckt. Dabei ist die mangelnde Effizienz der Autonomiebehörde nicht nur auf gelegentliche Fälle von fehlender Erfahrung zurückzuführen, vielmehr ist sie das Resultat von Arafats System der politischen Patronage. Um seinen eigenen Machterhalt zu sichern und die verschiedenen gesellschaftlichen Gruppen in das neue politische System zu integrieren, wurden Posten im Verwaltungsapparat häufig nicht nach Maßgabe fachlicher Kompetenz, sondern nach rein politischen Kriterien besetzt. Diese Praxis führte nicht nur zu einem aufgeblähten Staatsapparat, in den letzten Jahren kamen auch zahlreiche Fälle ans Licht, in denen sich hochgestellte Politiker – vor allem durch Nutzung der staatlichen Wirtschaftsmonopole und Lizenzierungsrechte – persönlich bereichert hatten. Der Palästinensische Legislativrat setzte daraufhin Untersuchungskommissionen ein, und Arafat mußte in der Folge einige wichtige Politiker entlassen.

Hinzu kommt ein weiteres zentrales Manko der palästinensischen politischen Ordnung, das dem Investitionsklima erheblich schadet: Weder gibt es einen sicheren und einheitlichen Rechtsrahmen für die Wirtschaftsordnung, noch stehen verläßliche Organe zur Lösung von Rechtsstreitigkeiten zur Verfügung. Die Unternehmer bringen den palästinensischen Gerichten kein Vertrauen entgegen, und sie beklagen das Fehlen von eindeutigen Regelungen – etwa für die Firmeneintragung, für Steuern und Investitionen. Für die Regulierung des Kapitalmarkts, das Wettbewerbsrecht und den Versicherungsschutz existieren ebenfalls noch keine einheitlichen Gesetze. Die Verabschiedung von Gesetzen, die die Probleme in diesem Bereich beheben sollten, konnte jedoch infolge der *Al-Aqsa-Intifada* keine positive Wirkung mehr entfalten.

IV. Gesellschaft und Kultur

1. Palästina: eine heterogene arabische Gesellschaft

«Wir haben zuvor erklärt, daß königliche Autorität und die Gründung von Dynastien das Ziel des Gruppengefühls sind, daß seßhafte Kultur das Ziel des Lebens der Beduinen ist und daß jede Zivilisation, sei sie beduinisch oder seßhaft, ob sie Herrscher oder Bürger(liche) betrifft, ein physisches Leben hat, so wie jedes Individuum ein physisches Leben hat.»

Ibn Khaldûn (The Muqaddimah. An Introduction to History)

Ein wichtiger Baustein der palästinensischen Gesellschaft ist traditionell der Clan, der im Arabischen als *Hamula* bezeichnet wird. Ein Clan umfaßt jeweils mehrere Kleinfamilien und Haushalte, deren Anzahl je nach Bedeutung des Clans variiert. Die *Hamula* spielt auf allen Ebenen der sozialen Organisation eine zentrale Rolle: Innerhalb jeder Großfamilie trifft das Oberhaupt der *Hamula* alle wichtigen Entscheidungen und verfügt über den Besitz der Sippe. Innerhalb eines Dorfes oder einer lokalen Gemeinde stellt der wichtigste Clan das Oberhaupt, den Scheich, der traditionell für die lokale Rechtsprechung zuständig ist. Die bedeutendsten Clans haben schließlich auch Einfluß auf die landesweite Politik.

Die politische und soziale Bedeutung der Clans wurde von den verschiedenen Verwaltungsmächten Palästinas aufrechterhalten und verstärkt. Die Oberhäupter der wichtigsten Familien, die sogenannten Notabeln, wurden von der lokalen Bevölkerung als Autorität anerkannt; es bot sich daher an, ihnen lokale Verwaltungsaufgaben zu übertragen. So waren beispielsweise die Notabelnfamilien schon im Osmanischen Reich für die Eintreibung der Steuern und zum Teil auch für die Rechtsprechung zuständig. Auch die britische Regierung bemühte sich während der Mandatszeit um die Unterstützung einflußreicher Großfamilien und trug damit zum Erhalt der Sonderstellung dieser Familien bei.

Die führenden Clans der Palästinenser: die Nashashibis und die Husseinis

In der palästinensischen Geschichte konkurrierten vor allem zwei Clans um den Rang der mächtigsten Großfamilie im Land: die Husseinis und die Nashashibis. Beide Familien stammen aus Jerusalem und können auf beeindruckende Traditionen verweisen: Seit Jahrhunderten übt meist ein Mitglied der Husseini-Familie das Amt des Muftis von Jerusalem aus, einem Nashashibi kommt meist das Amt eines «Wächters der Beiden Heiligen Moscheen» (der Al-Aqsa- und der Ibrahimi-Moschee) zu.

Der Machtkampf zwischen den beiden Familien wurde in den 1920er und 30er Jahren so bedeutsam, daß sich fast die gesamte Gesellschaft in *Majlisyoun*, Unterstützer der Husseinis, und *Mu'arada* («Opposition»), die eher säkularen Anhänger der Nashashibis, spaltete. Beide Familien gründeten – geführt von Hajj Amin al-Husseini, dem Großmufti von Jerusalem, auf der einen und Ragheb Nashashibi, dem Bürgermeister von Jerusalem, auf der anderen Seite – zu dieser Zeit politische Parteien, die gleichermaßen national-arabische und antizionistische Positionen vertraten. Hajj Amin, der sich später mit Hitler-Deutschland verbündete und während des Krieges zu Gesprächen in Berlin war, vertrat die Palästinenser auf vielen internationalen Konferenzen und wurde 1948 von der «Regierung ganz Palästinas» zum Präsidenten ernannt.

Bis heute spielen diese Familien eine große Rolle: So bekleidete etwa Mohammed Zuhdi Nashashibi wichtige Positionen in der Autonomiebehörde, und der im Juni 2001 verstorbene Faisal al-Husseini, der vielen palästinensischen Verhandlungsdelegationen vorstand, vertrat als Leiter des Orienthauses *de facto* die palästinensische «Regierung» in Ostjerusalem.

Die sozialen Umwälzungen, denen die Palästinenser aufgrund der Teilung des Landes nach dem Zweiten Weltkrieg und der Flucht eines Großteils der Bevölkerung in der Folge der israelisch-arabischen Kriege ausgesetzt waren, ließen Macht und Einfluß der Clans weitgehend unangetastet. Im Gegenteil, die Modernisierungsprozesse, die sich innerhalb der palästinensischen Gesellschaft abspielten, wurden durch Flucht und Vertreibung eher gebremst: In dieser Notlage waren Individuen und Kleinfamilien mehr als je zuvor auf die Unterstützung durch andere Clanmitglieder angewiesen. So fanden sich in den Flüchtlingslagern bald *Hamulas* und ganze Dorfgemeinschaften wieder zusammen, und nicht selten übernahm eine der traditionellen Notabelnfamilien die Organisation und politische Leitung des Lagers.

Aber auch außerhalb der Flüchtlingslager konnten viele Notabeln ihren Einfluß wahren, nicht zuletzt deshalb, weil zunächst Ägypten und Jordanien und dann auch die israelische Verwaltung im Gazastreifen und im Westjordanland wieder auf das bewährte Mittel zurückgegriffen hatten, ihre jeweilige Verwaltungspolitik von den bedeutenden Clans umsetzen zu lassen. Auch unter der Palästinensischen Autonomiebehörde hat sich an dieser Tatsache grundsätzlich nichts geändert. Aufgrund ihres ungebrochenen Einflusses auf lokale Gemeinden gehören die Notabelnfamilien zu einer der Gruppen, deren Loyalität sich auch Arafat zu sichern sucht, indem er ihnen Zugang zu politischen Ämtern verschafft. Daher gehören heute viele Bürgermeister, aber auch viele Funktionäre der Autonomiebehörde traditionellen Notabelnfamilien an. Daran haben auch die 2003 eingeleiteten Reformen der palästinensischen Institutionen wenig geändert.

Schließlich ist Arafat auch selbst in eine Großfamilie eingebunden, und einige seiner Verwandten haben hohe Positionen in der palästinensischen Verwaltung inne. In weiten Teilen der palästinensischen Bevölkerung spielt die *Hamula*, die Großfamilie, nach wie vor eine zentrale Rolle. «Vetternwirtschaft», im Sinne einer Bevorzugung von Familienmitgliedern in politischen und wirtschaftlichen Fragen, wird nicht als anstößig empfunden, sondern gilt als traditioneller Bestandteil des palästinensischen Lebens.

Doch auch wenn diese überlieferte Gesellschaftsstruktur in vielen Bereichen noch immer dominiert, ist die palästinensische Gesellschaft bei weitem nicht einheitlich strukturiert. Neben den gängigen Unterschieden zwischen verschiedenen politischen und religiösen Gruppierungen sowie zwischen städtischer und ländlicher Bevölkerung (sowie der Existenz einer Bevölkerungsgruppe mit eigenen Lebensformen und Traditionen, den Beduinen) gibt es einige soziale Trennlinien, die sich aus der besonderen Situation und Geschichte der Palästinenser ergeben. So gliedert sich die Bevölkerung von insgesamt ca. 7,8 Millionen in Palästinenser, die in der Diaspora leben (über 4 Millionen), Palästinenser mit israelischer Staatsbürgerschaft (1,1 Millionen, oder 18 % der israelischen Bevölkerung) sowie Palästinenser in den Autonomiegebieten (etwa 2,25 Millionen) und Ostjerusalem (über 250000, die derzeit einen besonderen Status genießen: Sie sind weder palästinensische noch israelische Staatsbürger, befinden sich aber im Besitz einer israelischen Identitätskarte).

In den palästinensischen Gebieten wiederum verläuft eine gesellschaftliche Trennlinie zwischen Flüchtlingen und Ansässigen. Etwa die Hälfte der palästinensischen Bevölkerung in den Autonomiegebieten – ca. 1,2 Millionen Menschen – sind Flüchtlinge oder Nachkommen von Flüchtlingen aus dem ersten israelisch-arabischen Krieg von 1948/49. Von ihnen lebt die Hälfte (im Falle des Gazastreifens) bzw. ein Viertel (im Westjordanland) bis heute in Flüchtlingslagern. Daß über 50 Jahre nach der Flucht noch so viele Menschen in Lagern leben und sich nicht in die lokalen Gesellschaftsstrukturen integriert haben, ist ein Indiz dafür, wie groß die soziale Kluft ist, die die beiden Bevölkerungsgruppen nach wie vor trennt. Das liegt zum einen daran, daß viele Flüchtlinge bewußt eine Normalisierung ihres Alltags ablehnen, um auf diese Weise ihren Anspruch auf eine Rückkehr in ihre Heimatdörfer, die im heutigen Israel liegen, aufrechtzuerhalten. Zum anderen wurden die Flüchtlinge lange von der ansässigen Bevölkerung gemieden – teils weil die Flüchtlinge oft abseits von Städten und Dörfern in den Lagern lebten, teils aber auch, weil ihr sozialer Status niedrig war.

Mit Beginn des Oslo-Prozesses und der Anerkennung eines Existenzrechts für Israel durch die palästinensische Führung haben sich die Voraussetzungen für eine Integration der Flüchtlinge jedoch zum Besseren gewandelt. Zum einen ist nun offiziell besiegelt, was *de facto* auch vorher schon feststand: Eine Rückkehr in die ehemals palästinensischen Dörfer in Israel wird es – zumindest für einen Großteil der Flüchtlinge – nicht geben. Zum anderen waren die Flüchtlinge während der *Intifada* und nach Ausbruch der *Al-Aqsa-Intifada* besonders aktiv und haben sich dadurch Respekt im palästinensischen Gemeinwesen erworben.

Im Gegenzug tat sich infolge des Friedensprozesses und der Einrichtung der Autonomiebehörde (abgesehen von der Spaltung der Gesellschaft in Friedensgegner und Friedensbefürworter) eine neue gesellschaftliche Kluft auf: die zwischen den Rückkehrern – also den Palästinensern aus der Diaspora, die nach dem Abschluß der Osloer Verträge in die Autonomiegebiete zurückkamen – und denjenigen, die auch während der Zeit der israelischen Besetzung im Gazastreifen und dem Westjordanland geblieben und für die Aufnahme und Durchführung der *Intifada* verantwortlich waren.

Schon während des ersten palästinensischen Aufstandes war das Verhältnis zwischen der palästinensischen Führung in der Diaspora und den *Intifada*-Aktivisten vor Ort nicht unproblematisch gewesen: Der Ausbruch der Unruhen überraschte die PLO-Führung in Tunis nicht weniger als den Rest der Welt. Und die Initiative der Aktivisten in den besetzten Gebieten hätte beinahe dazu geführt, daß die palästinensische Exilführung in der Bedeutungslosigkeit versunken wäre. Doch indem Arafat die Aufständischen von Anfang an unterstützte, gelang es ihm, den politischen Führungsanspruch der PLO durchzusetzen und aufrechtzuerhalten.

Innerpalästinensische Konflikte und Ressentiments traten größtenteils erst nach dem Ende der *Intifada* offen zu Tage. Nachdem die erste Euphorie über den Friedensprozeß verflogen war, mußten die Aktivisten feststellen, daß sie zwar die Hauptlast des Aufstandes getragen hatten – sie hatten die israelische Besatzung ertragen, ihnen waren während des Aufstandes die Knochen gebrochen worden, und sie hatten oft Jahre in israelischen Gefängnissen verbracht –, doch die erhofften Früchte ihrer Mühen fielen anderen zu. Zur Gründung eines palästinensischen Staates war es noch ein weiter Weg, die Lebensbedingungen verschlechterten sich zunehmend, und die Zukunftsaussichten für die meist jugendlichen Steinewerfer, die infolge der *Intifada* einen Großteil ihrer Ausbildung verpaßt hatten, waren mager.

Diejenigen, die tatsächlich von den Ergebnissen des Aufstandes profitierten, waren vor allem die Palästinenser aus der Diaspora. Sie kehrten in die Autonomiegebiete zurück und nahmen fast alle neu entstandenen Posten in der Autonomiebehörde oder in den Sicherheitskräften in Besitz. Aus Arafats Sicht war das eine notwendige Maßnahme, um altverdiente Kämpfer und treue PLO-Genossen zu belohnen; bei vielen «Kindern der *Intifada*» jedoch machte sich Unzufriedenheit breit darüber, daß den Lohn für ihre Mühen andere einstrichen und sie selbst arbeitslos und ohne Zukunftsperspektive blieben. Das oftmals arrogante und anmaßende Auftreten insbesondere der Mitglieder der Sicherheitskräfte trug nicht dazu bei, diesen Konflikt zu entschärfen.

Der erneute Ausbruch eines Aufstands gegen die israelische Besetzung im Herbst 2000 und die Eskalation der Gewalt in der

Folgezeit hat die Gräben zwischen den palästinensischen Gruppen zum Teil zugeschüttet. Nach einigem Lavieren unterstützte Arafat den Aufstand. Die israelischen Angriffe gegen Einrichtungen der Autonomiebehörde, die Belagerung Arafats und die Radikalisierung seiner politischen Basis erhöhten die Akzeptanz der politischen Führung in der Gesellschaft.

Diese Akzeptanz ist allerdings aus der Not geboren. Gelänge es der neuen Regierung um Mahmud Abbas, eine Deeskalation der Gewalt zu bewirken und so wieder einen Friedensprozeß einzuleiten, würden über kurz oder lang die Gegensätze der palästinensischen Gesellschaft erneut aufbrechen.

Die palästinensische Gesellschaft ist arabischen Traditionen verpflichtet, muß aber auch eine ungewöhnliche Vielzahl von sozialen und politischen Gegensätzen verkraften. Hier liegt auch einer der Gründe für Arafats überragende Stellung in der palästinensischen Politik und Gesellschaft: Er bemüht sich um die Integration aller Gruppen und steht gewissermaßen über den Parteien, die den Rest der Bevölkerung spalten. Damit ist Arafat Symbol der Einheit der Palästinenser und wird als solches von der großen Mehrzahl der Bevölkerung akzeptiert und sogar verehrt.

2. Religionen

Auch in religiöser Hinsicht sind die Palästinenser kein homogenes Volk. Neben der sunnitisch-muslimischen Mehrheit gibt es eine kleine Minderheit palästinensischer Juden und Drusen sowie eine etwas größere Gruppe palästinensischer Christen, die zwischen fünf und zehn Prozent der Bevölkerung ausmachen. Diese religiösen Minderheiten sehen sich in den letzten Jahren zwar durch das Anwachsen des islamischen Fundamentalismus zum Teil bedroht, tatsächlich werden sie aber in der freien Ausübung ihres Glaubens kaum eingeschränkt. *De facto* respektiert die Politik die Rechte der religiösen Minderheiten; vor allem christliche Palästinenser, für die auch sechs Sitze im Legislativrat reserviert sind (daneben ist ein Sitz für die kleine Gruppe der Samaritaner bestimmt), halten viele zentrale gesellschaftliche Positionen besetzt. *De iure* allerdings ist die Lage der Minderheiten weiterhin unklar. Denn sowohl die Charta der PLO als auch die palästinensische Verfassung garantieren zwar das Recht auf freie Religionsausübung, doch keines der beiden Dokumente besitzt – solange es keinen palästinensischen Staat gibt – einen eindeutig bestimmbaren Rechtsstatus.

Das Verhältnis zwischen den palästinensischen politischen Institutionen und der vorherrschenden Religion, dem Islam sunnitischer Prägung, ist ambivalent. Offiziell existiert zwar keine Staatsreligion, und traditionell verstehen sich die PLO (als Dachorganisation für alle Palästinenser, unabhängig von ihrer Religionszugehörigkeit) und die wichtigste palästinensische politische Gruppierung, *Fatah*, als säkulare Vereinigungen nach dem Muster europäischer Nationalbewegungen. Zugleich aber spielt Jerusalem mit all seiner religiösen Bedeutung für den Islam eine wichtige, wenn nicht die zentrale Rolle für die Identität der Palästinenser; man versteht sich als Teil der arabischen und der muslimischen Nation. Der palästinensische Nationalismus ist daher nicht vollständig von Religion und religiöser Symbolik zu trennen.

Infolgedessen findet man – vor allem in den letzten Jahren – in Arafats Rhetorik und in wichtigen politischen Dokumenten viele religiöse Bezugnahmen. Die Charta der PLO enthält zwar noch keinen Hinweis auf eine religiöse Präferenz der Befreiungsbewegung – vielmehr wird lediglich betont, daß freier Zugang aller Religionen zu den heiligen Stätten angestrebt wird. Im Gegensatz hierzu beginnt aber die Unabhängigkeitserklärung von 1988 schon mit der typisch islamischen Formel *Bi-ismi-l-lahi-r-Rahmaani-r-Rahiim* (Im Namen Gottes, des Allerbarmers, des Barmherzigen); auch fast alle anderen wichtigen politischen Dokumente und Reden werden nunmehr so eingeleitet. Darüber hinaus benutzt Arafat den Islam neuerdings auch als politisches Argument: Nach dem Scheitern der Endstatusverhandlungen in Camp David im Juli 2000 begründete er seine harte Verhandlungslinie den Status von Jerusalem betreffend damit, daß ihm «eine Milliarde Muslime» eine Zustimmung zu dem von Präsident Clinton vorgeschlagenen Kompromiß «nie verziehen hätten».

Abgesehen von dem Anklang, den die Verwendung von solchen Formeln in einer gemeinhin religiös geprägten Gesellschaft findet, muß man diese zunehmende – zumindest rhetorische – Orientierung der palästinensischen politischen Führung am Islam auch als Reaktion auf die Herausforderung durch die (radikal-)islamische

Opposition verstehen. Dabei muß sorgfältig unterschieden werden zwischen den Einrichtungen des traditionellen islamischen Establishments, vor allem dem sogenannten *Waqf* (eine Stiftung islamischen Rechts), zu dem ein weites Netz von Moscheen, Koranschulen, Gerichten und anderen religiösen Institutionen gehört, und den radikalen Organisationen *Hamas* und *Islamischer Jihad*.

Der *Waqf* mit seinem großen Besitz unterstand lange Zeit – auch während der israelischen Besatzung und nach der Annexion Ostjerusalems durch Israel – der Kontrolle Jordaniens, das diese Rechte auch heute noch reklamiert. *De facto* aber hat seit 1994 die Palästinensische Autonomiebehörde (zu der auch ein Ministerium für den *Waqf* und religiöse Angelegenheiten gehört) diese Funktion übernommen. Auf diese Weise werden zahlreiche religiöse Einrichtungen von der Autonomiebehörde finanziert; im Gegenzug nimmt diese Einfluß auf die Besetzung religiöser Ämter. Diese Diener des offiziellen Islam stehen daher zumeist der Autonomiebehörde nahe; sie verhalten sich in vielen Fällen unpolitisch oder aber äußern sich im Sinne Arafats. Besonders in Ostjerusalem, wo die Autonomiebehörde während der Interimsphase keine eigenen Einrichtungen unterhalten darf, ist die Existenz einer loyalen religiösen Führung für die politische Führung von zentraler Bedeutung.

Im Gegensatz zum unpolitischen bzw. gemäßigten *Waqf* stehen die radikalen muslimischen Organisationen. Auch sie verfügen über ein weitreichendes Netz sozialer Einrichtungen – von Kindergärten und Schulen bis zu Krankenhäusern. Vor allem *Hamas* unterhält viele solcher Einrichtungen, die meist kostenfrei oder gegen ein geringes Entgelt zugänglich sind und auf deren Angebote vor allem ärmere Familien oft angewiesen sind. Die sozialen Einrichtungen der radikal-islamischen Organisationen sind wichtig für deren Stellung innerhalb der Gesellschaft und sichern ihnen die Unterstützung breiter, meist ärmerer Schichten.

Doch steht im Vordergrund der Tätigkeit dieser Organisationen nicht das soziale Engagement, sondern ein radikales politisches Programm, das mit Gewalt und Terror umgesetzt werden soll. Ziel des *Jihad*, des «heiligen Krieges», den sich die fundamentalistischen Bewegungen auf die Fahnen geschrieben haben, ist die Befreiung von ungerechter, nicht-islamischer Herrschaft und die

Errichtung eines Staates, in dem die Bevölkerung streng nach islamischen Regeln lebt. Für die Palästinenser hat der *Jihad* daher eine innen- und eine außenpolitische Komponente: Die Juden als Religionsgemeinschaft werden zwar als Feinde betrachtet; zugleich aber erscheint die Niederlage gegen diesen Feind und die Besetzung «muslimischen Bodens» durch Israel als Zeichen der Schwäche der palästinensischen Gesellschaft, die wiederum einer mangelhaften islamischen Lebensweise anzulasten sei. Lange Zeit lag daher das Hauptaugenmerk des politischen Islam auf der Islamisierung der Gesellschaft: Erst wenn dieses Ziel erreicht wäre, sollte der Kampf gegen Israel aufgenommen werden. Dies hat sich mittlerweile geändert.

Der politische Islam verstand sich von Anfang an als Alternative zur PLO, und in Form des *Islamischen Jihad* und der *Moslembruderschaft* gelang es ihm – vor allem nach der Niederlage der PLO im Libanon 1982 –, seinen Einfluß in den besetzten Gebieten erheblich auszuweiten. *Hamas*, eine palästinensische Variante der *Moslembruderschaft*, wurde Anfang 1988 gegründet und entwickelte sich unter ihrem spirituellen Anführer Sheikh Yassin schnell zur einflußreichsten radikalen islamischen Organisation. Der Name «Hamas» ist ein Anagramm, das in umgekehrter Reihenfolge aus den arabischen Anfangsbuchstaben des Wortes «Islamische Befreiungsbewegung» gebildet wurde. Er hat zugleich die Bedeutung «Eifer». Seit ihrer Gründung bis heute, da *Hamas* als größte Bedrohung eines palästinensisch-israelischen Friedensprozesses gilt, haben sich einige zentrale Aspekte dieser Organisation verändert. Zunächst sah *Hamas* ihren Hauptgegner in der PLO; daher wurde sie von Israel auch nicht in ihrem Aufbau behindert; im Gegenteil, die israelische Regierung unterstützte *Hamas* in der Anfangsphase finanziell, um so die PLO zu schwächen. Doch mit Beginn der *Intifada* standen die guten Kontakte zu Israel der Popularität von *Hamas* und ihrem Bestreben, eine Führungsrolle in der Organisation des Aufstandes zu spielen, entgegen. 1989 kam es zu den ersten Angriffen auf israelische Einrichtungen; daraufhin gab die israelische Regierung ihre Unterstützung auf und ging dazu über, *Hamas* und ihre Organisationsstrukturen zu bekämpfen.

Während des palästinensischen Aufstandes hatten sich PLO und *Hamas* kurzfristig durch den gemeinsamen Gegner Israel verbunden gefühlt, doch änderte sich diese Beziehung mit dem Abschluß der Osloer Verträge grundlegend. Arafat und die PLO machten sich in den Augen der radikalen Islamisten durch den Friedensschluß zu Verrätern an der palästinensischen und der muslimischen Sache. Mit zahlreichen blutigen Terroranschlägen auf israelische Busse, Marktplätze und andere zivile Einrichtungen versuchten sie, den Friedensprozeß zu sabotieren – und erreichten immer wieder die Verzögerung israelischer Truppenrückzüge und den Abbruch der Verhandlungen. Auch wenn Anschläge dieser Art in den letzten zwei bis drei Jahren seltener geworden sind, gefährdeten sie doch lange Arafats Glaubwürdigkeit in den Augen der Israelis und damit den Erfolg des Friedensprozesses.

Arafat reagierte auf diese Herausforderung auf zweierlei Weise: Mit heftiger Repression einerseits und dem Versuch der Kooptierung, Besänftigung und Einbindung andererseits. So verpflichtete sich Arafat in Verhandlungen mit Israel immer wieder zur konsequenten Bekämpfung des Terrorismus. Nach Anschlägen ließ er oft Hunderte von militanten *Hamas*-Anhängern verhaften und durch ein eigens eingerichtetes Militärgericht – unter Mißachtung rechtsstaatlicher Standards – zu oft drakonischen Strafen verurteilen. Allerdings mußten die *Hamas*-Mitglieder ihre Strafen nur selten in vollem Umfang verbüßen: Zeigten sie sich kooperationswillig, konnten sie die Gefängnisse oft bald schon wieder verlassen – eine Tatsache, die von Israel immer wieder heftig kritisiert wurde.

Gleichzeitig bemühte sich Arafat um die politische Einbindung der Organisation – in der Hoffnung, sie so zu einer konstruktiveren und weniger gewalttätigen Art der Opposition zu bewegen. Bestes Beispiel für diese Politik war sein Angebot an *Hamas*, sich 1996 an den Wahlen zum Palästinensischen Legislativrat zu beteiligen und so ihre Unterstützung durch etwa 15 % der Bevölkerung in Parlamentssitze umzuwandeln. Dieses Angebot löste heftige Diskussionen innerhalb der radikal-islamischen Bewegung aus, da einerseits die Verweigerung der Teilnahme *Hamas* von einer Einflußnahme auf den politischen Prozeß ausschließen würde, andererseits aber die Partizipation in einem politischen System, das die Organisation eigentlich ablehnt, dieses legitimieren würde. Letztlich entschied sich die Organisation gegen die

Teilnahme; dennoch ließen sich einige *Hamas*-Vertreter als unabhängige Kandidaten aufstellen, und vier von ihnen gelang der Einzug ins Parlament.

Arafats Doppelstrategie hatte zunächst wenigstens teilweise Erfolg: *Hamas* sah sich gezwungen, die Radikalität ihrer Ziele und Methoden zeitweise einzuschränken, um ihre Unterstützung in der Bevölkerung und ihre Einflußmöglichkeiten auf die Politik nicht zu verlieren. Denn die Terroranschläge auf israelische Zivilisten führten in der palästinensischen Bevölkerung oft zu spontaner Ablehnung und Entrüstung. Gleichzeitig hatten Anschläge meist die Abriegelung der Autonomiegebiete mit fatalen Konsequenzen für die Wirtschaft und den Lebensstandard der Palästinenser zur Folge. Auch sind sich viele Menschen der Tatsache bewußt, daß *Hamas* durch ihre terroristischen Aktionen das internationale Ansehen der Palästinenser schädigt, was angesichts der zentralen Bedeutung der internationalen Gemeinschaft für die wirtschaftliche Entwicklung und den Fortgang der Verhandlungen mit Israel sehr riskant erscheint. Schließlich konnte der Friedensprozeß selbst lange Zeit auf die Unterstützung der Bevölkerung zählen. Kritik richtete sich meist gegen konkrete Einzelheiten der Abkommen, nicht aber gegen das Prinzip der Verhandlungen und der Einigung als solches. Die seit Herbst 2000 anwachsende Gewalt auf beiden Seiten und vor allem die Eskalation von Gewalt und Gegengewalt in den Jahren 2001 und 2002 haben dieses Bild geändert. Die radikalen islamistischen Gruppen fanden eine breite Zustimmung, die Wiederbesetzung von Teilen der Autonomiegebiete durch Israel bescherte den militärischen Organisationen der Islamisten einen Zulauf von Rekruten.

Letztlich hat der radikale politische Islam, der in den vergangenen Jahren vielen desillusionierten Palästinensern eine politische Heimat bieten konnte und als größte Gefahr für den Friedensprozeß galt, durch Arafats zweideutige und schwache Haltung Einfluß auf die Politik und das öffentliche Leben in den Autonomiegebieten gewinnen können. Die Errichtung und Verteidigung eines Gewaltmonopols der legitimen palästinensischen Führung gegen die islamischen Gruppen wird eine zentrale Aufgabe der Regierung von Premierminister Abbas sein.

3. Bildung

Die palästinensische Gesellschaft erfreut sich trotz der wirtschaftlichen Schwierigkeiten der vergangenen Jahre und der schwierigen politischen Umstände eines – im Vergleich zu anderen Ländern der Region – hohen Bildungsstandards. Das Bildungsniveau stellt die Basis für das erwartete Wachstumspotential der palästinensischen Wirtschaft dar und gibt Beobachtern Hoffnung, daß sich die palästinensische Gesellschaft zu einer aktiven und demokratischen Zivilgesellschaft entwickeln kann. Gerade in einer so jungen Gesellschaft wie der palästinensischen, in der knapp die Hälfte aller Menschen jünger als 18 Jahre ist, spielen Bildungschancen eine zentrale Rolle für die weitere Entwicklung.

Als der PLO 1994 die Autorität über das Bildungswesen übertragen wurde, fand sie ein Netz aus 2400 öffentlichen und privaten Schulen mit knapp 29000 Lehrern vor, die unter schwierigen Bedingungen (auch während des Aufstandes) die Grundausbildung der palästinensischen Jugendlichen sichergestellt hatten. Dem Engagement der palästinensischen Lehrer ist es zu verdanken, daß trotz der Beeinträchtigungen des Schulbetriebs während der *Intifada* die Palästinenser heute mit 91 % der über 15 jährigen eine der höchsten Alphabetisierungsraten des Nahen Ostens vorweisen können.

Im Haushalt der Autonomiebehörde ist der größte Posten der zivilen Ausgaben dem Bildungssystem gewidmet (etwa 19 % des Gesamtbudgets). In dem Anfang März 2003 vom Legislativrat verabschiedeten Budget für 2003 wurden diese Ausgaben deutlich erhöht. Der Großteil dieser Mittel wurde benötigt, um die bestehenden Einrichtungen der ständig wachsenden Schülerzahl anzupassen. Die Alphabetisierungsrate von 97 % bei der jüngeren Generation und eine Reduzierung der Anzahl der Schulabbrecher von 15 bis 18 % während der *Intifada* auf gut 2 % zeigen den Erfolg dieser Bemühungen.

Dennoch leidet das palästinensische Schulsystem, zu dem neben staatlichen Schulen auch Einrichtungen des UNO-Flüchtlingshilfswerks UNRWA und private Schulen gehören, unter Geldmangel. Denn viele der privaten und religiösen Schulen wurden hauptsächlich durch Spenden aus dem Ausland finanziert. Seit

1994 fließt jedoch ein Großteil der Hilfsmittel direkt an die Autonomiebehörde, so daß viele Nichtregierungsorganisationen ihre Bildungseinrichtungen selbst nicht mehr tragen können. Gleichzeitig wurde das Budget der UNRWA, die vor allem die Flüchtlingscamps (also ein Viertel bis ein Drittel der Bevölkerung) mit Bildungseinrichtungen versorgt, in den vergangenen Jahren erheblich gekürzt. Trotz steigender Ausgaben für Schulen kann die Autonomiebehörde die Einschränkungen auf diesen beiden Gebieten kaum ausgleichen. Obwohl daher im Schuljahr 2001/2002 zwar insgesamt 914269 Schüler unterrichtet wurden, wurde die Qualität des Unterrichts durch mangelhaftes Unterrichtsmaterial und unzulängliche Räumlichkeiten, vor allem aber durch überfüllte Klassen, beeinträchtigt.

Immer mehr junge Palästinenser kommen heute auch in den Genuß einer Hochschulausbildung. Palästinensische Universitäten sind eine relativ junge Einrichtung – bis 1972 gab es keine einzige Hochschule im Westjordanland und dem Gazastreifen. Ambitionierte Palästinenser hatten bis dahin lediglich die Möglichkeit, die Universitäten anderer arabischer Länder, vor allem (wie Arafat) in Kairo oder Beirut, zu besuchen. Palästinensische Studentengruppen an diesen Universitäten waren politisch sehr aktiv und bildeten den Kern verschiedener palästinensischer Befreiungsbewegungen wie der *Fatah* oder der Arabischen Nationalbewegung.

Das rasche Wachstum von Hochschulen im Westjordanland und im Gazastreifen während der 1970er und 80er Jahre ermöglichte auch weniger privilegierten Palästinensern, vor allem Flüchtlingen und der Landbevölkerung, den Zugang zu einer weiterführenden Ausbildung. Hier wuchs eine Generation gut ausgebildeter, politisch aktiver Jugendlicher heran, die schließlich bei der Aufnahme und Durchführung des palästinensischen Aufstandes eine entscheidende Rolle spielten. Während der *Intifada* selbst wurden die meisten der Colleges und Universitäten gerade wegen ihrer Funktion als Zentren der politischen Agitation und der Koordination von Aktivisten geschlossen. Der Unterricht wurde in eingeschränkter Form meist heimlich und in Privaträumen weitergeführt.

Im akademischen Jahr 1999/2000 besuchten an die 70000 palästinensische Studenten die neun Hochschulen und drei Colleges in den Autonomiegebieten, dabei lag der Frauenanteil bei 45 % bzw. 50 %. Die größten Universitäten im Westjordanland sind derzeit die Birzeit-Universität und die Universität von Bethlehem und An-Naja; im Gazastreifen zählen die Islamische Universität Gaza und die *Al-Azhar*-Universität die meisten Studenten. Diese Bildungseinrichtungen sind nach wie vor auch Zentren der politischen Aktivität und Auseinandersetzung. Der Konflikt zwischen säkular orientierten Nationalisten, die Arafat und der Autonomiebehörde nahestehen, und radikalen Islamisten dominiert dabei so manchen Campus.

4. Frauen

Wie andere arabische Gesellschaften ist die palästinensische in weiten Bereichen traditionell orientiert. Der öffentliche Raum, die Politik und die Wirtschaft werden grundsätzlich als Männersache angesehen. Besonders die Clan- oder *Hamula*-Struktur, die in ländlichen Gegenden und in Flüchtlingslagern, aber auch in der Politik der Autonomiebehörde eine entscheidende Rolle spielt, ist patriarchalisch geprägt: Anführer eines Clans ist immer ein Mann, der über den Besitz der Familie verfügt, sie nach außen vertritt, wichtige Entscheidungen trifft und auch dafür zuständig ist, die Ehre der Familie zu verteidigen. Gewalt gegen Frauen wird daher meist als Clan-interne Angelegenheit betrachtet, und dies erschwert die Aufklärung oder Hilfe durch Frauen- oder Menschenrechtsorganisationen. Zudem bestimmt der traditionelle arabische Ehrenkodex, daß vor allem sexuelle «Fehltritte» von Frauen – zu denen auch erlittene Vergewaltigungen zählen – Schande für die gesamte Familie bedeuten. Um die Familienehre wiederherzustellen, werden daher Frauen, denen sexuelle «Vergehen» nachgesagt werden, diskriminiert, oft aus dem Clan ausgestoßen oder gar ermordet.

Gleichzeitig gibt es in der palästinensischen Gesellschaft aber auch eine lange Tradition des öffentlichen und sozialen Engagements von Frauen. Bereits Anfang des 20. Jahrhunderts entstanden verschiedene wohltätige Vereine und Zirkel, die meist von Frauen geleitet und organisiert wurden, die der städtischen Bildungselite angehörten. Ein erster Dachverband für diese verstreuten Organisationen entstand 1921. Die Bedeutung der Frauenverbände in der Gesundheitsfürsorge, der Bildung, aber auch für die öffentliche Sicherheit und Wirtschaft nahm nach dem Zweiten Weltkrieg und besonders nach 1970 beständig zu. Die Aufnahme der Gesamtvereinigung Palästinensischer Frauen in die PLO war schließlich ein Zeichen dafür, daß die Leistungen der Frauen auch von der Gesellschaft anerkannt wurden.

Mit dem Beginn der *Intifada* 1987 änderte sich das Rollenverständnis palästinensischer Frauen grundlegend: Als viele Ehemänner und Söhne nach gewaltsamen Zusammenstößen mit dem israelischen Militär lange Zeit in israelischen Gefängnissen oder Krankenhäusern verbrachten, übernahmen Frauen oft Leitungsfunktionen innerhalb der Familie. Gleichzeitig engagierten sie sich in den zahlreichen Volkskomitees und Nachbarschaftsinitiativen, die unter den erschwerten Bedingungen des Aufstandes die Versorgung der Bevölkerung aufrechterhielten. Besonders die Organisation versteckter Schulen, die Durchführung lokaler Wirtschaftsprojekte und die Einrichtung zahlreicher medizinischer Stationen wäre ohne den Einsatz der palästinensischen Frauen nicht möglich gewesen. Darüber hinaus wagten sich viele Frauen an bislang den Männern vorbehaltene Aktivitäten, indem sie an politischen Demonstrationen teilnahmen, sich an örtlichen Sicherheitskontrollen beteiligten und sich nicht selten bei Straßenschlachten zwischen ihre Kinder und das israelische Militär stellten.

Nach dem Ende der *Intifada* und mit Beginn des Friedensprozesses waren die Erwartungen vieler Frauen an das neue politische System daher sehr hoch. Während des Aufstandes hatten sie im öffentlichen Raum, aber auch innerhalb der Familie bewiesen, daß sie bereit und fähig waren, Führungsaufgaben zu übernehmen. Dieses neue Selbstbewußtsein der Frauen sollte ihrer Meinung nach nun in neue Rechte und Partizipationsmöglichkeiten umgesetzt werden. Doch die Politik der Palästinensischen Autonomiebehörde enttäuschte viele der *Intifada*-Aktivistinnen. Anstelle der demokratischen, offenen Bürgergesellschaft mit verfassungsmäßig garantierten Rechten für Frauen, die sie sich erhofft hatten, kehrte die durch den Aufstand kaum veränderte PLO aus der Diaspora zurück und prägte der neu geschaffenen Autonomiebehörde ihren Stempel auf. Das politische System der Autonomiebehörde schwächte die zivilen Strukturen, in denen sich Frauen eine starke Position erkämpft hatten, stärkte hingegen einige Elemente der palästinensischen Gesellschaft, die der Emanzipation von Frauen entgegenstehen, und versäumte es bislang, ein Rechtssystem aufzubauen, das die Belange der weiblichen Bevölkerung wirksam schützen könnte.

Auch der wachsende Einfluß der radikalen Islamisten auf die palästinensische Politik und Gesellschaft schmälerte die Erfolgsaussichten feministischer Reformprojekte. So startete etwa *Hamas* eine Kampagne gegen westlich gekleidete Frauen, die in ihren Augen ein Zeichen für den Werteverfall und die Verwestlichung der Gesellschaft darstellen. Dieser Kampagne, in deren Verlauf emanzipierte Frauen öffentlich beleidigt, sexueller Verfehlungen beschuldigt und manchmal sogar tätlich angegriffen wurden, setzte die Autonomiebehörde wenig entgegen: Arafat hatte sich bereits durch die Friedensverhandlungen mit Israel die radikalen Islamisten zu Gegnern gemacht, und daher war er bemüht, sie auf anderen Gebieten zu besänftigen. Eine Konfrontation mit den Islamisten über die Stellung und die Rechte von Frauen erschien Arafat und der ihm gegenüber loyalen Führungselite in der Autonomiebehörde somit nicht angebracht.

Die palästinensischen Frauenrechtsorganisationen zielen mit dem Großteil ihrer Initiativen jedoch weniger auf die Reform des gesamten politischen Systems oder die Zurückdrängung des islamischen Einflusses, sondern auf die Reform des palästinensischen Rechtssystems. Zum einen engagieren sich Frauen dafür, überhaupt ein einheitliches Recht herzustellen. Denn solange Elemente des osmanischen, britischen, jordanischen, ägyptischen, israelischen und palästinensischen Rechts nebeneinander existieren und daneben zusätzlich Gewohnheitsrecht und religiöses Recht angewendet werden, bleibt eine grundlegende Rechtsunsicherheit bestehen, die durch Mängel im Justizwesen noch weiter verstärkt wird. Die Wahrung von Menschen- und insbesondere Frauenrechten ist unter diesen Umständen ein schwieriges Unterfangen.

Abgesehen von diesen grundsätzlichen Anliegen bemühten sich Frauenorganisationen beispielsweise um die Aufnahme einer Gleichberechtigungsklausel in den Verfassungsentwurf für die zukünftige palästinensische Verfassung. Im Gegensatz zur palästinensischen Unabhängigkeitserklärung von 1988, die ein Bekennt-

Hanan Ashrawi: Porträt einer prominenten Palästinenserin

Hanan Ashrawi wurde 1946 in Ramallah geboren; ihr Vater, ein Christ, war einer der Mitbegründer der Palästinensischen Befreiungsorganisation PLO.
Ab 1967 studierte sie Anglistik an der American University in Beirut und erlangte ihren Doktortitel nach einem Studienaufenthalt in den USA. Nach ihrer Rückkehr in die palästinensischen Gebiete 1973 wurde die Mutter zweier Töchter Professorin für englische Literatur an der renommierten palästinensischen Birzeit-Universität.
1991 wurde Hanan Ashrawi – nicht zuletzt, da sie sich für einen pragmatischen Dialog mit Israel eingesetzt hatte – zur offiziellen Sprecherin der palästinensischen Delegation bei den Madrider Friedensverhandlungen ernannt. Nach Abschluß der Osloer Verträge war sie bis zu ihrem Rücktritt 1998 Ministerin in Arafats erstem Kabinett. Seit 1998 leitet sie die Unabhängige Palästinensische Kommission für Bürgerrechte, und seit 1999 hat sie den Vorsitz in der MIFTAH, einer palästinensischen Initiative zur Förderung des weltweiten Dialogs und der Demokratie. Seit 2001 ist sie Sprecherin der Arabischen Liga.
Hanan Ashrawi ist eine einflußreiche Persönlichkeit der palästinensischen Gesellschaft. Auch auf internationaler Ebene wird sie nicht nur für ihr Engagement zugunsten der Rechte der Palästinenser und der Emanzipation von Frauen geschätzt, sondern vor allem auch wegen ihres unabhängigen und kritischen Denkens. Sie gilt als eine der vehementesten Fürsprecherinnen der Aussöhnung mit den Israelis, übte aber zugleich heftige Kritik an einzelnen Punkten der Osloer Verträge. Auch zögerte sie nicht, Menschenrechtsverletzungen der Autonomiebehörde oder Arafats autokratischen Führungsstil anzuprangern.

nis zur Gleichberechtigung enthielt, war ein solcher Passus in dem ersten 1997 vom Legislativrat verabschiedeten Verfassungsentwurf zunächst nicht enthalten; in dem dritten überarbeiteten und im Mai 2003 von Arafat unterzeichneten Verfassungsentwurf findet sich nunmehr in Artikel 22 und 23 die Gleichstellung der Frau als Rechtsgrundsatz und als Verfassungsziel verankert; zugleich wird aber auch der Islam als offizielle Religion und die *Sharī'a* als Hauptquelle der Gesetzgebung bestimmt (Art. 5 und 7).

Auf der Ebene einfacher Gesetze kann die Frauenbewegung bereits einige Erfolge verzeichnen: So können Frauen jetzt auch ohne die Zustimmung ihrer Ehemänner oder der für sie zuständigen männlichen Verwandten Reisedokumente beantragen und in einigen Fällen auch ihre Kinder in diese Reisedokumente eintragen lassen.

Weniger erfolgreich waren hingegen bislang die Initiativen und Kampagnen, die eine Reform des Familienrechts zum Ziel hatten. Nach der gegenwärtigen Gesetzeslage unterliegen Fragen des persönlichen Status und des Familienrechts, also Ehe- und Scheidungsgesetze, Erbrecht, Bestimmungen über das Fürsorgerecht für Kinder und ähnliches, den unterschiedlichen religiösen Regelungen und Gerichten. Für die Mehrheit der muslimischen Frauen bedeutet dies die Anwendung des islamischen Rechts, der *Shari'a*, und die Zuständigkeit islamischer Gerichte in diesen Fragen.

Forderungen nach der Einführung bürgerlicher Gesetze und Instanzen ziviler Gerichtsbarkeit in diesem Bereich stoßen bei radikalen Islamisten, aber auch im religiösen Establishment und bei der einfachen, religiös geprägten Bevölkerung auf heftigen Widerstand. Ob hier in naher Zukunft mit einer entscheidenden Veränderung der Rechtslage gerechnet werden kann, erscheint eher fraglich. Wahrscheinlicher ist ein langsamer Prozeß der Veränderung, der auf der Grundlage des islamischen Rechts die Interessen der Frauen stärker berücksichtigt. Dennoch zeigen die intensive Lobbyarbeit und die Organisation zahlreicher Gesprächskreise und Konferenzen zu frauenpolitischen Themen bereits heute einige Wirkung. So brechen gesellschaftliche Tabus, mit denen gerade Fragen der Gewalt gegen Frauen und der Sexualität belegt wurden, nach und nach auf.

Der im Vergleich zu anderen arabischen Ländern hohe Grad an politischem und gesellschaftlichem Engagement der palästinensischen Frauen hängt auch mit ihrem relativ hohen Bildungsstandard zusammen. Allerdings bedeuten vergleichsweise gute Ausbildung und politisches Engagement noch keineswegs den Zugang zu einflußreichen Posten in Wirtschaft und Politik. Arafat berief seit der Gründung der Palästinensischen Autonomiebehörde mit mindestens 20 Ministerien nur zwei Frauen zu Ministerinnen: Intisar al-Wazir als Sozialministerin und Hanan Ashrawi als Erziehungsministerin. Da Hanan Ashrawi im Sommer 1998 nach ihrer Degradierung zur Tourismusministerin ihr Amt jedoch niederlegte, gehört der Regierung – auch nach der Kabinettsumbildung im April 2003 – auf Ministerebene auch heute lediglich eine Frau (nach wie vor Intisar al-Wazir als Sozialministerin) an.

Bei den Wahlen zum Legislativrat konnten 1996 5 Frauen (bei 88 Sitzen) ein Mandat erringen – im Vergleich zu anderen arabischen Ländern eine hohe Zahl. Laut Angaben des *Women's Study Center* – eine der führenden palästinensischen Einrichtungen, die sich für die Emanzipation der Frauen einsetzen – haben Frauen in der Autonomiebehörde 21 von 113 Direktorenposten inne, auf der mittleren Verwaltungsebene stellen sie bereits über ein Drittel der Bediensteten, auf der unteren Ebene sind es 46 %.

Obwohl die Stellung palästinensischer Frauen in der Autonomiebehörde zumindest in den unteren und mittleren Positionen relativ gefestigt scheint, sind berufstätige Frauen in der Privatwirtschaft immer noch eher die Ausnahme. Insgesamt stellten Frauen im Westjordanland 1999 nur etwa 15 % aller Arbeitskräfte, in dem traditioneller geprägten und ärmeren Gazastreifen waren es nur um die 10 %. Diese Zahlen bedeuten einen Fortschritt im Vergleich zu 1996, als der Frauenanteil am Arbeitsmarkt lediglich 13,5 % im Westjordanland und 6,4 % im Gazastreifen betrug. Dennoch gibt es in den palästinensischen Gebieten im Vergleich zu anderen arabischen Ländern wenig berufstätige Frauen. Einer der Gründe hierfür ist sicherlich die ungewöhnlich hohe Geburtenrate in den Autonomiegebieten; das Bevölkerungswachstum erreicht nicht selten 4 % und ist damit eines der höchsten der Welt. Gleichzeitig ist es aber für Frauen schwieriger, eine Anstellung zu finden, als für Männer.

Trotz aller Defizite im rechtlichen Raum und in der Berufswelt und trotz der Versuche der extremen religiösen Gruppierungen, die Freiheit von Frauen einzuschränken, haben sich die Palästinenserinnen einen Platz in der Gesellschaft erkämpft und genießen trotz des Fortbestehens patriarchalischer Strukturen gute Bildungsmöglichkeiten, weitgehende Entscheidungsfreiheit und das politische Selbstbewußtsein, ihre Rechte wirksam einzufordern.

5. Kunst und Literatur

Palästina verfügt über eine reiche kulturelle Tradition. Viele Zivilisationen und drei Weltreligionen haben in der palästinensischen Kunst und Literatur Spuren hinterlassen. Dennoch erfährt die zeitgenössische Kunst und Literatur Palästinas in der westlichen

Welt nur wenig Aufmerksamkeit. Dabei geben die von palästinensischen Künstlern in Wort und Bild eingefangenen Stimmungen und Situationsbeschreibungen wichtige Einblicke in das palästinensische Selbstverständnis und den Umgang mit politischen und geschichtlichen Ereignissen.

Die wichtigste traditionelle Kunstform ist – wie im arabischen Kulturraum insgesamt – die mündliche Tradierung von Geschichten. Diese Tradition des Geschichtenerzählens wurde über Jahrhunderte meist von Frauen im Kreis der ausgedehnten Großfamilie fortgeführt. Die Geschichten, als *hikaye* oder *xurrafiyye* bezeichnet, handeln von den unterschiedlichen sozialen Situationen, in denen ein Individuum lebt, und den Veränderungen, die es in seinem Leben erleben kann. Sie dienen daher neben der Unterhaltung vor allem der Erziehung der Kinder. Das Geschichtenerzählen hat zwar wegen der Konkurrenz durch Fernsehen, Radio und Internet heute an Bedeutung verloren, doch lebt die Tradition fort, und Volksmärchen gehören nach wie vor zum gemeinsamen Erfahrungsschatz vieler Palästinenser. Zudem kam der traditionellen Erzählform im Zuge der Wiederentdeckung zahlreicher Elemente nationaler palästinensischer Kultur seit der *Intifada* neue Bedeutung zu. Auf den Spuren der Gebrüder Grimm stellten etwa Ibrahim Muhawi und Sharif Kanaana eine Reihe palästinensischer Volksmärchen in dem Band *Speak Bird, Speak Again* (in englischer Übersetzung) zusammen.

Eine weitere traditionelle Kunstform, die von der Rückbesinnung auf Traditionen profitieren konnte, ist die Stickkunst. Hier erlebte nicht nur das Handwerk als solches einen Aufschwung, sondern es tauchten auch vermehrt wieder klassische palästinensische Motive auf, die mit neueren Formen kombiniert und weiterentwickelt werden.

Das Wiederaufleben der Tradition der mündlichen Weitergabe von volkstümlichen Geschichten und die Rückbesinnung auf überkommene künstlerische Traditionen als Teil einer «nationalen Kultur» im Zuge der Stärkung des palästinensischen Nationalbewußtseins in den 1970er, 80er und 90er Jahren zeigt die enge Verbindung zwischen palästinensischer Kunst und Politik. Ist also bereits die Wiederaufnahme alter Kunstformen vor dem Hintergrund einer politischen Agenda zu sehen, so kommt der politische Inhalt in der Malerei und der modernen Literatur noch weitaus klarer und direkter zum Ausdruck. Hier werden häufig die Erfahrungen der Flucht, des Lebens im Exil, der Rückkehr und des Kampfes verarbeitet. Oft rufen die Bilder und Texte zu konkreten Handlungen auf und werden zur Mobilisierung und Beeinflussung der Bevölkerung benutzt.

Parallel zu den politischen Ereignissen lassen sich verschiedene Phasen in der palästinensischen Kunst und vor allem der Literatur unterscheiden: Nach *al-Nakbah*, der «Katastrophe» des ersten arabisch-israelischen Kriegs von 1948/49, waren Flucht und Vertreibung, das Gefühl der Niederlage und des Versagens und die Sehnsucht nach der Heimat die Hauptthemen in Literatur und Malerei. Die Nostalgie, die Wehmut und die unkritische Verklärung der Heimat, die oft aus diesen Werken klingen, ließen nur wenige palästinensische Künstler dieser Epoche internationale Anerkennung erfahren.

Eine der großen Ausnahmen ist der Schriftsteller Ghassan Kanafani, der heute als der «Klassiker» der palästinensischen Literatur gilt. In seinen Romanen, Kurzgeschichten und Erzählungen, von denen viele auch ins Deutsche (und fast alle ins Englische) übersetzt sind, beschreibt er die Erfahrungswelt der Palästinenser in den ersten beiden Jahrzehnten nach 1948. Ghassan Kanafani wurde 1936 in Akko (im heutigen Israel, nahe der Stadt Haifa) geboren. Er arbeitete als Journalist und Lehrer, schließlich schloß er sich der PFLP (*Popular Front for the Liberation of Palestine*) an. Er wurde Sprecher der Organisation und Herausgeber ihres Wochenmagazins *al-Hadaf*. 1972 fiel er in Beirut einem Anschlag zum Opfer. Kanafani thematisiert die Flucht und das Leben der Palästinenser in der Diaspora, die damit einhergehenden Gefühle von Frustration und Ohnmacht und schließlich das Umschlagen dieser Gefühle in Akzeptanz des Widerstands. Sehr eindringlich beschreibt er diese Gefühlsentwicklung in *Rückkehr nach Haifa*. Im Mittelpunkt dieser Erzählung steht ein Elternpaar, das während des israelisch-arabischen Krieges aus Haifa geflohen ist und nun in der vagen Hoffnung zurückkehrt, etwas über das Schicksal ihres zwanzig Jahre zuvor in den Kriegswirren verlorengegangenen Säuglings zu erfahren. Sie finden ihr Kind tatsächlich bei seiner israelischen Ziehmutter wieder, doch ist ihr Sohn, inzwischen erwachsen und bei der israelischen Armee, ihnen vollkommen entfremdet. Er weigert sich, sie als seine Eltern anzuerkennen.

Erst die Bereitschaft des Paares, die Unwiederbringlichkeit des Versäumten anzuerkennen und sich statt dessen auf die Zukunft zu konzentrieren, deutet eine Chance zur Überwindung des Traumas der Flucht und Vertreibung an und markiert zugleich den Wandel von ohnmächtiger Passivität zu einem Handeln, das auch Opfer in Kauf nimmt. Träger dieser neuen Einstellung wird allerdings – auch dies ein typisches Motiv in der palästinensischen Literatur – erst die Kindergeneration sein.

Mit seinem Porträt der palästinensischen Stimmungslage, die vor allem in seinem (neben *Rückkehr nach Haifa*) wohl bekanntesten Werk *Männer in der Sonne* (1962) zum Ausdruck kommt, verfolgt Kanafani auch eine politische Absicht: Die Novelle erzählt die Geschichte von vier Männern, die versuchen, im Exil eine neue Zukunft für Palästina aufzubauen, zuletzt jedoch in der Mittagshitze, gefangen in einem Tankwagen, in dem sie sich verstecken, ohne jede Gegenwehr resigniert ersticken. Auf einer Ebene kritisiert die Erzählung das Verhalten der Palästinenser selbst: Die Männer sind mehr um ihre wirtschaftliche Sicherheit besorgt als darum, für die Rückeroberung ihres Landes zu kämpfen; und die korrupten arabischen Machthaber lassen die Palästinenser buchstäblich in der stickigen, abgeschlossenen Welt ihrer Flüchtlingslager ersticken. Tatsächlich verstanden viele empörte palästinensische Leser das Buchende wörtlich und warfen Kanafani vor, er sehe die Palästinenser schon auf dem Müllhaufen der Geschichte. Wohl auch deshalb wurde das Ende in der Verfilmung *Al-Makhdûcûn* (1972) dahingehend geändert, daß die sterbenden Männer doch wenigstens (wenn auch vergeblich) versuchen, die Aufmerksamkeit auf sich zu lenken, indem sie mit den Fäusten gegen die Innenwände des Tankwagens hämmern.

Im Gegensatz zu vielen anderen palästinensischen Schriftstellern dieser Zeit, die mit ihren Texten oft die Bevölkerung zum Kampf gegen Israel mobilisieren wollten, hebt Kanafani schon sehr früh und immer wieder die Möglichkeit eines Dialogs hervor – eine Position, die zu dieser Zeit noch von allen führenden politischen Kräften vehement abgelehnt wurde. In seinen besten Erzählungen beklagt er zugleich mit dem Leid der Palästinenser das Leid aller Verfolgten aller Zeiten.

Mit Beginn der israelischen Besetzung des Westjordanlandes und des Gazastreifens 1967 schritt die Politisierung der palästinensischen Kunst weiter voran. Neue Literaturzirkel wurden gegründet, und viele Zeitungen führten Literatur- und Kunstseiten ein, doch drehten sich ihre Diskussionen und Aktivitäten häufig weniger um die Kunst als solche als um ihren politischen Inhalt. Die palästinensische Kultur litt auch darunter, daß viele der prominenten Künstler ein freies Leben in der Diaspora dem zensierten Dasein im Westjordanland und dem Gazastreifen vorzogen.

Von diesem Problem war besonders auch der palästinensische Film betroffen, der zwischen 1967 und 1982 eine kurze Blüte erlebte. Beispielhaft zeigt sich dies an der 1967 im jordanischen Exil von Mustafa Ali, Hany Jawhariya und Sulafa Jadallah gegründeten Filmgruppe. Die mit der *Fatah* verbundene Filmgruppe mußte nach dem «schwarzen September» 1971 nach Beirut wechseln, wo sie – mit nur den allereinfachsten Mitteln ausgestattet – Dokumentarfilme über die Situation der Palästinenser erstellte. Andere politische Organisationen der Palästinenser wie die PFLP oder die Kulturabteilung der PLO riefen ebenfalls eigene Filmproduktionen ins Leben, die, da sie von den besetzten Gebieten in Israel abgeschnitten waren, vor allem das Leben in den Flüchtlingscamps oder die kriegerischen Auseinandersetzungen thematisierten.

Der internationale Einfluß der palästinensischen Dokumentarfilme blieb marginal, aber deswegen darf ihre Bedeutung für die Mobilisierung der Palästinenser nicht unterschätzt werden. Nach der Invasion der Israelis in Beirut im Jahre 1982 kam die palästinensische Filmproduktion jedoch fast vollständig zum Erliegen, zumal die PLO im tunesischen Exil damit begann, auf Koproduktionen mit westlichen Filmemachern umzustellen.

Für die palästinensische Literatur hingegen erwies sich die Diaspora in gewisser Hinsicht sogar als Vorteil: Palästinensische Schriftsteller kamen im Exil in engen Kontakt mit den neueren Entwicklungen in der arabischen Literatur der Nachbarländer. Zugleich richtete sich die literarische Produktion vermehrt auf ein Publikum außerhalb des israelisch-palästinensischen Gebietes, etwa in Beirut oder Kairo, aus. Im Wechselspiel mit der intensiven Rezeption der palästinensischen Literatur in anderen arabischsprachigen Ländern wurde so eine fruchtbare Dynamik in Gang gesetzt. Durch die (nicht zuletzt exilbedingte) enge Anbindung an die übrige arabische Welt hat die palästinensische Literatur daher nachhaltig profitiert.

Kunst hatte nach 1967 explizit die Aufgabe der Identitätsbewahrung und unterstützte meist die Ideologie des *sumud*, des Durchhaltens. Mit der Zuspitzung der politischen Lage, die dem Ausbruch der *Intifada* voranging, wurde vielfach auch der Inhalt der Kunst militanter; Künstler riefen nun häufig – besonders in Form von Graffitis – zum aktiven Widerstand gegen Israel auf. Politische Botschaften wurden dabei zum Teil direkt durch die behandelten Themen vermittelt; so wurden historische Beispiele palästinensischen Widerstandswillens, vor allem der Aufstand von 1936–1939, hervorgehoben, oder, während der *Intifada*, der Mut junger Widerstandskämpfer verherrlicht. Aber auch die Verwendung bestimmter Materialien und Symbole hatte politische Bedeutung. Häufig wurden palästinensische nationale Symbole wie der Felsendom, der Olivenbaum und die *Keffiyah* sowie, in der bildenden Kunst, Erde als Symbol für Heimat verwendet. Während der *Intifada* war das Symbol des Steins aus kaum einem Kunstwerk wegzudenken.

Die *Intifada* löste eine Flut literarischer Werke mit recht typischen Merkmalen aus, so daß sich für diese Art von Werken inzwischen die Bezeichnung *Intifada*-Literatur eingebürgert hat. Vor allem in der Dichtung, der neben der Kurzgeschichte wichtigsten Gattung der palästinensischen Literatur, spiegeln sich das Zusammenrücken der palästinensischen Nation und die Aufbruchstimmung während der Anfangsphase der *Intifada* wider. Allerdings kennzeichnet gerade die *Intifada*-Literatur eine gewisse Einsilbigkeit und ein vergleichsweise hohes Maß an Stereotypie. Nicht selten ist der Übergang zur Propaganda fließend, wie zum Beispiel bei der oft extrem idealisierenden Darstellung steinewerfender Kinder.

Gerade wegen ihrer politischen Ausrichtung und ihrer Rolle bei der Mobilisierung der Bevölkerung wurde die Tätigkeit palästinensischer Kultureinrichtungen ab Mitte der 1980er Jahre von den israelischen Behörden stark eingeschränkt. Viele Künstler wurden wegen politischer Agitation inhaftiert oder ausgewiesen, und Literatur wurde teilweise als Propagandamaterial verboten. Erst der Oslo-Prozeß führte zu einer Entspannung, die trotz der zahlreichen politischen Rückschläge seither anhält.

Prominentester Vertreter der *Intifada*-Literatur mit ihrer typischen Mischung aus Sentimentalität und Militanz ist Mahmud Darwisch. Darwisch wurde 1941 im heutigen Israel geboren; seine Familie floh 1948, kehrte aber schon bald nach Israel zurück. Er arbeitete zunächst als Redakteur der kommunistischen Wochenzeitung *al-Ittihad*. Schon bald aber trat er vor allem als Autor in Erscheinung. 1970 verließ er Israel und lebte in Amman, Beirut, Tunis und Paris. 1996 kehrte er nach Ramallah zurück. Zu seinen bekanntesten Gedichtbänden gehören *Weniger Rosen* (1996), *Warum hast du das Pferd allein gelassen?* (2000) und *Wir haben ein Land aus Worten* (2002). Seine Gedichte fanden ein breites Publikum und lösten nach ihrer Übersetzung ins Hebräische eine derart heftige öffentliche Kontroverse aus, daß sie sogar Gegenstand einer Parlamentsdebatte in der israelischen *Knesset* wurden. Darwisch wendet sich seit einigen Jahren mehr und mehr allgemeinen Themen zu. Dennoch bleibt die Politik bestimmend. Im Oktober erklärte er in einem Interview: «Meine Beteiligung an der politischen Arbeit ist heute allerdings unfreiwillig. Ich sitze in meiner Wohnung und sehe vor meinem Fenster einen Panzer, so kommt die Politik zu mir, auf dem Rücken eines Panzers. Der Baum, unter dem ich Schatten suche, ist am nächsten Tag abgeholzt. Es ist die Politik, die ihn abholzt. Zwischen Schwert und Blut habe ich nicht die Möglichkeit, neutral zu bleiben, denn es ist mein Blut, das fließt. Die Frage ist aber, wie sich diese Beziehung zwischen Politik und Dichtung ausdrückt. Ich vermeide es, die Politik in einem Gedicht unmittelbar werden zu lassen. Zur Poesie gehören ein tiefes Empfinden und ein Durchdringen der Gegenstände und Erscheinungen, die nur poetisch formuliert werden können. Ich bin außerhalb des Gedichtes politisch tätig. Möglicherweise findet man in Poemen eine politische Ebene, sie sollte aber versteckt sein, damit das Gedicht ein Gedicht bleibt.»

Im Vergleich zu der recht einseitig politisch gefärbten Kunst, die während der Jahre der israelischen Besatzung und der *Intifada* entstand, hat die heutige palästinensische Kunst- und Kulturszene an Vielfalt, Offenheit und Innovationsfreude gewonnen. Die Vielfalt beginnt mit der räumlichen Verteilung: War vor Beginn des Friedensprozesses Ostjerusalem fast ausschließlich das Zentrum jeglicher kultureller Aktivität gewesen, verursachte die Abtrennung dieses Stadtteils von den übrigen palästinensischen Gebieten eine Verlagerung der Kunstszene auf mehrere andere palästinensische Städte. Dabei hat sich besonders Ramallah einen Namen als Kulturzentrum gemacht: Hier treffen die Kultur- und Medieninstitutionen der Palästinensischen Autonomiebehörde mit einer schillernden Vielfalt privater Initiativen und Künstlervereinigungen zusammen.

Nachdem der Kriegszustand zwischen Palästinensern und Israelis beendet war, konnten sich viele Künstler neue Inhalte und Freiräume erschließen. Das lag zum einen sicherlich an der Rückkehr vieler palästinensischer Künstler, die einen Großteil ihres Berufslebens in den verschiedensten Teilen der Erde verbracht hatten und von dort die unterschiedlichsten Eindrücke, Ideen und Konzepte mitbrachten. Wichtiger aber war vermutlich die Befreiung der Kunst von politischen Imperativen. Wo zuvor oft politische Ziele über die Ästhetik dominierten, konnte sich seit Beginn des Friedensprozesses eine unverkrampftere Haltung zur eigenen Situation und ein selbstkritischerer Umgang mit der eigenen Identität durchsetzen. Diese Entwicklung hält auch in der schwierigen gegenwärtigen Lage an.

V. «Steinerne Augen und steinerne Herzen» – eine Bestandsaufnahme des israelisch-palästinensischen Konflikts

1. Verhandlungspositionen

«Die Akzeptanz des Realen setzt entweder reine Gedankenlosigkeit voraus – wie bei Epikurs Schwein, das an Bord des absaufenden Schiffes sich suhlt, während die Mannschaft in Panik starrt – oder ein Bewußtsein, imstand, die Schrecken zu gewahren und nicht tödlich getroffen zu sein.»

Volker Braun (Limes. Mark Aurel)

Der Konflikt zwischen dem Staat Israel und den Palästinensern ist seit Jahrzehnten eine Konstante der Weltpolitik. Militärische Auseinandersetzungen zwischen Israel und seinen arabischen Nachbarstaaten, Besetzungen und Rückzüge, terroristische Aktivitäten und Vergeltungsschläge, Aufstände und Unruhen, Verhandlungen und Phasen der Entspannung wechselten sich ab. Diese Auseinandersetzungen setzen in der Vorstellung der Konfliktparteien einen weit in die Vergangenheit zurückreichenden Kampf um Land und Lebensmöglichkeiten fort. Die Erinnerungen, Überlieferungen und religiösen Vorstellungen der Konfliktparteien wurden im Verlauf des Konfliktes zu historischen Argumenten und Rechtfertigungen geformt, die die politische Realität überlagern und deren Akzeptanz unmöglich machen. Das Gespräch über den Konflikt führt oft tief in die Vergangenheit: Geschichte wird als Argument in der politischen Auseinandersetzung mißbraucht. Dies hat Folgen für Verhandlungen zwischen den Konfliktparteien: Jegliche historische Bezugnahme, jede Berufung auf ein «historisch verbrieftes Recht» wirkt einer Lösung entgegen, da Geschichte, zumal eine (wie im israelisch-arabischen Konflikt) oft nur imaginierte, als Argument für eine bestimmte Konfliktlösung untauglich ist: «Historische Rechte» schließen Kompromisse weitgehend aus. Eine auf mögliche Lösungen gerichtete Analyse des Konflikts muß daher auf jede Art von historischer Argumentation zu politischen Zwecken verzichten. Dies gilt um so mehr, als zahlreiche historische Bezugnahmen auf religiösen Überzeugungen beruhen, die gänzlich unvereinbar miteinander sind.

Welche Möglichkeiten gibt es für einen verhandelten Frieden? Ausgangspunkt für Verhandlungen zwischen den Konfliktparteien, die zu einer Verbesserung der Situation führen, kann nur der Status quo sein. Dieser hat zwei – miteinander in Verbindung stehende – Grundkomponenten: die Auseinandersetzungen zwischen Israel und den arabischen Staaten und den israelisch-palästinensischen Binnenkonflikt.

Betrachtet man den Konflikt als Auseinandersetzung zwischen Israel und den arabischen Staaten, so ist zu konstatieren, daß sich aus israelischer Sicht die Gesamtsituation seit dem Unabhängigkeitskrieg von 1948 verbessert hat. Der Friedensschluß und die Etablierung von diplomatischen Beziehungen mit Ägypten (26.3.1979) und Jordanien (26.10.1994) sowie die *De-facto*-Anerkennung Israels durch die meisten anderen arabischen Staaten lassen eine Befriedung des (zwischenstaatlichen) israelisch-arabischen Konflikts in absehbarer Zeit möglich erscheinen. Auch mit Syrien und sodann mit dem Libanon, der Syrien politisch verbunden ist, wird ein Friedensschluß nicht mehr prinzipiell als unmöglich betrachtet. Die bisherigen (bislang aber gescheiterten) Verhandlungen mit Syrien lassen die Konturen einer möglichen Verständigung bereits erkennen.

Nach den Anschlägen am 11. September 2001 änderte die Bush-Administration ihre Nahostpolitik grundlegend. Da die USA der wichtigste Verbündete Jerusalems sind, veränderte sich die strategische Ausgangsposition Israels erheblich. Der Sturz Saddam Husseins im Gefolge des Irak-Kriegs im Frühjahr 2003 und der Versuch der Errichtung einer pro-amerikanischen politischen Ordnung im Irak haben die Gewichte – soweit sie die Machtbelange der (staatlichen) Konfliktparteien betreffen – zugunsten Israels verschoben. Der Zusammenbruch der Herrschaft der Baath-Partei und die Entmachtung ihres Führers Saddam Hussein bedeuten das Ende für einen der erbittertsten Gegner Israels. Die wohl dauerhafte Präsenz der Amerikaner im Irak wird auch Syrien zu einer vorsichtigen, amerikanische Wünsche berücksichtigenden Politik bewegen.

Ein Hindernis auf dem Weg zu einer dauerhaften Befriedung ist die zweite Komponente des Konflikts, der israelisch-palästinensische Binnenkonflikt. In ihm hat sich die Gesamtsituation in den letzten Jahren für beide Parteien stetig verschlechtert. Der «Friedensprozeß» zwischen 1992/93 und 2000 hatte diese Situation nur vorübergehend geändert. Die militärische und politische Situation beider Konfliktparteien ist prekärer denn je zuvor: Die Sicherheit der israelischen Bevölkerung wird immer wieder durch Terroranschläge gefährdet, von denen nicht nur die Armee oder die Siedler in den besetzten Gebieten betroffen sind, sondern auch die Bevölkerung des israelischen Kernlands: Die israelische Zivilbevölkerung ist zum Hauptziel palästinensischer Angriffe geworden. Nach Angaben der israelischen Regierung kamen zwischen Ende September 2000 und Mai 2003 insgesamt 787 Menschen durch palästinensische Gewaltakte ums Leben, während die israelische Menschenrechtsorganisation B'Tselem in diesem Zeitraum insgesamt 720 von Palästinensern getötete israelische Staatsbürger registriert: 187 Zivilisten und 159 Angehörige des israelischen Militärs wurden in den besetzten Gebieten getötet, 307 Zivilisten und 67 Militärangehörige innerhalb Israels. Unter den Getöteten waren insgesamt 78 Kinder und Jugendliche. Nicht nur für Amerika und seine Verbündeten hat sich im Zuge des Irak-Kriegs die Gefahr einer Eskalation des Terrors vergrößert, sondern wahrscheinlich auch für Israel.

Die Lage der Palästinenser hat sich seit der ersten Hälfte der 1990er Jahre ebenfalls nicht verbessert – im Gegenteil: Die politische Führung verfügt auch nach den institutionellen Reformen im Frühjahr 2003 über schwindenden Rückhalt in der eigenen Bevölkerung, eine demokratische Regierungsform hat sich nicht entwickelt, die Wirtschaftslage ist katastrophal, und die Bereitschaft, mit Gewalt gegen die Besetzung, die als Ursache dieser Misere betrachtet wird, vorzugehen, nimmt immer weiter zu. Israel wiederum verweigert politische Zugeständnisse und übt für jeden Anschlag mit aller Härte Vergeltung: Zwischen Ende September 2000 und Ende Mai 2003 wurden 2006 Palästinenser in den besetzten Gebieten von israelischen Sicherheitskräften getötet, 46 innerhalb Israels; weitere 32 Palästinenser wurden in den besetzten Gebieten von israelischen Zivilisten getötet. Unter den Getöteten sind insgesamt 370 Kinder und Jugendliche. Dabei hatte schon die erste *Intifada* (1987–1992) gezeigt, daß die palästinensischen Gebiete mit militärischen Mitteln nicht zu kontrollieren sind: Die Zahl der während des ersten Aufstandes durch palästinensische Gewaltakte ums Leben gekommenen Israelis, insbesondere der innerhalb Israels getöteten Zivilisten, stieg stetig an, ein völliges Ende der Gewalt konnte auch durch die verstärkten Einsätze der israelischen Armee in den besetzten Gebieten, bei denen 1070 Palästinenser zu Tode kamen, nicht erreicht werden.

Unter den gegebenen Umständen ist in absehbarer Zeit nicht zu erwarten, daß der Konflikt sich durch militärische Maßnahmen beenden läßt. Sämtliche bisherigen Friedenspläne – soweit sie die zweite Komponente der Nahost-Dauerkrise, den israelisch-palästinensischen Teilkonflikt, in den Mittelpunkt stellten – hatten keinerlei Erfolg. Auch der bisher aussichtsreichste Vorstoß – der Oslo-Prozeß – muß als gescheitert gelten: Die trotz «Oslo» ausgebrochenen Unruhen und Kämpfe, die militärisch nur mühsam und nicht dauerhaft zu unterbinden sind, stellen die Auseinandersetzungen während der ersten *Intifada* weit in den Schatten. Aber auch nach der Unterzeichnung des Oslo-Friedensabkommens – in einer Phase relativer «Ruhe» – wurden bis Ende Januar 2002 nicht weniger Palästinenser von israelischen Sicherheitskräften und Zivilisten getötet als zuvor. Gewalt und Gegengewalt regieren also seit Ende der 1980er Jahre. Es ist zu befürchten, daß dadurch die Friedensverträge mit Ägypten und Jordanien in Frage gestellt werden und die Einbeziehung der übrigen arabischen Staaten in den Friedensprozeß gefährdet wird. Kronprinz Abdullah von Saudi-Arabien hat den Zusammenhang der beiden Komponenten des Konflikts in der Grundbedingung seiner Friedensinitiative vom Februar 2002 deutlich gemacht: Eine Anerkennung Israels durch alle arabischen Staaten gebe es nur im Gegenzug für die Schaffung eines palästinensischen Staates in den im Sechs-Tage-Krieg besetzten Gebieten, aus denen sich Israel vollständig zurückziehen müsse. An dieser Position hat auch der Irak-Krieg nichts geändert.

Der Friedensplan Abdullahs ist eine Variante vieler ähnlicher Pläne (einschließlich des Oslo-Prozesses), die auf dem Prinzip «Land gegen Frieden» beruhen. Alle diese Pläne enthalten eine mittlerweile grundsätzlich von beiden Seiten akzeptierte Grundregel: Israel gibt die militärische und politische Kontrolle der seit

1967 besetzten Gebiete ganz oder teilweise auf, ein palästinensischer Staat wird gegründet, Israels Existenzberechtigung als Staat wird von arabischer Seite anerkannt. Auch der am 24. Juni 2002 vorgestellte Friedensplan von Präsident Bush basierte auf diesen Vorstellungen, obwohl er die Errichtung eines palästinensischen Staates an eine Reihe von Bedingungen knüpfte, insbesondere an die Wahl einer neuen palästinensischen Führung, an die Schaffung einer neuen Verfassungsordnung und neuer demokratischer Institutionen sowie an eine grundlegende Reform der palästinensischen Sicherheitsdienste. Obwohl also über die Prinzipien – wenn auch nicht über Umfang und Details – weitgehend Einigkeit besteht, sind alle Bemühungen, auf ihrer Grundlage eine stabile Friedensordnung zu schaffen, bisher gescheitert.

Die Gründe hierfür liegen zunächst in einem unterschiedlichen Grundverständnis der beiden Parteien von den Prinzipien eines Friedensplans, in der Vorstellung, daß die Wiedergutmachung historischen Unrechts erforderlich ist, und in der Dominanz militärisch-sicherheitspolitischen Denkens. Sie liegen aber auch in der Simplizität des Grundsatzes «Land gegen Frieden». Dies ist an den Versuchen offenbar geworden, das Oslo-Abkommen zu implementieren, in dem sich Israel dazu verpflichtet hatte, den Palästinensern im Westjordanland und in Gaza ein gewisses Maß an Autonomie zuzugestehen – ohne daß im Gegenzug das Ende gewalttätiger Übergriffe gegen israelische Staatsbürger oder auch nur ein signifikanter Rückgang derselben zu verzeichnen gewesen wäre.

Eine Verhandlungslösung muß daher über den Grundsatz «Land gegen Frieden» hinaus sorgfältig die zusätzlichen Bedingungen bedenken, die die beiden Seiten im Rahmen eines solchen Tausches stellen und denen die Gestaltung der Friedensordnung Rechnung tragen muß. Die Rückgabe von Land (und die Gewährung staatlicher Souveränität) ist eine notwendige, aber keineswegs eine hinreichende Bedingung. Die grundsätzliche Anerkennung der «Zwei-Staaten-Lösung» durch die Mehrheit der Konfliktparteien muß zwar als ein Fortschritt betrachtet werden, sie ist aber für einen Friedensschluß zum gegenwärtigen Zeitpunkt nicht ausreichend.

Eine an Pragmatik orientierte Analyse muß daher in einem ersten Schritt alle wesentlichen Bedingungen der Konfliktparteien, die über die Akzeptanz der Staatlichkeit der Gegenseite hinausgehen, in den Blick nehmen und die Formel «Land gegen Frieden» durch die etwas kompliziertere Formel «Sicherheit und Anerkennung gegen Souveränität und wirtschaftlich-soziale Entwicklung» ergänzen. Eine solche Formulierung kann einen Anhaltspunkt für die Überlegungen bilden, die zu einem Friedensschluß zwischen Israelis und Palästinensern führen könnten. Was sind also die grundlegenden Bedingungen der Konfliktparteien, die zu bedenken sind?

a) Die Position Israels

Aus israelischer Sicht muß eine Verhandlungslösung vor allem drei Anliegen Rechnung tragen: (1) sicherheitspolitischen Erwägungen, (2) religiösen Vorstellungen und (3) Überlegungen zur Zusammensetzung der Bevölkerung.

(1) An erster und wichtigster Stelle steht *Sicherheit*. Hier ist zunächst zu beachten, daß die Gewalt und die damit verbundene Unsicherheit in Israel und in den besetzten Gebieten unterschiedlich wahrgenommen werden: Während sich die Israelis mit einer – wenngleich nahezu ständigen – Bedrohung durch die Taten einzelner oder kleinerer Gruppen konfrontiert sehen, erfahren die Palästinenser in den besetzten Gebieten (teilweise auch die in Israel lebenden Araber) die von der israelischen Siedlungspolitik und den israelischen Sicherheitskräften ausgehende Gewalt als strukturell. Israel muß den Zusammenhang von struktureller Gewalt und Terrorismus akzeptieren und damit auch den Zusammenhang zwischen der eigenen Sicherheit und der grundsätzlichen Politik in den besetzten Gebieten anerkennen. Die bisherigen Friedenspläne – auch die auf den Oslo-Vereinbarungen beruhenden, teilweise implementierten – haben keine Lösung für das aus diesem Zusammenhang resultierende israelische Sicherheitsproblem gefunden.

Auch die Transformation der PLO von einer militärischen zu einer politischen Organisation und die Integration ihrer Mitglieder und Kämpfer in quasi-staatliche Einrichtungen haben nicht zu einer grundlegenden Verbesserung der israelischen Sicherheit beigetragen. Es gibt neben diesen quasi-staatlichen Organen und der PLO samt ihren Untergliederungen eine Reihe von nationalistischen und/oder islamistischen Organisationen, die den Friedensprozeß prinzipiell ablehnen und, anders als die meisten arabischen Staaten und die Führung der PLO, die Existenz Israels nicht akzeptieren. Die Annahme, daß eine international anerkannte, institutionell gefestigte palästinensische Führung diese Gruppen unter Kontrolle halten werde, hat sich als falsch erwiesen: Zum einen, weil Arafat und seine Berater eine Konfrontation mit ihnen vermeiden wollen, um nicht einen Bürgerkrieg heraufzubeschwören, zum anderen, weil Teile der palästinensischen Führung (wohl auch Arafat) nicht vollständig von einem Verzicht auf das «ganze Palästina» überzeugt sind. Arafat versäumte es seit Beginn der 1990er Jahre, seinen Anhängern die Konsequenz seiner Politik zu verdeutlichen: den notwendigen Verzicht auf jahrzehntelang aufrechterhaltene Forderungen der Palästinenser. Es entstand so seit 1992 ein politischer und zunehmend militärischer Freiraum für terroristische Gruppen, den diese nutzten, um ihren Einfluß stetig zu erweitern. Dies führte zu einer von Arafat nach Ausbruch der sogenannten *Al-Aqsa-Intifada* zuweilen geduldeten Aktivität radikaler Gruppen. Es kam vermehrt zu Anschlägen. Arafats Versuch, palästinensischen Terror als Folge israelischer Unnachgiebigkeit bei Verhandlungen darzustellen und so Druck auf Israel auszuüben, scheiterte. Israel antwortete auf fast jeden Anschlag mit militärischer Eskalation. Die (aus israelischer Sicht notwendigen) Vergeltungsmaßnahmen und der Stillstand bei den Verhandlungen (als Folge von Gewalt und Gegengewalt) stärkten wiederum die radikalen Organisationen, die weiter an Einfluß gewannen. Arafat lavierte und versuchte, den Tiger zu reiten – rückblikkend weitgehend erfolglos. Israel war jedoch nicht zu einem vollständigen Rückzug und zur Aufgabe aller Siedlungen bereit, so daß vielen Palästinensern Arafats Strategie plausibel erschien.

Premierminister Scharon beschloß, dieser von ihm als primär militärisch-politisch verstandenen Entwicklung des Konflikts mit militärischen Mitteln zu begegnen. Dabei bezog er sich auf seine politischen und militärischen Erfahrungen. Er ist (nach wie vor) davon überzeugt, daß es nur ein Mittel gibt, der Gewalt zu begegnen: Gegengewalt. Ein Studium der Geschichte des israelisch-arabischen/palästinensischen Konflikts, so seine oftmals geäußerte Auffassung, zeige dies mit großer Deutlichkeit. Bei allen Unterschieden zwischen der Vergangenheit und der gegenwärtigen Lage zeigt sich in der historisch argumentierenden Sichtweise Scharons ein Muster, das sich mit vielen Beispielen illustrieren läßt und das die aktuelle Politik begründet. Im wesentlichen beruht sie auf der Erfahrung der Terrorismusbekämpfung in den 1950er und 1970er Jahren: Zwischen 1951 und 1956 wurde Israel von einer Vielzahl blutiger Anschläge heimgesucht, bei denen insgesamt 922 Israelis, darunter viele Frauen und Kinder, starben. Die israelische Armee begann eine konsequente Politik der Vergeltung, welche eine gezielte militärische Eskalation einschloß. Bei einem der ersten dieser Vergeltungsschläge – nach einem besonders bestialischen Mord an einer israelischen Familie – zerstörte die israelische Armee das jordanische Dorf Kibbiya: 69 Menschen, fast ausschließlich Zivilisten, wurden dabei getötet. Obwohl die israelische Armee prinzipiell versuchte, Verluste unter der Zivilbevölkerung zu vermeiden (das war auch in Kibbiya der Fall gewesen), wurden diese doch zunehmend in Kauf genommen. Kibbiya kennzeichnet mithin eine Wende im militärischen Denken Israels: Es symbolisiert den Willen zur konsequenten Vergeltung. In den 1950er Jahren hatte Israel mit dieser Strategie Erfolg. Die Zahl der Anschläge ging zurück. Die arabischen Staaten, die den Terroristen Rückzugsräume und logistische Unterstützung gewährten, waren nicht bereit, sich selbst in Kampfhandlungen verwickeln zu lassen. Die «Kosten» der Operationen in Israel wurden für Terroristen höher. Die Unterstützung der Guerillas durch die in Mitleidenschaft gezogene palästinensische Bevölkerung schwand, ein Rückgang der Gewalt war zu verzeichnen. Ariel Scharon war als Befehlshaber von Kommandoeinheiten an der Durchführung dieser Politik an vorderster Front beteiligt. In den späten 1960er und frühen 1970er Jahren hatte diese Strategie – gegen Terroristen, die aus Jordanien in das Westjordanland eindrangen, und Gruppen, die im Gaza-Streifen operierten – erneut Erfolg. Maßgeblich beteiligt an der Planung und

Durchführung dieser Politik war wiederum General Ariel Scharon, nunmehr als Oberkommandierender des Südabschnitts. Die gegenwärtige militärische Situation scheint Scharon und der israelischen Militärführung also bekannt zu sein. Eine konsequente Bekämpfung des Terrors schließt die Inkaufnahme ziviler Opfer ein. Dies zeigte in besonderer Weise der gezielte Anschlag israelischer Sicherheitskräfte auf den Hamas-Aktivisten Saleh Shehadeh im Sommer 2002. Bei der Operation starben fünfzehn Zivilisten. In einem Interview mit der Zeitung *Ha'aretz* erläuterte der Kommandeur der israelischen Luftwaffe, Dan Halutz, das Vorgehen der Streitkräfte und trat dem Vorwurf, die militärische Führung habe aufgrund unzureichender Information falsch gehandelt und mithin versagt, vehement entgegen:

Ha'aretz: «(...) waren diese nachrichtendienstlichen Informationen, die Sie unterstützen sollten, die Ursache Ihres Versagens?»

Dan Halutz: «Versagen? Aufgrund welcher Kriterien? Wer sind diejenigen, die diese Behauptung aufstellen und diese Kriterien definiert haben? Ich muß feststellen, daß alles, was vor dieser Mission geschah, vor meinem moralischen Urteil Bestand hat und sehr stark mit den sie umgebenden Bedingungen zusammenhängt. Denn über wen und was sprechen wir hier? Über einen Menschen, der das vollkommene Urbild der Verkörperung des Bösen war. Ein Wörterbuch, das den Begriff ‹Terrorist› bestimmen wollte, müßte nur seinen Namen als Synonym einsetzen. Er hat mehr als nur ein paar, mehr als nur einige paar Dutzend Angehörige der jüdischen Nation ermordet.»

Ha'aretz: «Dies ist also die Rechtfertigung für seine Liquidation, aber was ist mit den unschuldigen Menschen, die getötet wurden?»

Dan Halutz: «Das Ergebnis besteht aus zwei Teilen: erstens aus einem vollkommen positiven Ergebnis, weil wir die Zielperson getroffen haben. Das zweite Resultat, für das wir unser Bedauern ausgedrückt haben, ist, daß unbeteiligte Zivilisten verletzt wurden.»

Ha'aretz: «Meinen Sie nicht ‹unschuldige Zivilisten›?»

Dan Halutz: «Ich sage mit Absicht ‹unbeteiligte Zivilisten›, denn wir wissen mit Sicherheit, daß auch die größten Terroristen sich manchmal hinter einer zivilen Tarnung verbergen.»

Ha'aretz: «Sie werden aber doch zustimmen, daß zumindest die acht Kinder und Säuglinge unschuldig waren?»

Dan Halutz: «Natürlich.»

Ha'aretz: «Und sie wurden getötet, weil Sie auf der Grundlage unrichtiger Informationen handelten?»

Dan Halutz: «Die Informationen waren durchaus korrekt. Es ist allerdings manchmal so, daß Sie nicht alles kontrollieren können, was an einem Ort geschieht, der der direkten Beobachtung entzogen ist. Rückblickend hat sich herausgestellt, daß ich ganz einfach über einen Teil der Informationen nicht verfügte; dies änderte sich im Verlauf der Mission.»

Ha'aretz: «Und bewerten Sie dies als einen nachrichtendienstlichen Fehler, oder sehen Sie die Ursache des Fehlers anderswo?»

Dan Halutz: «Nein. Der Entscheidungsprozeß war korrekt, ausgewogen, angemessen und vorsichtig. Das Problem lag in den Informationen, und diese Informationen änderten sich. Ich weise jegliche Kritik an dieser Operation zurück, an ihrer Vorbereitung und Durchführung ebenso wie an ihrem Abschluß. Im Rahmen meiner moralischen Werte stimmt es mich sehr traurig, daß unbeteiligte Zivilisten und unschuldige Kinder getötet wurden. Das tut mir leid. Doch die Ursache dafür ist nicht ein professionelles Problem.»

Dan Halutz beschreibt hier – in großer Offenheit – ein Grundproblem der Terrorbekämpfung aus israelischer Sicht: die Inkaufnahme unschuldiger Opfer. Allerdings steigt durch jede dieser Aktionen die palästinensische Gewaltbereitschaft an. Sicherheitsmaßnahmen beeinträchtigen die israelische Zivilbevölkerung aber auch in anderer Hinsicht: Ausgangssperren,

Einschränkungen der Bewegungsfreiheit im ganzen Land, ständige Kontrollen und die mit diesen Maßnahmen verbundenen Beeinträchtigungen für das Wirtschaftsleben und die sozialen und familiären Kontakte treffen die gesamte Bevölkerung Israels. Psychologen weisen darauf hin, daß die permanente Gefährdung und die damit erforderlichen Vorkehrungen zu einer schleichenden Veränderung der Lebenseinstellung führen können: Kontrollen bringen einen Eingriff in die Persönlichkeitsrechte mit sich, oft in den persönlichen und intimsten Bereich der kontrollierten Personen. Auch wenn diese Kontrollen im Grundsatz akzeptiert werden, schränken sie doch ein – erfordern eine Bereitschaft, sich selbst ständig unter Beobachtung zu stellen. Die Furcht, Opfer eines Anschlags zu werden, verändert Gewohnheiten: Cafés, Einkaufszentren, Diskotheken etc. werden gemieden. Die Aufsicht über Kinder wird verschärft, ihr Bewegungsspielraum eingeschränkt. In dem Briefwechsel mit ihrer palästinensischen Freundin Amal Rifa'i beschreibt Odelia Ainbinder diese «neue Routine», die mit Beginn der *Al-Aqsa-Intifada* einsetzte: «Man wurde gecheckt, nicht nur in Jerusalem, sondern in jeder israelischen Stadt, ganz egal, wohin man wollte. Das Leben wurde wirklich anders, zumindest anfangs. Wir gingen nicht mehr aus. Wir hatten Angst.» Zugleich unternehmen die Menschen den Versuch, ein «normales» Leben ohne diese Einschränkungen zu führen, im Bewußtsein, jederzeit Opfer eines Anschlags werden zu können: «Man wird zynisch, um mit der Situation klarzukommen.» Es ist schwer abzusehen, welche Langzeitfolgen diese Einschränkungen haben werden.

Eng mit der Sicherheitsfrage verknüpft ist die Siedlungsproblematik. Sie gewann nach dem Amtsantritt der ersten Likud-Regierung unter Menachem Begin im Gefolge der Wahlen vom 17. Mai 1977 an Bedeutung. Bereits im September 1977 präsentierte der israelische Landwirtschaftsminister und Vorsitzende des Kabinettsausschusses für Fragen der Besiedlung (der besetzten Gebiete), Ariel Scharon, dem Kabinett seine Vorstellungen über die Notwendigkeit und den Zweck von Siedlungen im Westjordanland, Gaza und den Golanhöhen. Im Vordergrund stand die Besiedlung des Westjordanlandes. Danach sollten die zu gründenden Siedlungen einen militärischen Schutz für die Küstenebene schaffen, in der die wichtigsten Industrie- und Bevölkerungszentren Israels liegen, während religiöse Motive beim Siedlungsbau zunächst im Hintergrund blieben. Die Besetzung und Besiedlung des Westjordanlandes gibt Israel nicht nur strategische Tiefe (an seinen schmalsten Stellen ist der Küstenstreifen nur wenige Kilometer breit und kann durch militärische Vorstöße schnell geteilt werden), sondern die Beherrschung der Höhenzüge in den westlichen Teilen der besetzten Gebiete sichert das israelische Kernland auch vor einem Angriff von außen, der durch die palästinensische Kontrolle dieser Höhen beträchtlich erleichtert würde; sie ermöglicht im Umkehrschluß ein militärisches Vordringen Israels nach Osten.

Diese erste Kette von Siedlungen bedurfte nach Scharons Überzeugung einer zweiten Reihe weiter im Osten entlang des Jordans. Diese Siedlungen sollten die Grenze zu Jordanien vom Beit-Shean-Tal im Norden bis zum Toten Meer im Süden sichern und das Eindringen von Guerilla-Verbänden aus Jordanien nach Israel erschweren. Gleichzeitig waren diese Siedlungen als Riegel gegen die jordanische Armee gedacht, sollte es zwischen Israel und Jordanien zu einem Krieg kommen. Deutlich zeigt sich hier die Verbindung der beiden Komponenten des Konfliktes: Die Besetzung palästinensischer Gebiete war nicht allein Folge der andauernden Auseinandersetzungen zwischen Juden und Palästinensern innerhalb Israels, sondern gewann durch die strategische Funktion der Siedlungen auch eine sicherheitspolitische Bedeutung im israelisch-arabischen Konflikt.

Alle diese Siedlungen wurden mit neu errichteten und von Militär gesicherten Straßen verbunden, die die Kommunikation der Siedlungen untereinander und mit dem Kernland ermöglichen. Das Westjordanland wurde so mit einem Netz von Siedlungen und Verbindungsstraßen überzogen, das jederzeit militärische Kontrolle und Beherrschung des Gebiets durch Abriegelungen und Teilungen erlaubt.

(2) Religiöse Vorstellungen und Ansprüche begannen die «nüchternen» militär-strategischen Überlegungen zunehmend zu überlagern. Politik im Nahen Osten beruht auf Erinnerungen

und religiösen Vorstellungen – und je länger sich der Konflikt hinzieht, desto wichtiger werden religiös-historische Argumente: Teile der israelischen Bevölkerung messen den besetzten Gebieten große emotionale und religiöse Bedeutung zu.
Zu den militär-strategischen Motiven der Siedlungspolitik traten also bald andere, *religiös-ideologische Überlegungen* hinzu. Die bestehenden Siedlungen wuchsen seit dem Ende der 1970er Jahre stetig an, wurden ausgebaut und durch neue ergänzt. Neben den geplanten Anlagen entstanden freie, meist von radikal-religiösen Gruppen gegründete Siedlungen – oft an Orten, denen eine besondere historische oder religiöse Bedeutung zugesprochen wurde. Je nach der politisch-religiösen Bedeutung der einzelnen Gebiete geraten Rückzug und Aufgabe der Siedlungen dadurch zu einem schwierigen Unterfangen.
Dies gilt in besonderem Maße für Jerusalem (Ostjerusalem). Das ganze Jerusalem, die «Heilige Stadt» der Juden, ist die Hauptstadt Israels. Eine erneute Teilung der Stadt ist nur schwer vorstellbar. Jerusalem war nach der Eroberung Ostjerusalems 1967 durch einen Beschluß des israelischen Kabinetts als ganzes der Verwaltungshoheit Israels unterworfen worden. Der Oberste Gerichtshof bestätigte diese Auffassung in mehreren Entscheidungen. Im Juli 1980 verabschiedete die Knesset schließlich das sogenannte Jerusalem-Gesetz, das den Status Jerusalems auf Dauer festschreibt und die Bestimmung enthält, daß «das ganze und vereinigte Jerusalem [...] die Hauptstadt Israels» ist. Besonders der jüdische Teil der Altstadt, die Westmauer des Tempelberges (Klagemauer) und einige der nach 1967 ausgebauten und mit Israelis besiedelten Gebiete in Ostjerusalem sind für Israel unverzichtbar. Auch säkular eingestellte Israelis sind hier nur wenig kompromißbereit. Ähnliches gilt – wenn auch in abgeschwächter Form – für das Westjordanland. «Judäa und Samaria» gelten als die kulturelle Wiege des Judentums. Besondere Bedeutung hat Hebron, wo der Überlieferung zufolge mit dem Grab Abrahams eine der heiligsten Stätten des Judentums liegt.

(3) Eng mit diesen religiös-ideologischen Faktoren ist schließlich ein weiterer wichtiger Umstand verbunden: die *Zusammenset-*

zung der Bevölkerung. Dies ist eine Erwägung, die in der israelischen Politik für drei territoriale Konstellationen von Bedeutung ist: die Siedlungsgebiete, das Territorium Israels einschließlich der besetzten Gebiete und schließlich das israelische Kernland.

Die Frage der Zusammensetzung der Bevölkerung spielt erstens in der Siedlungspolitik eine nicht zu vernachlässigende Rolle: Einige Siedlungen dienen vor allem der Stabilisierung und/oder Veränderung von Bevölkerungsmehrheiten in wichtigen Regionen. So sollte eine Reihe von Siedlungen im für Israel besonders wichtigen Großraum Jerusalem eine jüdische Bevölkerungsmehrheit sicherstellen. Jerusalem wurde hierzu mit einem Gürtel von Siedlungen – von Gush Etzion und Efrat im Süden, Ma'ale Adumim im Osten und Girat Ze'ev und Bet El im Norden – umgeben.

Was zweitens das «zusammengenommene» Gebiet von Israel und den besetzten Gebieten angeht, war Menachem Begin davon ausgegangen, daß die demographische Entwicklung in den besetzten Gebieten mit der Zeit zu einer jüdischen Mehrheit führen würde. Sein am 28. Dezember 1977 verkündeter Autonomieplan sah daher für diejenigen Palästinenser in den besetzten Gebieten, die dies wünschten, den Erwerb der israelischen Staatsbürgerschaft vor. Sein Plan wurde nicht wirksam; weder wollten die Palästinenser die israelische Staatsbürgerschaft erwerben, noch entwickelte sich das Bevölkerungswachstum in der von Begin angenommenen Richtung. Im Gegenteil: Das Verhältnis zwischen Palästinensern und Juden im Westjordanland beträgt gegenwärtig ca. 9 zu 1, in Gaza, wo 19 jüdische Siedlungen mit 6500 Einwohnern existieren, liegt der Anteil der jüdischen Bevölkerung bei weniger als einem Prozent. Insgesamt leben nur ungefähr 400000 Israelis in Palästina außerhalb des israelischen Staatsgebietes; etwa 175000 von ihnen in den Jerusalem umgebenden Siedlungen, weitere 73000 im weiteren Umland der Stadt.

Israel kann daher nicht die besetzten Gebiete annektieren und die in ihnen lebenden Palästinenser als Staatsbürger akzeptieren: Denn entsteht kein palästinensischer Staat und beansprucht Israel die besetzten Gebiete als *de-jure-* oder *de-facto-*Staatsgebiet, so wird die Bevölkerungsmehrheit in diesen Gebieten (und mit der Zeit im ganzen israelischen Staatsgebiet) palästinensisch sein. Schon jetzt leben in Palästina und Israel zusammen nahezu ebenso viele Araber wie Juden. Durch eine Integration der palästinensischen Autonomiegebiete wäre der Charakter Israels als jüdischer Staat aufs Spiel gesetzt – es sei denn, ein der Apartheid ähnliches System der Herrschaft von Wenigen (Juden) über Viele (Palästinenser) würde etabliert werden. Dies aber widerspräche den demokratischen und ethischen Prinzipien, auf denen Israel gegründet wurde.

Aus demselben Grund – der Stabilisierung der jüdischen Bevölkerungsmehrheit in Israel – ist drittens eine Rückkehr der 1948/49 vertriebenen oder geflüchteten Palästinenser ins israelische Kernland undenkbar. Nach den Einwanderungswellen aus der ehemaligen Sowjetunion, die mittlerweile abgeebbt sind, ist in absehbarer Zeit keine nennenswerte Immigration nach Israel zu erwarten. Massenhafte Zuwanderung von Juden, die ihre Heimatländer verlassen, um nach Israel auszuwandern, ist, wie Bernard Wasserstein in seiner 2003 erschienenen Untersuchung des israelisch-palästinensischen Konflikts feststellt, ein Phänomen der Vergangenheit – nicht zuletzt, weil die politischen und ökonomischen Anreize nicht mehr so schwer ins Gewicht fallen: Die überwiegende Mehrheit der Juden in der Diaspora lebt mittlerweile in gefestigten liberalen Demokratien mit einem deutlich höheren Pro-Kopf-Einkommen als Israel. Eine massive palästinensische Rückwanderung würde die demographische Balance im israelischen Kernland nachhaltig aus dem Gleichgewicht bringen. Schon jetzt wächst die arabische Bevölkerung in Israel jährlich um 3,3 % und somit wesentlich schneller als die jüdische, deren jährliches Wachstum 2001 bei 1,9 % lag; zudem ist das Wachstum der jüdischen Bevölkerung in Israel maßgeblich auf Einwanderung zurückzuführen, das der arabischen Bevölkerung hingegen auf eine vergleichsweise hohe Geburtenrate. Gegenwärtig ist das ursprünglich angestrebte Verhältnis von jüdischer zu palästinensischer Bevölkerung von 80:20 noch gegeben – 2001 lebten in Israel 5,281 Millionen jüdische Bürger und 1,228 Millionen Araber. Eine Rückkehr der mehr als 4 Millionen Palästinenser, die derzeit in Flüchtlingslagern im

Nahen Osten leben, ließe die jüdischen Israelis allerdings mit der Zeit zu einer Minderheit werden.
Im Zusammenhang mit der Frage der Zusammensetzung der Bevölkerung ist zudem das Verhältnis der jüdischen zur palästinensischen Bevölkerung in Israel selbst zu bedenken. Die Eskalation des Konflikts hat auch hier zu Verwerfungen geführt. Am 29. September 2000, dem Tag nach dem Besuch von Ariel Scharon auf dem Jerusalemer Tempelberg, wurden bei Zusammenstößen zwischen palästinensischen Demonstranten und israelischen Soldaten sieben Palästinenser getötet, worauf es in den folgenden Tagen zu gewalttätigen Auseinandersetzungen kam. Das Hohe Arabische Komitee, die nationale Organisation der Araber in Israel, die 1936 als Reaktion auf die Immigration jüdischer Siedler nach Palästina gegründet worden war, rief die arabische Bevölkerung des Landes für den 1. Oktober zu einem Generalstreik auf, mit dem die Entschlossenheit, den arabischen Charakter Ostjerusalems zu wahren, gezeigt und gegen das harte Vorgehen der israelischen Sicherheitskräfte protestiert werden sollte. An Yom Kippur kam es in mehreren israelischen Städten zu Ausschreitungen gegen die palästinensische Bevölkerung: So war der östliche, von Arabern bewohnte Teil der Altstadt von Nazareth an zwei aufeinanderfolgenden Tagen Ziel gewalttätiger Übergriffe durch radikale Israelis. Auch in Bat Yam, einem südlichen Vorort von Tel Aviv, und in Jaffa kam es zu Krawallen, ebenso in mehreren anderen Ortschaften. Bei der israelisch-arabischen Bevölkerung ist, vor allem seit der Eskalation des Konflikts, die Tendenz erkennbar, sich als unterdrückte nationale Minderheit zu betrachten und anstelle der Bindung an den israelischen Staat eine eigene – arabische oder palästinensische – nationale Identität in den Vordergrund zu stellen. Dieses Selbstbild findet seine Entsprechung in dem gespannten Verhältnis zwischen der nichtarabischen, jüdischen Bevölkerungsmehrheit und der arabischen Minderheit im Alltag: Zwar blieben Ausschreitungen gegen israelische Palästinenser Ausnahmen, doch begegnet man, vor allem unter dem Eindruck der Selbstmordattentate, den arabischen Israelis allgemein mit einem gewissen Mißtrauen.

Die Politik der israelischen Regierung trägt auf verschiedenen Ebenen zu einer Verschärfung dieses inner-israelischen Konfliktes bei: Verstanden die palästinensischen Israelis die Schließung des *Orient House* in Jerusalem als Demütigung eher symbolischen Charakters, so erschwert die Schließung der Grenzen zu den palästinensischen Gebieten, insbesondere der Bau des Grenzzaunes zwischen Teilen des Westjordanlandes und Israel, soziale und familiäre Kontakte. Auch die im Sommer 2002 angekündigte Abschiebung von Angehörigen palästinensischer Terroristen aus Israel in die Autonomiegebiete zeigte vielen arabischen Israelis, daß sie nicht als gleichberechtigte Bürger anerkannt werden. Die Loyalität der Palästinenser zum israelischen Staat wird durch diese Entwicklungen nachhaltig geschwächt. Gewalttätige Auseinandersetzungen sind auch in der Zukunft zu erwarten. Der Loyalitätskonflikt der arabischen Bürger Israels wird sich wahrscheinlich weiter verschärfen: Israel «importiert» den israelisch-palästinensischen Konflikt, die zweite Komponente des Nahostkonfliktes, damit in das Kernland.

Was ergibt sich nun aus dem Gesagten für die israelische Verhandlungsposition?
Erstens: Eine Annexion der gesamten besetzten Gebiete – vor allem ihrer Bevölkerungszentren – scheidet aus. Israel ist darauf angewiesen, eine – wie auch immer geartete – Autonomieregelung herbeizuführen. *Zweitens*: Diese Autonomieregelung muß israelischen Sicherheitsinteressen Rechnung tragen. Betrachtet man die gegenwärtige Situation und akzeptiert man die militärische Analyse und Begründung der Siedlungspolitik, so ist es der israelischen Regierung allenfalls möglich, Siedlungen aufzugeben, die keine wichtige strategische oder bevölkerungspolitische Funktion haben. Es wird von jeder israelischen Regierung zu erwarten sein, daß sie eine Lösung des Konflikts nur dann akzeptiert, wenn zumindest die militärisch-politischen Motive der Siedlungspolitik berücksichtigt werden. Im Hinblick auf die Bevölkerungsdichte in den Siedlungen und ihre militärische Bedeutung ist es nur schwer vorstellbar, daß Israel auf die Siedlungen entlang der «Grünen Linie» (zwischen Israel und dem Westjordanland) verzichtet. Gleiches gilt für den Siedlungsgürtel um Jerusalem. *Drittens*: Ver-

zichtbar sind – religiös-ideologische Motive einmal beiseite gelassen – die Siedlungen entlang des Jordans, im Süden von Jerusalem (Hebron) und im Gazastreifen. Zwar bedarf es beträchtlichen politischen Durchsetzungsvermögens, um eine solche Entscheidung zu exekutieren. Prinzipiell ist ein solcher Rückzug aber möglich. Deutlich wird in diesem Zusammenhang die Notwendigkeit einer Säkularisierung der israelischen Politik. Solange politische Positionen in Israel (zumindest auch) auf der Grundlage religiöser Überzeugungen formuliert werden, die unumstößliche Geltung beanspruchen, ist die Durchsetzung der für einen dauerhaften Frieden erforderlichen Kompromisse nicht zu erreichen. *Viertens*: Zumindest in einem Punkt wird religiös-ideologischen Forderungen aber Rechnung zu tragen sein. Israel wird auf Jerusalem als seine Hauptstadt und auf die Souveränität wenigstens über diejenigen Teile der Altstadt nicht verzichten können, die für das Judentum von hoher symbolischer Bedeutung sind. Dazu zählen das jüdische Viertel der Altstadt und einige der neuen jüdischen Siedlungsgebiete in Ostjerusalem – und vor allem die Westmauer des herodianischen Tempels, die sogenannte Klagemauer. *Fünftens*: Israel kann einer Rückkehr der 1948 geflohenen oder vertriebenen Palästinenser (beziehungsweise ihrer Nachkommen) nicht zustimmen. Allenfalls eine kleine – die demographische Balance nicht beeinträchtigende – Gruppe könnte nach Israel zurückkehren.

Die Gründung eines palästinensischen Staates – die durchaus im Interesse Israels liegt – muß vor diesem Hintergrund erörtert werden. Eine palästinensische Staatsgründung sollte in Anbetracht der diskutierten Interessenlage Israels zu einer staatlichen «Trennung» der beiden Bevölkerungen führen. Obwohl das Procedere der Staatsgründung Palästinas und deren territorialer Umfang noch nicht entschieden sind, hat Israel aus Sicherheitsüberlegungen mit einer (physischen) «Trennung» bereits begonnen. Als Interimslösung soll die nördliche Grenze zu den palästinensischen Gebieten mit einem «Sicherheitszaun» befestigt werden. Dieser Zaun verläuft – in seinem nördlichen Bauabschnitt – im wesentlichen entlang der «Grünen Linie», «integriert» aber einige wichtige Siedlungen in das Gebiet westlich des Zaunes. Einige große palästinensische Ortschaften sind darüber hinaus besonders gesichert. Da eine Vielzahl unterschiedlich großer Siedlungen öst-

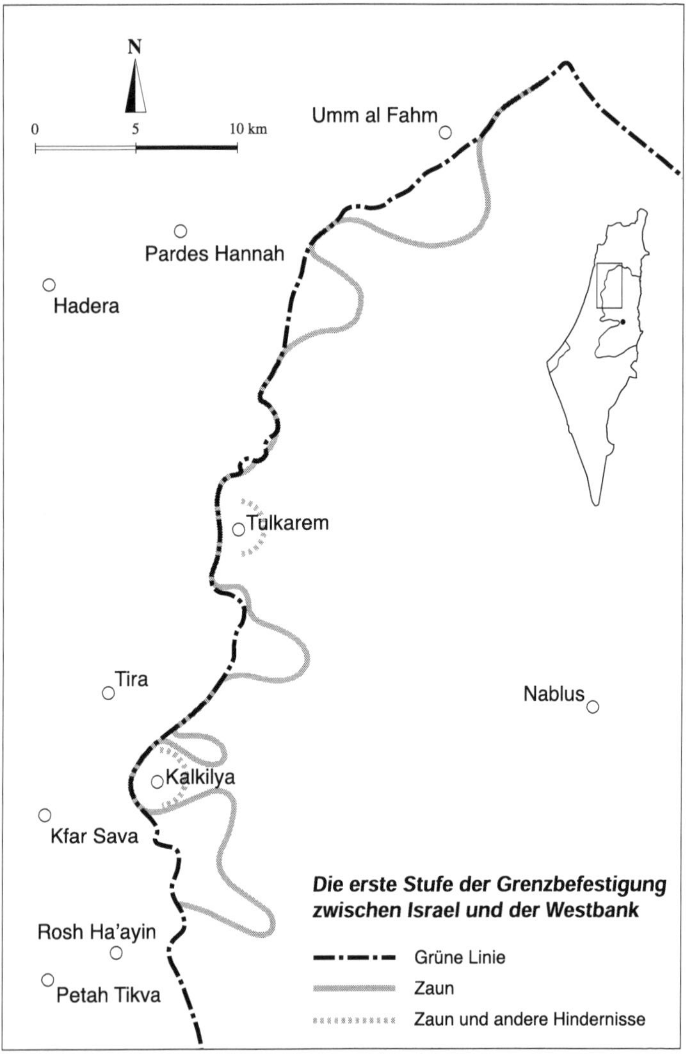

lich des Zaunes verbleibt, die Kommunikation mit dem Kernland durch Straßen ermöglicht und gesichert werden muß und auch palästinensische Arbeiter weiterhin im israelischen Kernland beschäftigt sind, kann die Abtrennung nicht hermetisch sein. Viele

Israelische Soldaten bewachen die im Bau befindliche Sicherheitsmauer bei Kalkilya, 23. 6. 2002. Foto: AP/Eitan Hess-Ashkenazi

Israelis versprechen sich von dieser Grenzbefestigung dennoch mehr Sicherheit.

Insgesamt gesehen liegt die Schaffung eines palästinensischen Staates im Interesse Israels. Nur ein solcher Staat und die damit verbundene *politische* und *militärische* Trennung der beiden Konfliktparteien kann Israels Sicherheitslage wesentlich verbessern. Die Zugeständnisse Israels wären für einen Teil der Bevölkerung schmerzhaft, für die große Mehrheit hingegen vermutlich akzeptabel. Zwar zeigen Umfragen unter der israelischen Bevölkerung, daß die Zustimmung zu einem auf dem Prinzip «Land für Frieden» basierenden Friedensschluß seit dem Scheitern des Oslo-Prozesses und insbesondere seit dem Beginn der zweiten *Intifada* rückläufig ist (1999: 47 %; 2002: 37 %), gleiches gilt für die Zustimmung zur Schaffung eines palästinensischen Staates in den besetzten Gebieten (2001: 57 %; 2002: 49 %), doch findet beides immer noch die Unterstützung eines großen Teils der israelischen Bevölkerung. Ohnehin ist die Unterstützung für einen Friedensschluß mit den Palästinensern immer noch weitaus größer als während der ersten *Intifada*. Relativ hoch ist mit 50 % auch der Anteil der Israelis, der eine teilweise Aufgabe der Siedlungen in den besetzten Gebieten (mit Ausnahme der größeren, strategisch wichtigen Siedlungen) befürwortet. Die Implementierung eines

Friedensplanes unter den genannten Bedingungen könnte also die Unterstützung eines großen Teils der israelischen Bevölkerung finden.

b) Die palästinensische Perspektive

Die palästinensischen Überlegungen verhalten sich zu den israelischen weitgehend spiegelbildlich. Auch hier stehen politisch-militärische und historisch oder religiös-politisch verkleidete Argumente im Vordergrund:

(1) Der Sicherheitsfrage auf israelischer Seite entspricht auf palästinensischer Seite die *Schaffung eines palästinensischen Staates.* Auch den Palästinensern – den radikalen Gruppierungen, aber ebenso Teilen der palästinensischen Autonomiebehörde – erscheint ihr wichtigstes Ziel mit militärischen Mitteln lösbar: Die Anwendung von Gewalt und eine Eskalation des Konfliktes werden als Möglichkeiten gesehen, stetigen Druck auf Israel auszuüben. Nach diesem Kalkül wird es in absehbarer Zeit einen Punkt geben, an dem die Verluste an Menschenleben und Ansehen (wegen der Vergeltungsschläge) für Israel so schmerzhaft werden, daß es sich aus den besetzten Gebieten zurückzieht. Was für die Israelis die Erfolge der 1950er und 1970er Jahre darstellen, sind für die Palästinenser die Erfolge der ersten *Intifada* und der Hisbollah im Libanon. Viele Araber denken, der israelische Rückzug aus dem besetzten Süden Libanons im Mai 2000 nach mehr als 20 Jahren Besetzung habe gezeigt, daß es möglich ist, Israel durch militärische Maßnahmen zum Einlenken zu bewegen. Die ständigen Anschläge gegen israelische Soldaten, die vor allem von der durch Syrien und den Iran unterstützten Hisbollah verübt wurden, und die moralischen Zweifel der israelischen Öffentlichkeit an der Rechtmäßigkeit der Besetzung libanesischen Gebiets hätten Israel schließlich zu einem Rückzug aus der «Sicherheitszone» veranlaßt.
In Palästina sei zwar, so wird konzediert, ein ungleich höherer Druck auf Israel notwendig, aber prinzipiell sei ein militärisch-diplomatisches «Niederringen» Israels möglich, und zwar folgendermaßen: Es kommt zu immer rascher aufeinan-

der folgenden Angriffen gegen israelische Einrichtungen in den besetzten Gebieten und im israelischen Kernland. Die israelische Wut über die ständigen Anschläge schlägt zunehmend in Frustration und Angst um. Die Vergeltungsschläge bewirken kein Ende oder auch nur einen Rückgang der Anschläge. Das alltägliche Leben in Israels Städten ändert sich, mehr und mehr Israelis – auch im Kernland – werden Opfer des Konflikts. Das Alltagsleben wird schwieriger, schließlich kaum noch erträglich. Die immer härteren, doch wirkungslosen Vergeltungsschläge der israelischen Regierung stoßen auf immer heftigere Kritik der Europäer – und zunehmend auch der Amerikaner. Ein großer Teil Israels lehnt die als lebensbedrohlich gesehene Besetzung ab. Die israelische Armee räumt die besetzten Gebiete.

Für die palästinensische Seite gilt: Ein solcher Kampf ist «führbar». Selbstmordanschläge sind fast beliebig oft zu wiederholen, einen wirklichen Schutz dagegen gibt es nicht. Sie sind daher für Militärs eine durchaus ernstzunehmende Taktik. Diese Auffassung ist mittlerweile weithin akzeptiert. Arafats prinzipielle, nur unter Druck von Fall zu Fall widerrufene Akzeptanz dieser Angriffe hat aus einem zunächst religiös motivierten Vorgehen einzelner radikaler Gruppen eine von der politischen Führung mitgetragene militärische Option gemacht. Die Selbstmordanschläge wurden aus ihrem religiösen Zusammenhang gelöst und zu einem militärischen Mittel erklärt. Die *Al-Aqsa*-Märtyrer-Brigaden sind eng mit Arafats *Fatah* verbunden; sie sind keine islamistische Bewegung. Selbstmordattentate sind Teil des operativen Repertoires des palästinensischen Widerstandes geworden. Die israelische «Operation Schutzschild» im Frühjahr 2002 führte zudem zu einer Reorganisation aller Terrorgruppen, die nunmehr – ohne Rücksicht auf ideologische Differenzen – enger als bisher zusammenarbeiten. Die palästinensischen Organisationen nehmen bei ihren Operationen zivile Opfer nicht nur in Kauf, sondern richten ihre Anschläge (zu einem beträchtlichen Teil) ganz gezielt gegen Zivilisten. Diese Vorgehensweise wird mit der militärisch-technologischen Unterlegenheit der palästinensischen Seite gerechtfertigt. Nur Angriffe gegen Zivilisten im israelischen Kernland – so diese Ansicht – vermögen zwischen der israelischen Armee und den Palästinensern eine Art von strategischem Gleichgewicht zu schaffen. Die militärische Asymmetrie zwischen den Konfliktparteien wird so aufgehoben, weshalb eine vollständige «Niederlage» der Palästinenser unwahrscheinlich und ein «Sieg» möglich wird.

Die militärischen Entwicklungen der letzten Zeit haben diese Strategie zwar nicht grundlegend falsch erscheinen lassen, sie aber doch ins Wanken gebracht. Zum einen hatten die Operationen der israelischen Armee größeren Erfolg als vermutet: Zumindest für einige Zeit ging die Zahl der Anschläge zurück, viele Selbstmordattentäter wurden abgefangen, die Logistik einiger Gruppen wurde, wenn nicht zerstört, so doch beträchtlich gestört. Auch leidet die Bevölkerung in den palästinensischen Gebieten ganz erheblich unter der seit dem Beginn der *Al-Aqsa-Intifada* deutlich verstärkten israelischen Militärpräsenz und den Operationen der Armee. Die bereits erwähnte strukturelle Gewalterfahrung und die teils massiven Beschränkungen, denen das gesamte soziale Leben der Menschen in den palästinensischen Gebieten unterliegt, haben neben materiellen auch gravierende psychische Konsequenzen: «Ich kam von der Schule nach Hause und fragte meine Eltern nur: Wie viele Tote gab es heute wieder? Und so ging das tagein, tagaus. Ich konnte es nicht mehr aushalten, ich war erschöpft bis zum Überdruß. [...] Wie jeder Palästinenser fühle ich in mir die Wut wie eine Flamme. Ich habe das Gefühl, daß ich alles, was ich mir erträume, tief in mir begraben muß. Daß ich niemals das machen kann, was ich mir für mein Leben wünsche, solange diese Situation andauert.» So beschreibt Amal Rifa'i, die palästinensische Freundin von Odelia Ainbinder, in einem veröffentlichten Briefwechsel die unter vielen Palästinensern verbreitete Hoffnungslosigkeit. Äußerte diese sich zu Beginn der *Al-Aqsa-Intifada* noch in wütenden Protesten, überwiegt mit zunehmender Dauer des Konfliktes die Resignation unter den Menschen.

Die Greuel der Anschläge bewirkten zugleich ein Abrücken der europäischen Regierungen von der palästinensischen Führung – in den USA wurden die Kräfte in der Bush-Administration gestärkt, die in Arafat ohnehin nur einen Terroristen sehen. In der zweiten Reihe der palästinensischen Regierung begann daher eine Diskussion, die eine Begrenzung der Anschläge (auf militärische Einrichtungen und Siedlungen in den besetzten Gebieten) forderte. Vermehrt sprachen sich palästinensische Politiker für eine Wiederaufnahme ernsthafter Verhandlungen aus. Auf israelischer Seite wurden diese Signale vor allem vom zwischen März 2001 und Ende Oktober 2002 amtierenden Verteidigungsminister Benjamin Ben-Eliezer aufgegriffen.

Zwischen den Parteien entstand letztendlich eine Form von «Symmetrie», die keiner Seite einen vollständigen militärischen Sieg ermöglichte. Allerdings sind einflußreiche Militärs – ebenfalls auf beiden Seiten – nicht von der Dauer einer solchen «Symmetrie» überzeugt. Eine Veränderung erscheint ihnen mit der Zeit möglich, was für eine Fortsetzung der militärischen Strategie spräche. Die Entscheidung über weitere Verhandlungen hängt also davon ab, inwieweit die politischen Führer der Verhandlungspartner von der Dauerhaftigkeit der militärischen Symmetrie überzeugt sind.

Sollte ein palästinensischer Staat entstehen, so müßte dessen Souveränität (beziehungsweise deren Umfang) militärisch-sicherheitspolitisch, wirtschaftlich und rechtlich/völkerrechtlich bestimmt werden. Besonders heikle Fragen sind dabei (a) die wirtschaftliche Überlebensfähigkeit eines palästinensischen Staates, (b) dessen territoriale Ausgestaltung und (c) die Frage nach der Regierung Palästinas (insbesondere nach der Kontrolle über den Sicherheitsapparat).

(a) Prinzipiell gilt: Auch ein unabhängiges Palästina wäre in wirtschaftlicher und sicherheitspolitischer Hinsicht von Israel abhängig und könnte jederzeit politisch unter Druck gesetzt werden. Palästina würde daher bestenfalls ein quasi-souveräner Staat werden. Hierfür spricht zunächst die wirtschaftliche Situation: Die Leistung der palästinensischen Wirtschaft pro Kopf verschlechterte sich von 1993 bis 1998 und verzeichnete lediglich im Jahr 1999, also vor Beginn der sogenannten *Al-Aqsa-Intifada*, einen nennenswerten Anstieg. Das Bruttosozialprodukt (BSP) konnte in den Jahren bis 2000 zwar leicht zulegen, die hohe Bevölkerungszunahme verhinderte jedoch ein Pro-Kopf-Wachstum. Die Zahlen sprechen eine deutliche Sprache: Nach Angaben der Weltbank und der Vereinten Nationen wuchs das BSP von 1993 bis 1997 um 4,7 % – während die Bevölkerung um 27,1 % zunahm; das BSP pro Kopf sank in diesem Zeitraum also um 17,5 %.

Ursache für diesen Rückgang des Lebensstandards ist vor allem die erzwungene Arbeitslosigkeit der bis dahin in Israel beschäftigten Palästinenser. Ende 1997 betrug das Bruttoinlandsprodukt (BIP) 3,4 Milliarden US$, das BSP 4,0 Milliarden US$. Das BIP pro Kopf betrug 1360 US$, das BSP pro Kopf 1600 US$. Bis 1999 war zwar ein deutlicher Anstieg dieser Indikatoren zu verzeichnen – das BIP stieg auf 5,2 Milliarden US$, das BIP pro Kopf auf 1850 US$, doch zeichnete sich bereits im Jahr 2000, dem Jahr, das den Beginn der bis heute andauernden Auseinandersetzungen markiert, ein massiver Einbruch der Wirtschaftstätigkeit in den palästinensischen Gebieten ab: Das BSP sank um 6,4 %, nachdem es noch im Vorjahr um 7,2 % gewachsen war, das BSP pro Kopf verringerte sich im selben Zeitraum gar um 10,3 %, während das BIP auf 4,9 Milliarden US$ und das BIP pro Kopf auf 1650 US$ zurückging. In absoluten Zahlen ging das BSP von 2000 bis 2002 von 4,6 Milliarden US$ auf knapp 3,0 Milliarden US$ zurück. Das BIP sank von 2000 bis 2002 von 5,4 Milliarden US$ auf 3,2 Milliarden US$, das BIP pro Kopf allein 2002 um 26,4 % im Vergleich zum Vorjahr. Es deutet alles darauf hin, daß sich der dramatische Einbruch, der sich bereits im Jahr 2000 abzeichnete, in den folgenden Monaten und Jahren, in denen die Auswirkungen der gewalttätigen Auseinandersetzungen und der von Israel ergriffenen Blockademaßnahmen voll zum Tragen kamen, fortgesetzt hat.

Insgesamt haben die gewalttätigen Auseinandersetzungen seit Beginn der *Al-Aqsa-Intifada* die palästinensische Volkswirtschaft nach einer Studie der Weltbank vom März 2003 den Gegenwert eines ganzen Jahres wirtschaftlicher Aktivität gekostet. Berücksichtigung fanden bei diesen Berechnungen auch die angerichteten Schäden, die für die Zeit von September 2000 bis Ende August 2002 auf über

728 Millionen US$ geschätzt wurden. Es kommen fortlaufend weitere Schäden hinzu, die die Volkswirtschaft des Westjordanlandes und des Gazastreifens und den Haushalt der Autonomiebehörde belasten. Zugleich sind die regulären Einnahmen der öffentlichen Hand eingebrochen.

Die Schwankungen im Volkseinkommen des Westjordanlandes und des Gazastreifens spiegeln die extreme Abhängigkeit der palästinensischen Wirtschaft von der politischen Entwicklung wider. Nach der Osloer Prinzipienerklärung von 1993 begann zwar eine vitale Phase der wirtschaftlichen Entwicklung, es kam zu steigenden privaten Investitionen in den Autonomiegebieten. Diese Fortschritte wurden jedoch durch den Stillstand im Friedensprozeß und die Aussperrungen verlangsamt und durch den erneuten Ausbruch der gewalttätigen Auseinandersetzungen nahezu vollkommen revidiert.

(b) Auch das Territorium eines künftigen Staates hat Rückwirkungen auf den Umfang der Souveränität; Land ist also das Scharnier, über das sich der Ausgleich der jeweiligen Sicherheitsinteressen vollziehen muß. Die palästinensische Führung befürchtet, daß Israel zwar die Bevölkerungszentren (von Süden nach Norden: Hebron, Bethlehem, Ramallah, Nablus) und auch größere Ortschaften und ihre Umgebung räumt, aber durch das Straßen- und Siedlungssystem eine Vielzahl von mehr oder weniger autonomen Einheiten schafft, die schon wegen ihrer territorialen Zersplitterung nicht über die für einen Staat notwendige territoriale und politische Kohärenz verfügen. Dies hätte weitreichende Folgen: Jede Einheit wäre über kurz oder lang gezwungen, sich direkt mit der israelischen Umgebung zu verständigen. Die «zentralen» Einrichtungen blieben von untergeordneter Bedeutung, zumal Palästina demilitarisiert wäre und kaum eine eigenständige Außenpolitik entwickeln könnte. Die palästinensische Führung fordert daher den vollständigen Rückzug Israels. Nur dies garantiert ihr ein zusammenhängendes Staatsgebiet mit einer einheitlichen Regierungsgewalt.

(c) Ähnlich problematisch ist der Aufbau eines unabhängigen palästinensischen Sicherheitsapparates. In der Osloer Prinzipienerklärung über die Einrichtung einer palästinensischen Autonomieregierung vom 13. September 1993 war – neben der Legislative und dem politischen Teil der Exekutive – eine «starke Polizeimacht» vorgesehen, die der Herstellung der inneren Ordnung und der Bekämpfung des palästinensischen Terrorismus dienen sollte. In ihrer praktischen Umsetzung lief diese Vereinbarung darauf hinaus, daß neun verschiedene Sicherheits- und Geheimdienste mit insgesamt 30000 Mitarbeitern eingerichtet wurden, die allesamt der direkten Kontrolle Arafats unterstanden. Dieser nutzte die Dienste jedoch vor allem, um loyale «verdiente Kämpfer» mit Posten zu versorgen und ihnen auf diese Weise auch in den Autonomiegebieten eine soziale (und berufliche) Perspektive zu bieten. Gleichzeitig schuf er einen Spitzel- und Repressionsapparat, der es ihm erlaubte, mit allen Mitteln gegen Gegner des Friedensprozesses, vor allem gegen islamische Fundamentalisten, aber auch gegen politische Oppositionelle, vorzugehen. In einem im November 2001 veröffentlichten Bericht prangerte die Menschenrechtsorganisation *Human Rights Watch* systematische Menschenrechtsverletzungen durch die palästinensischen Sicherheitsdienste und das Justizwesen an. Die Instrumentalisierung des Sicherheitsapparates für die persönlichen Interessen der palästinensischen Führung verhinderte jedoch den Aufbau einer wirklich unabhängigen Exekutive, die für das Entstehen rechtsstaatlicher Strukturen unerläßlich gewesen wäre. Der derart politisierte Sicherheitsapparat erwies sich als unfähig zur Kontrolle terroristischer Gruppierungen. Die israelische Regierung betrieb deshalb schließlich deren weitgehende Zerschlagung mit der Begründung, die Sicherheitsdienste schützten nicht nur die Mitglieder terroristischer Gruppen, sondern seien auch aktiv an der Ausübung von Gewalt gegen israelische Ziele beteiligt. Die seit Sommer 2002 nahezu dauerhafte israelische Militärpräsenz in den palästinensischen Gebieten und die damit einhergehenden massiven Einschränkungen palästinensischer Souveränität bieten keine günstigen Voraussetzungen für die von der amerikanischen wie der israelischen Regierung, aber auch vom Legislativrat der Palästinenser geforderte grundlegende Reform der Sicherheitskräfte: Von Arafat vorgenommene Änderungen dienten eher der Konsolidierung der eigenen Machtbasis; und eine im Rahmen des sogenannten «Tenet-Plans» (benannt nach dem Direktor des amerikanischen Geheimdienstes CIA) im September 2001 begonnene Kooperation mit der CIA, die Agenten zur Ausbildung palästinensischer Sicherheitskräfte entsandte, besteht zwar weiterhin, wird jedoch angesichts der beschriebenen Rahmenbedingungen alleine kaum zum Aufbau funktionierender palästinensischer Sicherheitsstrukturen führen, die insbesondere terroristische Anschläge gegen Israel unterbinden könnten.

(2) Daß ein künftiger palästinensischer Staat auf Israel angewiesen sein wird, zeigt sich auch in einer weiteren, besonders sensiblen Frage: Ein Staat Palästina hat auf sich allein gestellt nicht die Möglichkeit, das *Flüchtlingsproblem* zu lösen. Dieses Flüchtlingsproblem umfaßt zwei Gruppen von Flüchtlingen: zum einen die im Verlauf des Unabhängigkeitskrieges geflohenen und vertriebenen Gruppen, zum anderen diejenigen, die 1967 aus den im Sechs-Tage-Krieg von Israel besetzten Gebieten flüchteten. Eine Rückkehr der Flüchtlinge des Unabhängigkeitskrieges in ihre alte Heimat im israelischen Kernland kommt für Israel aus den erläuterten grundsätzlichen und demographischen Erwägungen nicht in Betracht. Für die Palästinenser auf der anderen Seite stellt sich das Problem in dreifacher Weise dar: Erstens besteht ihrer Auffassung nach ein tatsächliches Rückkehrrecht (und damit verbunden eine Wiedereinsetzung der Flüchtlinge in ihre Eigentumsrechte). Zum zweiten beharren sie darauf, daß die Vertreibung als von Israel begangenes Unrecht anerkannt wird. Der Staat Israel soll als Folge dieser Anerkennung prinzipiell das Rückkehrrecht und die damit verbundenen Rechtsfolgen akzeptieren. Hieraus ergibt sich als dritte Problematik die Frage einer möglichen Kompensation für die Flüchtlinge und ihre Nachkommen, wenn deren tatsächliche Rückkehr faktisch ausgeschlossen ist.
Dies hat für die palästinensische Führung aber auch politische Folgen: Ist eine «Rückkehr» von Flüchtlingen ausgeschlossen,

wäre der Staat Palästina einer wichtigen Quelle seiner Legitimität beraubt. Die Rückkehr der Flüchtlinge und Vertriebenen war von Anfang an ein zentrales Anliegen der palästinensischen Politik und wurde als nicht verhandelbare Forderung festgeschrieben. Dies schränkt politische Handlungsmöglichkeiten ein. Der Erfolg einer revolutionären Bewegung wie der PLO (und ihrer Mitgliedsorganisationen) mißt sich gerade auch an der Radikalität ihres Anspruchs. Dieser wiederum führt zur Selbstbindung. Eine Kurskorrektur ist hier sehr schwierig.

(3) Die bevölkerungspolitische Frage des Umgangs mit den Flüchtlingen von 1948 wird damit zu einer Frage der *Ideologie*. Das jahrzehntelange Beharren auf dem Rückkehrrecht hat in dieser Frage eine Korrektur der palästinensischen Politik schwierig gemacht. Eine Aufgabe dieser Position würde von weiten Teilen der palästinensischen (politischen) Öffentlichkeit und der Diaspora als «Verzichtspolitik» empfunden werden. Eine ähnliche Selbstbindung folgt aus der Bestimmung Jerusalems als politischem und spirituellem Mittelpunkt Palästinas. Wie die Israelis, so verbinden auch die Palästinenser religiöse und religiös-politische Vorstellungen mit Palästina und vor allem Jerusalem. Für die palästinensische Führung sind die Hauptstadt *al-Quds* (Jerusalem) und die Souveränität über die moslemischen Heiligtümer auf dem Tempelberg unverzichtbar.

Fassen wir die palästinensische Position zusammen, so ergeben sich folgende nicht zur Disposition stehende Punkte: *Erstens*: Das Ziel palästinensischer Politik ist ein souveräner, lebensfähiger Staat Palästina. Dieser darf daher nicht vom wirtschaftlichen Austausch mit Israel abgeschnitten sein und muß über ein zusammenhängendes Territorium und über vollständige politische Autonomie verfügen. Da aufgrund der geographischen Gegebenheiten die Schaffung eines vollständig zusammenhängenden Staates unmöglich ist, muß zwischen Westjordanland und Gaza zumindest ein Korridor eingerichtet werden, der eine sichere und ungehinderte Verbindung der beiden Territorien auf dem Landweg ermöglicht. *Zweitens*: Die Flüchtlingsfrage muß gelöst werden. Ein weiterer Verbleib der Flüchtlinge in den Lagern in den besetzten Gebieten und benachbarten arabischen Staaten ist nicht hinnehmbar. Dabei müssen auch die «symbolischen» Bedürfnisse der Palästinenser – wenigstens ansatzweise – befriedigt werden, indem eine Rückkehr zumindest einer bestimmten Zahl von Flüchtlingen in die ursprünglichen Siedlungsgebiete innerhalb Israels ermöglicht wird. Für die Mehrheit der Flüchtlinge, deren Rückkehr nach Israel ausgeschlossen ist und die sich daher dauerhaft in Palästina niederlassen wird, muß eine angemessene finanzielle Entschädigung bereitgestellt werden, die ihnen den Aufbau einer eigenen wirtschaftlichen Existenz ermöglicht. *Drittens*: Jerusalem muß *auch* die Hauptstadt Palästinas werden. Der palästinensische Staat muß die Oberhoheit über die muslimischen Heiligtümer von *al-Quds* erhalten, im wesentlichen also über die *Al-Aqsa*-Moschee und den Felsendom auf dem Tempelberg. Zudem muß er wenigstens eine Teilsouveränität über die mehrheitlich arabisch bewohnten Teile Ostjerusalems, auch in der Altstadt, erhalten.

2. «Im Räderwerk des Friedens verfangen …»

> *«Wir lesen in der Heiligen Schrift eine Menge über Steine. Steine haufenweise. Monumente & Denkmäler sind aus Stein gebaut; Menschen werden zu Tode gesteinigt; der sprichwörtliche Samen fällt auf steinigen Boden; und es ist nicht verwunderlich, daß Steine in solchen Mengen in der Bibel erwähnt werden. Judäa ist eine einzige Ansammlung von Steinen – steinige Berge & steinige Ebenen; steinige Flußbette & steinige Straßen; steinerne Mauern & steinige Felder, steinerne Häuser & steinerne Gräber; steinerne Augen & steinerne Herzen.»*
>
> *Herman Melville (Die Reisetagebücher)*

Die Akzeptanz des Realen setzt den Verzicht auf eine historische Argumentation voraus. Die oben geschilderten Bedingungen der beiden Konfliktparteien für eine Lösung lassen sich nur dann in Einklang bringen, wenn eine schrittweise Veränderung des Status quo von beiden akzeptiert und angestrebt wird – unter konsequentem Verzicht auf eine prinzipielle Wiedergutmachung und die vollständige Durchsetzung von historisch-religiösen Ansprüchen. Gegenstand der Verhandlungen kann nur sein, was eine politisch durchsetzungsfähige Mehrheit des jeweiligen Partners akzeptiert und was zu einer Verbesserung der Situation wenigstens eines Partners beiträgt – ohne die Situation des anderen zu verschlechtern. Voraussetzung einer auf diesen Prämissen beruhenden Verhandlung muß die Einsicht sein, daß der Konflikt mit (vertretbaren) militärischen Mitteln *nicht* zu beenden ist, denn obgleich beide Parteien auf sehr unterschiedliche Gewaltmittel zurückgreifen können, muß man – gerade wegen dieser Asymmetrie – insgesamt ein symmetrisches Verhältnis der militärischen Möglichkeiten konstatieren: Mit den ihr zur Verfügung stehenden Mitteln vermag jede Seite der jeweils anderen zwar schwerwiegende Schäden zuzufügen, doch da sich die Auseinandersetzung gleichsam auf zwei verschiedenen Ebenen abspielt, wird die Überlegenheit auf der jeweils einen Ebene durch die Unterlegenheit auf der anderen wieder aufgehoben. Weder lassen sich palästinensische Selbstmordattentäter mit den Mitteln konventioneller Kriegsführung bekämpfen, noch vermögen die Palästinenser der in der konventionellen Kriegsführung weit überlegenen israelischen Armee wirkungsvollen Widerstand entgegenzusetzen. Die von den Palästinensern während der *Intifada* verfolgte Strategie, im Kampf gegen die israelischen Truppen zumindest eine moralische Überlegenheit zu erlangen, indem man der Weltöffentlichkeit die Bilder jugendlicher Demonstranten, die israelische Panzer mit Steinen angreifen, und erschossener Kinder vor Augen hielt, vermochte letztlich nicht, ihr Ziel – das Ende der Besatzung – zu erreichen. Der Einsatz von einzelnen, meist jugendlichen Selbstmordattentätern, stellt nunmehr die letzte Stufe dieser Entwicklung dar, mit der zwar das Bild der moralischen Überlegenheit zerstört, aber zumindest eine in gewisser Hinsicht «gleichwertige» Waffe im Kampf gegen Israel gefunden wurde.

Ein zu einer möglichen Lösung führender Prozeß müßte mindestens drei Schritte umfassen, die die Positionen der Konfliktparteien weitgehend aufgreifen:

(1) Verhandlungen müssen in einem zuvor definierten, längeren Zeitraum stattfinden. Die Konfliktparteien müssen sich darauf einigen, daß auch *under fire* verhandelt wird. Ein solcher Beschluß würde eine bedeutende Änderung gegenüber den bis-

herigen Friedensplänen darstellen, die als Voraussetzung für den Beginn von Verhandlungen ein Ende der Gewalt auf beiden Seiten fordern. Die politischen Führungen müßten also in Kauf nehmen, daß es während der Verhandlung von verschiedenen Seiten – und vermutlich noch für lange Zeit – zu Anschlägen und Vergeltungen kommt. Gegen die in dieser Phase weiterhin stattfindenden Anschläge muß vor allem die palästinensische Regierung mit aller denkbaren Härte vorgehen. Die Angriffe gegen Israel würden bei einem solchen Vorgehen Auslöser eines inner-palästinensischen Konflikts; die Regierung müßte sich mit amerikanischer und europäischer (nicht israelischer) Hilfe in diesem Konflikt durchsetzen. Damit hätte der palästinensische Staat seine erste große Bewährungsprobe bestanden. Israel müßte im Gegenzug auf Vergeltung gegen die legitime palästinensische Führung verzichten. Diese wiederum müßte Israels Maßnahmen gegen den Terror unterstützen und in dieser Auseinandersetzung innerhalb des politischen Gemeinwesens ihr Gewaltmonopol durchsetzen. Eine solche Behauptung der Souveränität der palästinensischen Regierung gegen militante Gruppen wäre vergleichbar mit der von David Ben-Gurion erzwungenen Auflösung der während des Unabhängigkeitskrieges auch mit terroristischen Methoden agierenden Untergrundorganisation Irgun nach der Gründung Israels im Jahr 1948. Diese Durchsetzung des Gewaltmonopols wird von zahlreichen Historikern als Bewährungsprobe der staatlichen Souveränität Israels betrachtet. Eine vergleichbare Bewährungsprobe muß die palästinensische Staatlichkeit bestehen.

Verhandlungen müßten also sofort und ohne jegliche Vorbedingungen beginnen. Eine Vermittlung von außen ist hilfreich, aber zunächst nicht notwendig.

Voraussetzung für solche Verhandlungen wäre auf palästinensischer Seite ein Kurswechsel Arafats. Spätestens seit dem Ausbruch der *Al-Aqsa-Intifada* beruht seine Macht auf einer ambivalenten und unklaren Haltung zum Einsatz von Gewalt: Arafat läßt die Frage unbeantwortet, ob er die Gewalt (insbesondere die terroristischen Anschläge) beenden kann. Würde er zugeben, daß er dazu nicht mehr in der Lage ist, wäre er für Israelis und Amerikaner kein ernstzunehmender Verhandlungspartner mehr. Ist er hingegen in der Lage, Anschläge und eine weitere Eskalation zu verhindern, muß er sich die Frage gefallen lassen, warum er nicht wirkungsvoll einschreitet. Er ist in diesem Fall nicht mehr Verhandlungspartner, sondern Gegner Israels, politisch und militärisch verantwortlich auch für alle Selbstmordanschläge. Arafat läßt diese entscheidende Frage offen. Damit bleibt er im (politischen) Spiel, Verhandlungen sind aber unter diesen Umständen nur sehr eingeschränkt möglich. Dennoch wird weiter mit Arafat zu verhandeln sein; sein politisches Leben machte ihn zu einem Symbol für die palästinensische Selbstbehauptung. Die vielfach geforderten Reformen der palästinensischen Führung – zuletzt von Präsident Bush – müssen dieser symbolischen Bedeutung Arafats gerecht werden. Die bisherigen Vorschläge amerikanischer Vermittler haben diese Ausgangslage zu wenig berücksichtigt.

Trotzdem stellt sich natürlich die Frage nach der Nachfolge Arafats. Die palästinensische Gesellschaft verändert sich, die Arafat und die PLO tragenden Machtstrukturen geraten zunehmend ins Wanken. Zwischen der PLO (vor allem der militanten Gruppen innerhalb der *Fatah*) und den islamistischen Gruppen etablieren sich zunehmend auch demokratisch und zivilgesellschaftlich auftretende Organisationen. Eine wichtige ist die von Mustafa Barghouti und Haidar Abdul-Schafi gegründete *Palästinensische Nationale Initiative*. Sie hat nur geringen, aber wachsenden politischen Spielraum und sollte gerade von europäischer Seite mehr unterstützt werden. In Jerusalem ist Sari Nusseibeh (der Präsident der *Al-Quds*-Universität) von besonderer Bedeutung. Er gehört der gemäßigten, demokratischen Gruppe der palästinensischen Führung an. Als Sproß einer alten Notabelnfamilie genießt er darüber hinaus hohes Ansehen. Würde eine Amtsübergabe nach der gegenwärtigen Rechtslage erfolgen, so wäre bei einem politischen Ausscheiden Arafats der Repräsentant des Autonomierats Achmed Qurei (Abu Ala) für eine Übergangszeit bis zu Neuwahlen der amtierende Präsident. Es ist wahrscheinlich, daß die Amtsübernahme (durch wen auch immer) diese rechtliche Spielregel nicht völlig außer acht lassen würde.

Auch der Generalsekretär der PLO und langjährige Stellvertreter Arafats Mahmud Abbas (Abu Mazen) wurde schon seit längerem als möglicher Kandidat für eine Nachfolge Arafats betrachtet. Zwar verfügt er nicht über eine von Arafat unabhängige «Hausmacht» in der palästinensischen Administration oder der PLO, doch ist er innerhalb der palästinensischen Gebiete ebenso wie international als erfahrener und pragmatischer Politiker anerkannt. Nicht zuletzt aus diesem Grund wurde sein Name seit jeher in Verbindung mit einem zu schaffenden Amt des palästinensischen Ministerpräsidenten genannt, der als Regierungschef wesentliche Funktionen der Exekutive von Arafat übernehmen sollte. Ob die Übernahme dieses Amtes im April 2003 Abbas' Position innerhalb des palästinensischen politischen Machtgefüges langfristig tatsächlich stärkt und ihn zu einem möglichen Nachfolger Arafats macht, hängt entscheidend von dessen Bereitschaft ab, Machtbefugnisse, insbesondere die Kontrolle über die Sicherheitsdienste, nicht nur nominell, sondern auch faktisch abzugeben.
Erforderlich wäre in einem solchen Fall, daß die politischen Institutionen und ihre Vertreter zu einem Interessenausgleich mit den militärischen Machthabern gelangen. Den ehemaligen Sicherheitschefs von Gaza und des Westjordanlandes, Mohammed Dahlan und Dschibril Radschub, wird ein großer Einfluß für die Zeit nach Arafat vorhergesagt. Sie werden eine bereits jetzt zu beobachtende stärkere Einbindung in politische Strukturen suchen. So nahm Mohammed Dahlan an einer Reihe von Verhandlungen und internationalen Treffen teil und war anfangs maßgeblich an der Entwicklung von Plänen zur Reform der palästinensischen Sicherheitsdienste beteiligt. Auch im neuen, im April 2003 gebildeten palästinensischen Kabinett von Ministerpräsident Abbas nimmt Dahlan eine bedeutende Stellung ein. Arafat konnte zwar verhindern, daß Dahlan, wie von Ministerpräsident Abbas vorgeschlagen, das Amt des unter anderem auch für die palästinensischen Sicherheitsdienste verantwortlichen Innenministers erhielt. Statt dessen wurde Dahlan jedoch Sicherheitsberater des Ministerpräsidenten, der das Amt des Innenministers in Personalunion übernahm. Damit ist er *de facto* der Hauptverantwortliche für die Neuorganisation der palästinensischen Polizei und der Si-

cherheitsdienste sowie für die Entwaffnung palästinensischer Milizen und die Verfolgung terroristischer Gruppen. Arafat sieht in dieser Machtkonzentration einen Schritt in Richtung Bürgerkrieg.

Über großen Einfluß, gerade bei der palästinensischen Jugend, verfügt Marwan Barghouti, Abgeordneter des palästinensischen Legislativrates und Gründer der *Al-Aqsa*-Brigaden sowie des paramilitärischen Flügels der *Fatah*, *Tanzim*. Der jungen Palästinenserin Amal Rifa'i etwa gilt er als bewundernswerter Politiker, der verhaftet wurde, weil er «einfach nur die Wahrheit» sagte. Sie halte ihn, so schreibt sie, «für einen guten Menschen» und glaube, «daß er ein guter Anführer ist». Ihrer jüdischen Brieffreundin Odelia Ainbinder hingegen gilt er als möglicher Urheber terroristischer Angriffe gegen israelische Zivilisten, dem zu Recht der Prozeß gemacht werde. Barghouti war im April 2002 von israelischen Soldaten in Ramallah festgenommen worden. Die israelische Regierung hält ihm vor, Waffen besorgt und Befehle zu einer Reihe von Terroranschlägen erteilt zu haben. Der gegen ihn in Israel angestrengte Prozeß könnte seine Popularität vergrößern (schon jetzt wird er in Umfragen als der wichtigste Politiker Palästinas bezeichnet), zumal ihm aufgrund der Umstände seiner Verhaftung und seiner Bekanntheit in Israel und den palästinensischen Gebieten, aber auch international, große Aufmerksamkeit zuteil wird. Das Verfahren wurde am 5. September 2002 von dem Bezirksgericht in Tel Aviv eröffnet; es ist abzusehen, daß es sich über einen längeren Zeitraum erstrecken wird, nicht zuletzt, weil sowohl Anklage als auch Verteidigung die Öffentlichkeit zur Inszenierung ihrer jeweiligen Position nutzen.

Seit Juni 2002 wird schon über die Nachfolge Arafats diskutiert, vor allem, nachdem er angedeutet hatte, im Falle seiner Abwahl als Präsident zum Rücktritt bereit zu sein. Wenige Wochen später ging er geschwächt aus einer Auseinandersetzung mit dem palästinensischen Legislativrat hervor, der im September desselben Jahres durch die Androhung eines Mißtrauensvotums den Rücktritt des erst im Juni umgebildeten Kabinetts erzwang. Arafat hatte zuvor Parlamentsneuwahlen für Januar 2003 angekündigt, ohne sich jedoch zu Reformen der palästinensischen Regierung zu äußern, die nicht nur Israel und die USA, sondern auch viele Palästinenser vor einer Neuwahl des Parlaments verwirklicht sehen wollten. Vor diesem Hintergrund muß die unnachgiebige Haltung des Legislativrates auch als Protest gegen den autokratischen Führungsstil Arafats verstanden werden, der seinen Ursprung insbesondere in Arafats *Fatah*-Bewegung hatte, wenngleich die Forderung der Abgeordneten nach einer stärkeren Unterstützung der *Intifada* durch die Regierung im Vordergrund stand. Gegen mehrere Minister der Autonomiebehörde wurden zudem Korruptionsvorwürfe erhoben. Die Position des Legislativrates wurde mehrheitlich von der *Fatah* unterstützt, die zudem die Einsetzung eines Ministerpräsidenten und damit eine Einschränkung der Machtposition ihres Führers forderte. Arafat entschied diese Auseinandersetzung zunächst für sich – die Mitglieder der *Fatah* verzichteten auf die Forderung nach Einsetzung eines Ministerpräsidenten. Ursächlich hierfür war vor allem das Vorgehen der israelischen Armee, die Arafat Ende September in seinem Hauptquartier in Ramallah eingeschlossen und für zehn Tage belagert hatte, um die Auslieferung mehrerer als Terroristen verdächtigter Palästinenser zu erzwingen. Arafat inszenierte sich während dieser Belagerung als Widerstandskämpfer gegen einen scheinbar übermächtigen Gegner. Es gelang ihm, den israelischen Abzug als Sieg darzustellen. Dadurch stieg seine Popularität in der Bevölkerung deutlich an; der Wunsch nach politischen Reformen ließ spürbar nach. Am 29. Oktober 2002 akzeptierte das palästinensische Parlament mehrheitlich die neue von Arafat vorgeschlagene Regierung mit einer von 21 auf 19 reduzierten Zahl von Ministern und dem neuen Innenminister Hani al-Hassan (einem Mitbegründer der *Fatah* und engen Vertrauten Arafats, der nun für die Reform der Sicherheitsdienste verantwortlich war).

Daß Arafat im Januar 2003 schließlich doch der Einsetzung eines palästinensischen Ministerpräsidenten zustimmte und Mahmud Abbas für das Amt nominierte, ist wohl vor allem auf internationalen Druck zurückzuführen. Insbesondere die amerikanische Regierung unter Präsident George Bush hatte sich einerseits seit Mitte 2002 verstärkt für eine Beilegung des

Konfliktes zwischen Israel und den Palästinensern engagiert – am 26. Juni dieses Jahres erklärte Bush zum ersten Mal öffentlich seine Unterstützung für die Schaffung eines eigenständigen palästinensischen Staates –, zugleich aber deutlich gemacht, daß Arafat wegen seiner unklaren Haltung zu terroristischer Gewalt als Verhandlungspartner nicht akzeptiert würde. Ausdruck des verstärkten internationalen Engagements für eine Lösung des Nahostkonflikts ist die sogenannte *Roadmap for Peace*, auf die sich das «Nahost-Quartett» – die USA, die Europäische Union, Rußland sowie die Vereinten Nationen – im September 2002 einigte. Dieser Friedensplan, der einen detaillierten «Fahrplan» für Friedensverhandlungen umfaßt, sollte ursprünglich bereits im Dezember 2002 veröffentlicht werden, doch wurde die Veröffentlichung schließlich bis zur Wahl des palästinensischen Ministerpräsidenten zurückgestellt. Durch diese insbesondere von der amerikanischen, aber auch von der israelischen Regierung befürwortete Position war Arafat weitgehend isoliert und vermochte nicht, die Diskussionen um einen erneuten Friedensprozeß zu beeinflussen. Die Einsetzung eines palästinensischen Ministerpräsidenten bedeutete letztlich die Anerkennung dieser – für Arafat und seine Anhänger schmerzhaften – Tatsache, sie war jedoch eine Grundbedingung dafür, daß die Palästinenser erneut als Verhandlungspartner Israels (und der USA) akzeptiert wurden.

Der am 30. April 2003, einen Tag nach der Wahl Abbas' durch das palästinensische Parlament, veröffentlichte Friedensplan *(Roadmap)* sieht drei Phasen bis zur Gründung eines palästinensischen Staates im Jahr 2005 vor:

Phase 1 erstreckt sich bis zur Abhaltung von Parlamentswahlen und der folgenden Wahl einer neuen Regierung in den palästinensischen Gebieten. Während dieser Phase sollen Israel und die Palästinenser zunächst ein Sicherheitsabkommen schließen, das ein Ende von «Gewalt, Terrorismus und Anstachelung zum Terrorismus» vorsieht. Daraufhin soll sich die israelische Armee aus den autonomen Palästinensergebieten zurückziehen, und die Zwangsmaßnahmen gegen die palästinensische Bevölkerung sollen gelockert werden (Ende des Baus jüdischer Siedlungen, Aufhebung der Straßensperren und volle Bewegungsfreiheit für die Palästinenser). Die Palästinenserführung bestätigt zur gleichen Zeit schriftlich das Existenzrecht Israels und legt Maßnahmen zum Stop anti-israelischer Provokationen fest. Die palästinensischen Reformen von Regierung, Justiz, Wirtschaft und Finanzen werden unter Aufsicht des «Nahost-Quartetts» fortgesetzt.

Phase 2 beginnt nach den Wahlen in den palästinensischen Gebieten, die zur Bildung einer neuen Regierung führen. Zugleich werden die Reformen, darunter vor allem die Annahme einer palästinensischen Verfassung, vorangetrieben. Vorgesehen ist in dieser Phase auch die Aufnahme von Verhandlungen über die Bildung eines Staates mit provisorischen Grenzen zu Israel, an denen das «Nahost-Quartett» sowie Ägypten, Jordanien und Saudi-Arabien beteiligt sind. Ferner wird mit Israel ein Abkommen über Reisefreiheit zwischen dem Westjordanland und dem Gazastreifen geschlossen.

Die Bildung eines provisorischen Staates leitet die *dritte Phase* des Friedensprozesses ein. Der Abschluß der Endstatus-Verhandlungen wird bis 2005 erwartet. Ziel dieser Verhandlungen ist ein Abkommen mit folgenden Kernpunkten: Rückkehr zu den Grenzen von 1967 auf der Basis der UN-Resolutionen 242 und 338, Jerusalem als Hauptstadt beider Staaten, Bildung eines eingeschränkt bewaffneten palästinensischen Staates, «gerechte und realistische» Lösung der Flüchtlingsfrage. Begleitet wird dieser Prozeß durch die Aufnahme von Friedensverhandlungen zwischen Israel, Syrien und dem Libanon, die schließlich zu einer völligen Normalisierung der Beziehung zwischen Israel und den arabischen Staaten führen sollen, sowie durch eine Geberkonferenz zum langfristigen Wiederaufbau und zur Stabilisierung Palästinas.

Zwar konnte sich Arafat in der grundsätzlichen Frage der Einsetzung eines Ministerpräsidenten wie auch hinsichtlich der Zusammensetzung des Kabinetts im großen und ganzen nicht durchsetzen und mußte eine Schwächung seiner machtpolitischen Position hinnehmen. Die sich über mehrere Monate hinziehende Auseinandersetzung über die von Abbas vorgelegte Kabinettsliste zeigt jedoch, daß Arafat nicht gewillt ist, die Exekutivgewalt in den palästinensischen Autonomiegebieten weitgehend auf den neuen Ministerpräsidenten zu übertragen, und sich bemüht, verschiedene Möglichkeiten der Einflußnahme auf die Regierungspolitik offenzuhalten. Nach der Amtsübernahme Abbas' versuchte Arafat, die Zuständigkeit für die palästinensischen Sicherheitsdienste möglichst weitgehend beim Amt des «Präsidenten» zu konzentrieren. Obwohl Arafat in dieser Auseinandersetzung letztlich unterlag, sind Position und Machtbefugnisse des Ministerpräsidenten umstritten. Für die Zukunft ist hier mit weiteren Konflikten zu rechnen.

Dies ist vor allem deshalb problematisch, weil die Regierung Abbas' auch mit Widerstand von seiten radikaler palästinensischer Organisationen und Milizen rechnen muß. Deren Entwaffnung ist die zentrale Aufgabe der palästinensischen Regierung und Grundbedingung für Friedensverhandlungen. Die betroffenen Gruppierungen haben bereits Widerstand gegen derartige Bestrebungen angekündigt. Eine Serie von palästinensischen Selbstmordattentaten in Israel im Mai 2003, just zu der Zeit, als erstmals direkte Verhandlungen zwischen dem israelischen und dem palästinensischen Ministerpräsidenten aufgenommen werden sollten, muß vor diesem Hintergrund (auch) als Versuch gewertet werden, die Regierung von Ministerpräsident Abbas schon in ihrer Anfangsphase zu destabilisieren. Die Reorganisation der Sicherheitsdienste, der Kampf gegen Terrorismus und ein konsequentes Vorgehen gegen Korruption und Günstlingswirtschaft werden der neuen Regierung viele politisch mächtige Gegner in den Autonomiegebieten schaffen.

Auch für die Zukunft ist daher mit einer Instabilität der palästinensischen Führung zu rechnen. Arafat muß schon aus diesem Grund in zukünftige Verhandlungen einbezogen werden – zumindest indirekt, da ein Friedensschluß gegen seinen Willen kaum durchzusetzen sein dürfte.

Mit der grundsätzlichen Annahme der *Roadmap* durch die palästinensische sowie die israelische Regierung wurde die Grundlage dafür geschaffen, daß Friedensverhandlungen zwischen beiden Parteien und unter Vermittlung der Mitglieder des «Nahost-Quartetts» aufgenommen werden. Das Gipfeltreffen Anfang Juni 2003 in Akaba zwischen Präsident George W. Bush und den Premierministern Abbas und Scharon hat

gezeigt, daß die Bereitschaft zu Verhandlungen zurückzukehren nach wie vor vorhanden ist.
In dem Maß, in welchem es der palästinensischen Regierung gelingt, glaubwürdige und erfolgreiche Maßnahmen zur Entwaffnung militanter Organisationen und zur Verhinderung terroristischer Anschläge in Israel durchzusetzen, wächst zumindest die Chance dafür, daß diese Verhandlungen auch dann über einen längeren Zeitraum fortgesetzt werden, wenn ein vollkommenes Ende der Gewalt nicht unmittelbar erreicht wird.

(2) In den palästinensischen Gebieten müßte darüber hinaus sobald wie möglich mit der Auflösung der Flüchtlingslager begonnen werden. Die Flüchtlingslager sind Rekrutierungs- und Rückzugsgebiet radikaler Gruppen. Sie sind zugleich Symbole des palästinensischen Leids und der «Offenheit» der «palästinensischen Frage». Ihre Auflösung würde die Veränderung des Status quo verdeutlichen. Dies betonte Ariel Scharon schon 1971, als er, damals als Oberkommandierender des Südabschnitts, der Regierung Golda Meir den Vorschlag unterbreitete, die Flüchtlingslager aufzulösen und ihre Bewohner dauerhaft in den bereits bestehenden Ortschaften der besetzten Gebiete anzusiedeln, einige davon sogar im israelischen Kernland. Sein Plan war, den Kreislauf von Verarmung und Verzweiflung in den Flüchtlingslagern zu durchbrechen und damit eine der Hauptgefahren für die Stabilität Israels zu beseitigen. Er sah finanzielle Unterstützung und die Förderung der Integration der Betroffenen in die bestehenden Gemeinschaften vor – darüber hinaus auch eine angemessene Entschädigung der palästinensischen Flüchtlinge für den Verlust ihres Eigentums in Israel. Von der damaligen Regierung wurde dieser Vorschlag jedoch als politisch nicht durchsetzbar betrachtet.
Die Flüchtlingsfrage sollte zunächst grundsätzlich durch Verzicht der Palästinenser auf Rückkehr nach Israel und Kompensation der palästinensischen Flüchtlinge durch die israelische Regierung gelöst werden. Eine solche Lösung erfordert zuvörderst die Auflösung der Flüchtlingslager in Palästina, die Bereitstellung von Wohnraum und die Umstrukturierung der

bisherigen Flüchtlingslager. Ebenso müßten die Lager in den arabischen Staaten aufgelöst werden. Ihren Bewohnern müßte eine Rückkehr nach Palästina, Auswanderung in eines der Einwanderungsländer des Westens oder Integration in einen arabischen Staat ermöglicht werden. Israel und seine Verbündeten in Europa und den USA müßten Mittel für umfassende Wohnungsbaumaßnahmen bereitstellen, und sie müßten bereit sein, ein bestimmtes Kontingent an Flüchtlingen – insbesondere von den ohnehin dort ansässigen – (als Staatsbürger) aufzunehmen. Denkbar wäre auch die Rückkehr einer (wahrscheinlich sehr kleinen) Zahl von Flüchtlingen in ihre alte Heimat nach Israel. Eine ähnliche Lösung des Flüchtlingsproblems, die ein Rückkehrrecht für wenige Flüchtlinge auf der Grundlage von Familienzusammenführungen und eine Entschädigung der übrigen vorsah, war bereits vom ehemaligen israelischen Premierminister Ehud Barak vorgeschlagen worden. Die palästinensischen Verhandlungsführer lehnten den Vorschlag jedoch ab und forderten statt dessen die grundsätzliche Anerkennung eines Rechts auf Rückkehr für alle palästinensischen Flüchtlinge in ihre ehemalige Heimat. Auf Baraks Vorschlag wird zurückzukommen sein.

Israel müßte gleichzeitig den wirtschaftlichen Aufbau der palästinensischen Gebiete zu einer der zentralen Prioritäten der nationalen Politik erklären. Europäische und amerikanische Investitionen sollten gezielt nach Palästina geleitet werden. Die *Roadmap* macht sich diese Voraussetzungen größtenteils zu eigen – die wirtschaftliche Entwicklung der palästinensischen Gebiete und eine konsensuale, die realen Bedingungen berücksichtigende Lösung des Flüchtlingsproblems sind zentrale Bestandteile des «Fahrplans».

(3) Auch eine weitere wichtige Bedingung wird im Friedensplan des «Nahost-Quartetts» genannt: Israel muß beginnen, die Zahl seiner Siedlungen in den besetzten Gebieten zu reduzieren. Die *Roadmap* sieht die sofortige Räumung aller nach März 2001 errichteten Siedlungen vor sowie das «Einfrieren» jeder weiteren Siedlungsaktivität auf diesem Stand. Ein Schritt, um mittelfristig eine neuerliche deutliche Reduzierung der Zahl der Siedlungen und des von ihnen besetzten Landes zu

erreichen, wäre die Annexion von Gebieten (auf denen sich die größten Siedlungen befinden) im Westjordanland entlang der ehemals «Grünen Linie» und im Großraum von Jerusalem (letzteres ist teilweise bereits geschehen). Diese Annexion müßte aber in Absprache mit den Palästinensern erfolgen, die dafür durch Gebietsaustausch oder finanziell entschädigt werden. Israel könnte dadurch die für seine Sicherheit essentiellen Siedlungen behalten. Parallel hierzu müßte die israelische Regierung anfangen, einzelne isolierte Siedlungen aufzulösen, beginnend mit den Siedlungen in Hebron und in Gaza. Dies würde auf israelischer Seite im Extremfall den Einsatz der Armee gegen die radikalen Teile der Siedlungsbewegung erfordern. Palästina könnte aber dadurch ein zusammenhängendes Staatsgebiet erhalten.

Zu einem geeigneten, frühen Zeitpunkt während dieses Prozesses würde mit Einverständnis Israels ein palästinensischer Staat ausgerufen werden. Der symbolische Charakter oder die «Vorläufigkeit» dieses Staates sollten nicht betont werden. Die Struktur und Gestalt eines im Entstehen begriffenen Staates ist eine Frage von Fakten, die Anerkennung des Staates eine völkerrechtliche, die ohne Vorbehalte erfolgen muß. Der «Friedensfahrplan» sieht die Ausrufung eines palästinensischen Staates in der zweiten Phase des Friedensprozesses vor, ungefähr ein Jahr nach seinem Beginn.

Was den Status Jerusalems angeht, so scheint es am sinnvollsten, die Stadt zur Hauptstadt Israels *und* Palästinas zu erklären. Einzelne Gebiete der Stadt (s. o.) blieben unter vollständiger israelischer Souveränität, die Stadt ungeteilt. Freizügigkeit müßte im gesamten Stadtgebiet garantiert sein. Jerusalem als ein Mikrokosmos veranschaulicht, was für ganz Israel und Palästina gilt: Eine vollständige physische Trennung der jüdischen und der arabischen Bevölkerung ist nicht möglich.

Für eine Lösung der Jerusalem-Frage wurden in den vergangenen Jahren eine Reihe von überzeugenden Vorschlägen vorgelegt, auf die die Verhandlungsführer bei der Wiederaufnahme von Friedensverhandlungen zurückgreifen könnten. Der im Jahr 2000 von der Regierung des damaligen Premierministers Ehud Barak vorgelegte Vorschlag sah eine Untergliederung eines einheitlichen Jerusalem in von Arabern und von jüdischen Israelis bewohnte Stadtviertel vor; die heiligen Stätten der Stadt sollten von einem interreligiösen Rat verwaltet werden. Auch der umfassende, 1995 von Yossi Beilin und Abu Mazen vorgelegte Plan hatte bei grundsätzlicher Beibehaltung einer einheitlichen Stadtverwaltung die Untergliederung der Stadt in israelisch und arabisch bewohnte Stadtviertel vorgesehen, deren politische und administrative Führung von der jeweiligen Bevölkerung gewählt werden sollte. Als Hauptstadt eines unabhängigen palästinensischen Staates sollte der Stadtteil Abu-Dis, dann in *al-Quds* umbenannt, fungieren. Jerusalem wäre auf diese Weise Hauptstadt beider Staaten, Israels und Palästinas.

Als der amerikanische Schriftsteller Herman Melville 1856/57 auf einer großen Reise durch die Länder des Mittelmeerraums ins Heilige Land kam, war er enttäuscht. Judäa beschrieb er als eine einzige Ansammlung von Steinen, der Zauber der Jahrtausende alten Gebäude und der heiligen Stätten dreier großer Religionen erschien ihm schal. «Steinerne Augen und steinerne Herzen» bescheinigte er den Bewohnern der Stadt Jerusalem. Ganz von der Hand zu weisen ist seine Beobachtung nicht, betrachtet man die Gewalt und die Auseinandersetzungen, die die Region seit Melvilles Tagen, insbesondere in den vergangenen Jahrzehnten gekennzeichnet haben.

Eine Lösung des Konflikts ist nur möglich, wenn die Parteien lernen, die Erinnerung der jeweils anderen Seite bestehen zu lassen, und unabhängig von allen historischen und religiösen Verwerfungen eine pragmatische Grundlage für ihr Zusammenleben schaffen. Dies erfordert auf beiden Seiten Verzicht – auf Ansprüche und Rechte, auf Siedlungen in einem beanspruchten Gebiet, auf Rückkehr in eine lange verlorene Heimat. Anläßlich des Gipfeltreffens von Akaba im Juni 2003 schrieb der israelische Schriftsteller Amos Oz: «Jetzt geht es um Einfühlungsvermögen, nicht um historisches Aufrechnen und um Schuldzuweisungen. Weder Scharon noch Abbas werden sich als Wiedergänger von Nelson Mandela erweisen. Doch ob sie wollen oder nicht, sie haben sich im Räderwerk des Friedens verfangen, werden hineingezogen, während sie sich noch lauthals dagegen wehren und die Fanatiker daheim zu beruhigen versuchen. Dem Friedensprozeß werden sich diese beiden Männer nun aber fast nicht mehr entziehen können. Niemand sollte erwarten, daß zwischen Todfeinden plötzlich Harmonie herrscht. Erwarten wir eine schmerzhafte Scheidung und eine Aufteilung ihres kleinen Hauses in zwei noch kleinere Wohnungen. Die Zeit dafür ist reif.»

Zitatnachweise

Seite 10: Simon Schama: *Landscape and Memory*, New York 1995, S. 7.
Im Original lautet das Zitat: «Landscape is the work of the mind. Its scenery is built up as much from strata of memory as from layers of rock.»

Seite 19: Karl Marx: *Der 18. Brumaire des Louis Bonaparte*, I. Kapitel

Seite 151: Amira Hass: *Gaza. Tage und Nächte in einem besetzten Land*, München 2003 (Hebräische Originalausgabe: Tel Aviv 1996), S. 372 f.

Seite 164: Ibn Khaldûn: *The Muqaddimah. An Introduction to History*. Translated from the Arabic by Franz Rosenthal, Princeton 1967, S. 285.
Im Original lautet das Zitat: «We have explained before that royal authority and the foundation of dynasties are the goal of group feeling, that sedentary culture is the goal of Bedouin life, and that any civilisation, be it a Bedouin civilisation or sedentary culture, whether it concerns ruler or commoner, has a physical life, just as any individual has a physical life.»

Seite 188: Mahmud Darwisch: «Die arabische Kultur wurzelt auch im Westen.» Ein Gespräch mit Mahmud Darwisch, in: *Die Zeit* vom 31. Oktober 2002. Aus dem Arabischen von Simone Britz.

Seite 190: Volker Braun: «Limes. Mark Aurel», in: *Theater der Zeit*, März 2002, Nr. 3, S. 58–70; S. 58 f.

Seite 232: Amos Oz: «Im Räderwerk des Friedens. Ein Mini-Marshallplan für Palästina und Israel», in: *Frankfurter Zeitung* vom 5. Juni 2003. Aus dem Englischen von Matthias Fienbork.

Literaturhinweise

Dem eigenen Anspruch nach ist das vorliegende Werk eine Überblicksdarstellung. Es will zwar auch wissenschaftlichen Ansprüchen genügen, vor allem jedoch einem größeren Publikum eine grundlegende Darstellung der Geschichte, Politik und Kultur Palästinas bieten. Die folgende Aufstellung erhebt mithin nicht den Anspruch, eine vollständige wissenschaftliche Bibliographie darzustellen. Vielmehr sollen die aufgeführten Werke interessierten Leserinnen und Lesern einen Ausgangspunkt für ein vertiefendes Studium der Materie bieten. Insbesondere wurde aus diesem Grund auf die Aufführung hebräischer und arabischer Literatur verzichtet, da sie hierzulande oft schwer zu beschaffen und aufgrund der erforderlichen Sprachkenntnisse nur für wenige Leserinnen und Leser ohne weiteres zugänglich ist.

Allgemeines, Landeskunde

Balke, Ralf, *Israel*, München 2000.
Frings, Ute/Rolly Rosen, *Anders reisen. Israel und Palästina*, Hamburg 1998.
Köndgen, Olaf, *Jordanien*, München 1999.
Peretz, Don/Gideon Doron, *The Government and Politics of Israel*, Boulder, CO, 1997.
Rauch, Michael, *Israel und Palästina. Richtig Reisen*, Köln ²2000.
Smith, George Adam, *The Historical Geography of the Holy Land* (1894), Neudruck, Magnolia, MA, 1932.
Weinrib, Laura, *Let's go. Israel and the Palestinian Territories*, Hampshire 1999.

Geschichte

Benvenisti, Meron, *Sacred Landscape. The Buried History of the Holy Land Since 1948*, Berkeley, CA, 2002.
Bethell, Nicholas, *Das Palästina-Dreieck. Juden und Araber im Kampf um das Britische Mandat 1935–1948*, Berlin 1982.
Carmel, Alex/Ejal Jakob Eisler, *Der Kaiser reist ins Heilige Land. Die Palästinareise Wilhelms II. 1898*, Stuttgart 1999.
Cohen, Amnon, *Palestine in the Eighteenth Century: Patterns of Government and Administration*, Jerusalem 1973.
Cohen, Michael, *Palestine: Retreat from the Mandate, the Making of British Policy, 1936–45*, London 1978.
–, *Palestine and the Great Powers, 1945–48*, Princeton, NJ, 1982.
–, *Palestine to Israel, from Mandate to Independence*, London 1988.

–, *The Origins and Evolution of the Arab-Zionist Conflict*, Berkeley, CA, 1989.
Doumani, Beshara, *Rediscovering Palestine: The Merchants and Peasants of Jabal Nablus, 1700–1900*, Berkeley, CA, 1995.
Faroqhi, Suraiya, *Geschichte des Osmanischen Reiches*, München 2000.
Finkelstein, Israel/Neil A. Silberman, *Keine Posaunen vor Jericho. Die archäologische Wahrheit über die Bibel*, München 2002.
Haarmann, Ulrich/Heinz Halm (Hg.), *Geschichte der arabischen Welt*, München [4]2001.
Kark, Ruth, *The Land That Became Israel: Studies in Historical Geography*, Jerusalem 1990.
Kayyali, A. W., *Palestine: A Modern History*, London 1978.
Khalaf, Issa, *Politics in Palestine: Arab Factionalism and Social Disintegration, 1939–1948*, New York 1991.
Krämer, Gudrun, *Geschichte Palästinas. Von der osmanischen Eroberung bis zur Gründung des Staates Israel*, München 2002.
Laqueur, Walter, *Der Weg zum Staat Israel. Geschichte des Zionismus*, Wien 1975.
Lesch, Ann Mosley, *Arab Politics in Palestine, 1917–1939: The Frustration of a Nationalist Movement*, Ithaka, NY, 1979.
Lewis, Bernard, *Stern, Kreuz und Halbmond. 2000 Jahre Geschichte des Nahen Ostens*, München/Zürich 1997.
Ma'oz, Moshe (Hg.), *Studies on Palestine during the Ottoman Period*, Jerusalem 1975.
McCarthy, Justin, *The Population of Palestine: Population History and Statistics of the Late Ottoman Period and the Mandate*, New York 1990.
Mejcher, Helmut, *Die Palästina-Frage 1917–1948. Historische Ursprünge und internationale Dimensionen eines Nationenkonflikts*, Paderborn 1993.
Metzer, Jacob, *The Divided Economy of Mandatory Palestine*, Cambridge, MA, 2002.
Owen, Roger, *Studies in the Economic and Social History of Palestine in the Nineteenth and Twentieth Centuries*, Carbondale, IL, 1982.
Parkes, James, *A History of Palestine From 135 A. D. To Modern Times*, London 1949.
Peretz, Don, *The West Bank: History, Politics, Society, and Economy*, Boulder, CO, 1986.
Porath, Yehosh'a, *The Emergence of the Palestine-Arab National Movement, 1918–1929*, London 1974.
–, *The Palestine-Arab National Movement, 1929–1939: From Riots to Rebellion*, London 1977.
–, *In Search of Arab Unity*, 1930–1945, London 1986.
Schölch, Alexander, *Palästina im Umbruch, 1856–1882*, Stuttgart 1998.
Shafir, Gershon, *Land, Labour and the Origins of the Israeli-Palestinian Conflict 1882–1914*, Cambridge 1989.
Timm, Angelika, *Israel – Geschichte des Staates seit seiner Gründung*, Bonn [3]1998.

Wasserstein, Bernard, *The British in Palestine: The Mandatory Government and the Arab-Jewish Conflict 1917–1929*, Oxford 1991.

Konflikt zwischen Israel und Palästina

Abbas, Mahmoud (Abu Mazen), *Through Secret Channels*, Reading (GB) 1995.
Abu-Lughod, Ibrahim/Arnold J. Toynbee (Hg.), *The Transformation of Palestine: Essays on the Origin and Development of the Arab-Israeli Conflict*, Evanston, IL, ²1987.
Abu-Sharif, Bassam/Uzi Mahnaaimi, *Mein Feind – Mein Freund. Ein Araber und ein Israeli kämpfen für eine gemeinsame Zukunft*, München 1998.
Arendt, Hannah, *Israel, Palästina und der Antisemitismus. Aufsätze*, Berlin 1991.
Aruri, Naseer Hasan, *Palestinian Refugees: The Right of Return*, London 2001.
Avnery, Uri, *Zwei Völker – Zwei Staaten. Gespräch über Israel und Palästina*, Heidelberg 1995.
–/Bishara, Azmi (Hg.), *Die Jerusalemfrage. Israelis und Palästinenser im Gespräch*, Heidelberg 1996.
Bar-Siman-Tov, Yaacov, *Israel and the Peace Process, 1977–1982: In Search of Legitimacy for Peace*, New York 1994.
Baumgarten, Helga, *Palästina: Befreiung in den Staat. Die palästinensische Nationalbewegung seit 1948*, Frankfurt a. M. 1991.
Beck, Martin, *Der Friedensprozess im Nahen Osten*, Opladen 2002.
Bornstein, Avram S., *Crossing the Green Line: Between the West Bank and Israel*, Philadelphia 2002.
Caplan, Neil, *Futile Diplomacy (Bd. I): Early Arab-Zionist Negotiation Attempts, 1913–1931*, London 1983.
–, *Futile Diplomacy (Bd. II): Arab-Zionist Negotiations and the End of the Mandate*, London 1987.
–, *Futile Diplomacy (Bd. III): The United Nations, the Great Powers, and Middle East Peacemaking, 1948–1954*, London 1997.
–, *Futile Diplomacy (Bd. IV): «Operation Alpha» and the Failure of Anglo-American Coercive Diplomacy in the Arab-Israeli Conflict 1954–1956*, London 1997.
Davis, Uri/A. Mack/Nira Yuval-Davis (Hg.), *Israel and the Palestinians*, London 1975.
Diner, Dan, *Israel in Palästina*, Königstein 1980.
Eisenberg Zittrain, Laura/Neil Caplan, *Negotiating Arab-Israeli Peace: Patterns, Problems, Possibilities: Patterns, Problems, Possibilities*, Bloomington, IN, 1998.
Elias, Adel S., *Wer wirft den letzten Stein? Der lange Weg zum Frieden im Nahen Osten*, Düsseldorf 1993.
–, *Dieser Frieden heißt Krieg. Israel und Palästina, die feindlichen Brüder*, München 1997.

Fahmy, Ismail: *Negotiating for Peace in the Middle East*, Baltimore, MD, 1983.
Finkelstein, Norman, *Der Konflikt zwischen Israel und den Palästinensern. Mythos und Realität*, München 2002.
Flapan, Simha, *Zionism and the Palestinians*, London 1979.
–, *The Birth of Israel: Myths and Realities*, New York 1987.
Flores, Alexander/Alexander Schölch, *Palästinenser in Israel*, Frankfurt a. M. 1983.
Friedman, Isaiah, *The Question of Palestine: British-Jewish-Arab Relations*, London 1973.
Friedrich, Rudi (Hg.), *Gefangen zwischen Terror und Krieg? Israel/Palästina: Stimmen für Frieden und Verständigung*, Grafenau 2002.
Fromkin, David, *A Peace to End All Peace: The Fall of the Ottoman Empire and the Creation of the Modern Middle East*, New York ^{2}2001.
Gabbay, Rony G., *A Political Study of the Arab-Jewish Conflict: The Arab Refugee Problem*, Genf 1959.
Goytsilo, Juan, *Weder Krieg noch Frieden. Palästina und Israel heute*, Frankfurt a. M. 1995.
Gresh, Alain, *Israel – Palästina. Hintergründe zu einem unendlichen Konflikt*, Zürich 2002.
Hansen, Gerda, *Palästina auf dem Weg zur Eigenstaatlichkeit. Literatur und Internetressourcen zur politischen, wirtschaftlichen und gesellschaftlichen Entwicklung seit Oslo*, Hamburg 1999.
Hass, Amira, *Gaza. Tage und Nächte in einem besetzten Land*, München 2003.
Herz, Dietmar/Christian Jetzlsperger/Kai Ahlborn (Hg.): *Der israelisch-palästinensische Konflikt. Hintergründe, Dimensionen und Perspektiven*, Stuttgart 2003.
Hirst, David, *The Gun and the Olive Branch: The Roots of Violence in the Middle East*, London 1977.
Hurewitz, J. C., *The Struggle for Palestine*, New York 1976.
Jaeger, Kinan/Rainer Zimmer-Winkel (Hg.), *Was nun, Palästina?*, Trier 2002.
Johannsen, Margret/Claudia Schmid (Hg.), *Wege aus dem Labyrinth? Friedenssuche in Nahost*, Baden-Baden 1997.
Khalidi, Wahid, *From Haven to Conquest: Readings in Zionism and the Palestine Problem Until 1948*, Washington 1987.
Kimmerling, Baruch/Joel Midgall, *Palestinians. The Making of a People*, Cambridge 1994.
–, *Zionism and Territory: the Socio-Territorial Dimension of Zionist Politics*, Berkeley, CA, 1983.
Langer, Felicia, *Quo vadis Israel? Die neue Intifada der Palästinenser*, Göttingen 2001.
Lerch, Wolfgang Günter, *Brennpunkt Naher Osten. Der lange Weg zum Frieden*, München/Berlin 1996.
Lesch, Ann Mosley/Dan Tschirgi, *Origins and Development of the Arab-Israeli Conflict*, Westport, CT, 1998.

Levenberg, Haim, *The Military Preparations of the Arab Community in Palestine, 1945–1948*, London 1993.
Lockman, Zachary/Joel Beinin, *Intifada: the Palestinian Uprising Against Israeli Occupation*, Boston 1989.
Lustick, Ian, *Arabs in the Jewish State*, Austin 1980.
Makovsky, David, *Making Peace with the PLO: The Rabin Government's Road to the Oslo Accord*, Boulder, CO, 1996.
Mandel, Neville, *The Arabs and Zionism before Word War I*, Berkeley/Los Angeles 1975.
Masalha, Nur, *Imperial Israel and the Palestinians: The Politics of Expansion*, London 2000.
Melman, Yossi/Dan Raviv, *Behind the Uprising: Israelis, Jordanians, and the Palestinians*, New York 1989.
Moore, John Norton (Hg.), *The Arab-Israeli Conflict, Readings and Documents*, 3 Bde., Princeton, NJ, 1977.
– (Hg.), *The Arab-Israeli Conflict (Bd. 4), The Difficult Search for Peace, 1975–1988*, Princeton, NJ, 1991.
Morris, Benny, *The Birth of the Palestinian Refugee Problem, 1947–1949*, Cambridge 1989.
–, *1948 and After: Israel and the Palestinians*, Oxford 1990.
–, *Righteous Victims. A History of the Zionist-Arab Conflict, 1881–2001*, New York 2001.
Muslih, Muhammad, The Origins of Palestinian Nationalism, New York 1988.
Nachtwey, Jodi/Mark Tessler, «The Political Economy of Attitudes toward Peace among Palestinians and Israelis», in: *Journal of Conflict Resolution*, 46:2 (April 2002), S. 260–285.
Nassar, Jamal/Roger Heacock (Hg.), *Intifada. Palestine at the Crossroads*, New York 1990.
Nazzal, Nafez, *Palestinian Exodus from Galilee, 1948*, Beirut 1979.
Netanyahu, Benjamin, *Der neue Terror,* München 1996.
Neuhaus, Dietrich/Christian Sterzing (Hg.), *Die PLO und der Staat Palästina. Analysen und Dokumente zur Entwicklung der PLO*, Frankfurt a.M. 1998.
Newman, David, *The Impact of Gush Emunim: Politics and Settlement in the West Bank*, London 1985.
Pappé, Ilan, *The Making of the Arab-Israeli Conflict, 1947–1951*, London 1992.
– (Hg.), *The Israel/Palestine Question*, London/New York 1999.
Peres, Shimon, *Die Versöhnung*, Berlin 1993.
Peretz, Don, *Intifada: The Palestinian Uprising*, Boulder, CO, 1990.
Quetsch, Guido, *Auf dem Weg zur Nation. Die palästinensische Bewegung in den fünfziger und sechziger Jahren,* Würzburg 2000.
Rabinovich, Itamar, *The Road Not Taken: Early Arab-Israeli Negotiations*, New York 1991.
Rafael, Gideon, *Der umkämpfte Frieden. Die Außenpolitik Israels von Ben Gurion bis Begin,* Frankfurt a.M. 1984.

Rotter, Gernot/Schirin Fatih, *Nahostlexikon. Der israelisch-palästinensische Konflikt von A–Z*, Heidelberg 2001.
Ries, Matthias, *Oslo. Tor zum Frieden in Nahost?*, Idstein 2000.
Rifa'i, Amal/Odelia Ainbinder (mit Sylke Tempel), *Wir wollen beide hier leben. Eine schwierige Freundschaft in Jerusalem*, Berlin 2003.
Rogan, Eugene L./Avi Shlaim (Hg.), *The War for Palestine. Rewriting the History of 1948*, Cambridge, 2001.
Said, Edward, *Zionismus und palästinensische Selbstbestimmung*, Stuttgart 1991.
–, *Frieden in Nahost? Essays über Israel und Palästina*, Heidelberg 1997.
–, *Das Ende des Friedensprozesses. Oslo und danach*, Berlin 2002.
Sayigh, Rosemarie, *Palestinians: From Peasants to Revolutionaries*, London 1979.
Sayigh, Yezid, *Armed Struggle and the Search for State. The Palestinian National Movement 1949–1993*, Oxford 1997.
–, «The Palestinian Strategic Impasse», in: *Survival*, 44:4 (Winter 2002–03), S. 7–21.
Schiff, Ze'ev/Ehud Ya'ari, *Intifada: The Palestinian Uprising – Israel's Third Front*, New York 1990.
Shlaim, Avi, *The Iron Wall: Israel and the Arab World*, New York 2000.
Silberstein, Lawrence J. (Hg.), *New Perspectives on Israeli History: The Early Years of the State*, New York 1991.
Smith, Barbara, *The Roots of Separatism in Palestine*, Syracuse, NY, 1992.
Smooha, Sammy, *Arabs and Jews in Israel*, Boulder, CO, 1989.
Stein, Kenneth, *The Land Question in Palestine, 1917–1939*, Chapel Hill, NC, 1984.
Stillman, Norman, *The Jews of Arab Lands: A History and Source Book*, Philadelphia 1979.
Tauber, Eliezer, *The Emergence of the Arab Movements*, London 1993.
Tessler, Mark, *A History of the Israeli-Palestinian Conflict*, Bloomington, IN, 1994.
Tibi, Bassam, *Pulverfaß Nahost – eine arabische Perspektive*, Stuttgart 1997.
Tophoven, Rolf, *Der israelisch-arabische Konflikt*, Bonn ^{5}1999.
Wasserstein, Bernard, *Jerusalem. Der Kampf um die heilige Stadt*, München 2002.
–, *Israel und Palästina. Warum kämpfen sie und wie können sie aufhören?*, München 2003.
Watzal, Ludwig, *Feinde des Friedens. Der endlose Konflikt zwischen Israel und Palästina*, Berlin 2001.
Wolffsohn, Michael, *Wem gehört das Heilige Land? Die Wurzeln des Streits zwischen Juden und Arabern*, München 1996.
Zureik, Elia, *The Palestinians in Israel: A Study in Internal Colonialism*, London 1979.
–, «Constructing Palestine through Surveillance Practices», in: *British Journal of Middle Eastern Studies*, 28:2 (2001), S. 205–227.

Biographisches

Aburish, Said K., *Arafat. From Defender to Dictator,* New York 1998.
Ashrawi, Hannan, *Ich bin in Palästina geboren,* Berlin 1995.
Dachs, Gisela, *Getrennte Welten. Israelische und Palästinensische Lebensgeschichten,* Basel 1998.
Farhat-Naser, Sumaya, *Verwurzelt im Land der Olivenbäume. Eine Palästinenserin im Streit für den Frieden,* Basel 2002.
Leavitt, June, *Hebron, Westjordanland: Im Labyrinth des Terrors. Tagebuch einer jüdischen Siedlerin,* Hildesheim 1996.
Shehadeh, Raja, *Strangers in the House: Coming of Age in Occupied Palestine,* South Royalton, VE, 2002.

Palästina (Politik, Wirtschaft, Gesellschaft, Kultur)

Abed, George T., *The Palestinian Economy,* London 1988.
Abu-Amr, Ziad, *Islamic Fundamentalism in the West Bank and Gaza: Muslim Brotherhood and Islamic Jihad,* Bloomington, IN, 1994.
Abu-Lughod, Ibrahim (Hg.), *The Sociology of the Palestinians,* New York 1980.
Allan, J. A., *The Middle East Water Question: Hydropolitics and the Global Economy,* London 2002.
Asseburg, Muriel, *Palästina auf dem Weg zum Staat. Determinanten, Entwicklungen, Szenarien,* Ebenhausen 1999.
–, *Blockierte Selbstbestimmung: Palästinensische Staats- und Nationenbildung während der Interimsperiode,* Baden-Baden 2002.
Baumgarten, Helga, *Arafat. Zwischen Kampf und Diplomatie,* München 2002.
Cobban, Helena, *Palestinian Liberation Organisation: People, Power and Politics: People, Power and Politics,* Cambridge 1984.
Darwish, Khalil, *Sozioökonomische Struktur und sozialer Wandel in der palästinensischen Gesellschaft nach 1948,* Pfaffenweiler 1983.
Diwan, Ishac/Radwan Shaban (Hg.), *Development Under Adversity. The Palestinian Economy in Transition,* Washington 1999.
Elad-Bouskila, Ami, *Modern Palestinian Literature and Culture,* London 1999.
Farsoun, Samih/Christina Zacharia, *Palestine and the Palestinians,* Boulder 1997.
Ghanem, As'ad, *The Palestinian-Arab Minority in Israel, 1948–2000: A Political Study,* Albany, NY 2001.
Gowers, Andrew/Tony Walker, *Arafat. Hinter dem Mythos,* München 1994.
Grünert, Angela, *Der längste Weg heißt Frieden. Die Frauen im ersten palästinensischen Parlament,* München 1998.
Johnson, Nels, *Islam and the Politics of Meaning in Palestinian Nationalism,* London 1982.
Kanafani, Ghassan, *Palestine's Children. Returning to Haifa and Other Stories,* London 2000.

Khalidi, Rashid, *Palestinian Identity. The Construction of Modern National Consciousness,* New York 1997.
Ma'oz, Moshe, *Palestinian Leadership on the West Bank,* London 1984.
Milton-Edwards, Beverly, *Islamic Politics in Palestine,* New York 1999.
Ortlieb, Sylvia, *Palästinensische Identität und Ethnizität,* Köln 1995.
Rubin, Barry, *The Transformation of Palestinian Politics. From Revolution to State-Building,* Cambridge/London 1999.
Rubinstein, Danny, *Yassir Arafat. Vom Guerillakämpfer zum Staatsmann,* Heidelberg 1996.
Seikaly, May, *Haifa: Transformation of an Arab Society, 1918–1939,* London 1995.
Shafik, Viola, *Arab Cinema. History and Cultural Identity,* Cairo 1998.
Smith, Pamela Ann, *Palestine and the Palestinians, 1876–1983,* London 1994.
Wallach, Janet/Wallach, John, *Jassir Arafat. Der lange Weg zur Versöhnung,* München 1994.
World Bank, *Poverty in the West Bank and Gaza,* World Bank Report No. 22312-GZ, 18. Juni 2001.
–, *Fifteen Months – Intifada, Closures and Palestinian Economic Crisis: An Assessment,* 18. März 2002.

Internetseiten

www.birzeit.edu/links Hervorragende Internetseite der Birzeit-Universität, auf der Verweise auf die wichtigsten weiteren palästinensischen Webseiten zu finden sind.
www.pna.gov.ps Offizielle Webseite der Palästinensischen Autonomiebehörde.
www.palecon.org Dokumente und Publikationen zur palästinensischen Wirtschaft.
www.fmep.org Informationen zu Themen der Endstatusverhandlungen aus palästinensischer Sicht.
www.ipsjps.org Webseite des Journal of Palestine Studies, das viele aktuelle Veröffentlichungen zum Thema Palästina/Israel enthält.
www.btselem.org Webseite der israelischen Menschenrechtsorganisation B'Tselem.
www.ipcri.org Webseite einer israelisch-palästinensischen Menschenrechtsorganisation (Israel/Palestine Center for Research and Information).
www.passia.org Webseite der Organisation Passia mit vielen interessanten Artikeln.

Zeittafel

13. Jh. v. Chr.	Früheste Erwähnung «Israels» in einer Inschrift des Pharaos Merenptah (1224–1204 v. Chr.).
586 v. Chr.	Eroberung Jerusalems und Zerstörung des Tempels durch Nebukadnezar. Beginn der babylonischen Gefangenschaft.
515 v. Chr.	Ende der babylonischen Gefangenschaft, Wiederaufbau des Tempels durch Kyros I.
3. Jh. v. Chr.	Alexander der Große erobert Palästina.
2. Jh. v. Chr.	Herrschaft der Seleukiden.
63 v. Chr.	Eroberung durch die Römer.
66–70 n. Chr.	Aufstand der Juden und Zerstörung des Tempels.
132–135	Bar-Kochba-Aufstand.
571	Geburt Mohammeds.
622	Emigration Mohammeds (*Hijra*), Beginn der islamischen Zeitrechnung.
638	Kalif Omar erobert Jerusalem.
1099	Die Kreuzfahrer erobern Jerusalem.
1187	Saladin schlägt die Kreuzfahrer in der Schlacht von Hattin und erobert Jerusalem.
1250–1517	Herrschaft ägyptischer Mameluken über Palästina.
1517	Eroberung Palästinas durch das Osmanische Reich.
1798	Landung Napoleons in Ägypten.
1882	Beginn der Ersten *Alijah*.
1916	McMahon-Hussein-Abkommen und Sykes-Picot-Abkommen.
1917	Balfour-Erklärung zur «Schaffung einer nationalen Heimstätte für das jüdische Volk».
1920	Konferenz von San Remo, Aufteilung des Nahen Ostens in europäische Mandatsgebiete.
1922, 24. Juli	Beginn des britischen Mandats in Palästina.
1936–1939	Arabischer Aufstand gegen britische Herrschaft und jüdische Einwanderung.
1946, 22. Juni	Anschlag auf das King-David-Hotel.
1947, 29. Nov.	Verabschiedung der «Teilungsresolution» durch die Vereinten Nationen.
1948, 14. Mai	Ausrufung des Staates Israel durch Ben-Gurion; Beginn des ersten arabisch-israelischen Kriegs.
1949, März	Endgültiger Waffenstillstand zwischen Israel und den arabischen Staaten; Beginn der ägyptischen Herrschaft über den Gazastreifen und der jordanischen Herrschaft über das Westjordanland.

1956, Okt./Nov.	Suezkrieg.
1957	Yassir Arafat ist Mitbegründer von *Fatah.*
1964	Gründung der PLO, Vorsitzender Shuqayri.
1967, 5.–10. Juni	Sechstagekrieg; Israel erobert das Westjordanland (inkl. Ostjerusalem), den Gazastreifen, die Sinai-Halbinsel und die Golanhöhen.
1967, 22. Nov.	Der Sicherheitsrat der Vereinten Nationen verabschiedet Resolution 242, die den Abzug der israelischen Truppen aus den besetzten Gebieten fordert.
1969	Arafat wird zum Vorsitzenden der PLO gewählt.
1971	«Schwarzer September»: die palästinensischen Guerillaorganisationen werden aus Jordanien vertrieben.
1972, 5. Sept.	Palästinensischer Anschlag auf das israelische olympische Team in München.
1973, 6. Okt.	Yom-Kippur-Krieg: Ägypten und Syrien greifen Israel an.
1974, Nov.	Arafats Rede vor den Vereinten Nationen; die PLO erhält Beobachterstatus bei der Weltorganisation.
1979, 26. März	Unterzeichnung des Camp-David-Abkommens zwischen Israel und Ägypten.
1982, Juni	Einmarsch israelischer Truppen in den Libanon; Einrichtung einer «Sicherheitszone» im Südlibanon; die PLO verlagert ihren Sitz nach Tunis.
1987, 8. Dez.	Ausbruch der *Intifada.*
1991, 30. Okt.	Beginn der Friedensverhandlungen in Madrid.
1993, 13. Sept.	Unterzeichnung der Osloer Prinzipienerklärung zwischen Israel und der PLO.
1994, 4. Mai	Gaza-Jericho-Abkommen.
1994, 25. Juli	Jordanisch-Israelischer Friedensvertrag.
1995, 28. Sept.	Interimsabkommen.
1995, 4. Nov.	Ermordung von Ministerpräsident Yitzhak Rabin.
1997, Jan.	Hebron-Protokoll.
1998, 23. Okt.	Wye-River-Abkommen.
1999, 4. Sept.	Sharm-el-Sheikh-Memorandum.
2000, Sept./Okt.	Ariel Scharon besucht den Tempelberg, Ausbruch der *Al-Aqsa-Intifada.*
2001, 6. Febr.	Wahl Ariel Scharons zum Ministerpräsidenten.
2001, 9. Aug.	Beginn der Vergeltungsschläge der israelischen Armee in den besetzten Gebieten; teilweise Wiederbesetzung («Defensive Shield»).
2001, 11. Sept.	Terroranschläge in New York und Washington, DC.
2001, 17. Okt.	Ermordung des israelischen Tourismusministers Rechawam Zeewi.
2001, 4. Dez.	Beginn massiver Angriffe der israelischen Armee auf Einrichtungen der Palästinensischen Autonomieverwaltung.
2003, 28. Jan.	Ariel Scharon wird als Ministerpräsident bestätigt.

2003, März–Mai	Irak-Krieg.
2003, 30. April	Vereidigung des palästinensischen Premierministers Mahmud Abbas (Abu Mazen); USA legen die *Roadmap for Peace* vor.
2003, 4./5. Juni	Gipfeltreffen in Akaba.

Register